*Bernhard Harms*

# Deutschlands Anteil an Welthandel und Weltschiffahrt

*Bernhard Harms*

**Deutschlands Anteil an Welthandel und Weltschiffahrt**

*ISBN/EAN: 9783954272426*
*Erscheinungsjahr: 2012*
*Erscheinungsort: Bremen, Deutschland*

© *maritimepress in Europäischer Hochschulverlag GmbH & Co. KG, Fahrenheitstr. 1, 28359 Bremen. Alle Rechte beim Verlag und bei den jeweiligen Lizenzgebern.*

*www.maritimepress.de | office@maritimepress.de*

*Bei diesem Titel handelt es sich um den Nachdruck eines historischen, lange vergriffenen Buches. Da elektronische Druckvorlagen für diese Titel nicht existieren, musste auf alte Vorlagen zurückgegriffen werden. Hieraus zwangsläufig resultierende Qualitätsverluste bitten wir zu entschuldigen.*

*Coverfoto: sokaeiko/pixelio.de*

# Deutschlands Anteil an Welthandel und Weltschiffahrt

Von

## Bernhard Harms

o. Professor an der Universität
Kiel und Direktor des Instituts
für Seeverkehr u. Weltwirtschaft
Kaiser Wilhelm Stiftung

1.—4. Tausend

1916

Union Deutsche Verlagsgesellschaft

Stuttgart — Berlin — Leipzig

# Inhalt.

Herrn Gustav Diederichsen

in Hamburg

als nachträgliche Gabe zur Feier des Tages, an dem
er vor vierzig Jahren Chef der Firma Theodor
Wille & Co. in Rio de Janeiro und Santos wurde,

verehrungsvoll zugeeignet

# I. Zur Entstehung und Entfaltung der neudeutschen Volkswirtschaft.

## A. Die allgemeinen Entwicklungslinien.

Wenn wir Verständnis für die Verflechtung des deutschen Wirtschaftslebens in den Welthandel gewinnen wollen, so ist Voraussetzung dafür, daß uns Art und Wesen eben dieses deutschen Wirtschaftslebens vertraut sind. Solche Voraussetzung zu schaffen, ist deshalb unsere erste Aufgabe. Sie darf im Rahmen dieses Büchleins jedoch nicht zum Selbstzweck ausarten. Entstehung und Entfaltung der neudeutschen Volkswirtschaft sollen hier nur insoweit geschildert werden, als es zum Verständnis des Folgenden unbedingt nötig ist.

Jegliche Gegenwart ist bedingt durch die Vergangenheit. Möge deshalb der Leser sich einen Augenblick in jenes Deutschland zurückversetzen, an welches die folgenden Verse Goethes erinnern:

> Nichts Bessers weiß ich mir an Sonn= und Feiertagen,
> Als ein Gespräch von Krieg und Kriegsgeschrei,
> Wenn hinten weit, in der Türkei
> Die Völker aufeinander schlagen.
> Man steht am Fenster, trinkt sein Gläschen aus
> Und sieht den Fluß hinab die bunten Schiffe gleiten;
> Dann kehrt man abends froh nach Haus
> Und segnet Fried' und Friedenszeiten.

Hinten weit in der Türkei! Wie eigenartig mutet uns dies heute an! Zu den Völkern, die dort jetzt aufeinanderschlagen, gehören Tausende unserer deutschen Brüder, deren wir stündlich gedenken und deren Waffentaten uns mit Freude und Stolz erfüllen.

Doch auch abgesehen vom Krieg haben wir uns in der nüchternen Denkweise der neuen Zeit längst daran gewöhnt, „Vorderasien und Nordafrika" als „uns nahestliegende Interessensphären" anzusehen. Selbst über China reden wir, als ob es vor unseren Toren läge. Geographisch halten wir zwar „nahen, mittleren und fernen Orient" auseinander. Unser Empfindungsleben aber verwischt die Grenzen und vergißt die Weite des Raumes, die unseren Vorfahren, wenn sie nicht gerade Hamburger oder Bremer waren, unendlich erschien. „Weit hinten" im Sinne des Goetheschen Wortes gibt es in dieser Welt schon längst nichts mehr, obwohl der ungeduldige Reisende es zu leugnen geneigt ist, wenn der „Anschluß" schlecht ist oder eine Insel Ozeaniens in r e g e l m ä ß i g e r Fahrt nur alle vier Wochen erreicht werden kann. Derselbe Reisende er= zählt aber mit Stolz, daß er innerhalb acht Wochen „um die Erde gefahren" sei. In Hamburg und Bremen war es bis zum Kriegsausbruch nichts Ungewöhnliches, daß der Inhaber eines großen Handelshauses am Mittags= tisch erzählte, daß er „morgen nach New York fahren" müsse. Die Aufregung im Familienkreise war dann sicher geringer, als wenn vor 100 Jahren eine „plötzliche Reise" im Postwagen von Leipzig nach Frankfurt bevorstand.

Wir Menschen des 20. Jahrhunderts haben uns an das alles sehr schnell gewöhnt. Wir denken kaum daran, daß vor zwei bis drei Menschenaltern noch kaum die Spur von dem vorhanden war, was wir heute als Lebensbedingung des „modernen Kulturmenschen" ansprechen. Höchstens, daß wir einmal bedauernd unserer Voreltern gedenken, die keine Eisenbahnen hatten, weder Petroleum, Gas, noch Elektrizität kannten und es deshalb vorzogen, mit der

Sonne aufzustehen und schlafen zu gehen, die bei ihrer Güterherstellung Dampfmaschinen und Motoren entbehren mußten — kurzum, nach heutigen Begriffen ein recht primitives Leben führten, dafür freilich auch mit der „Nervosität" noch geringe Bekanntschaft gemacht hatten.

Im übrigen blicken wir Gegenwartsmenschen immer nur vorwärts und sinnen über Dinge, die wir noch nicht haben. Und doch wäre es uns recht heilsam, wenn wir zuweilen das Auge gründlich rückwärts lenken wollten, um Verständnis zu gewinnen für die h i s t o r i s c h e B e d i n g t h e i t alles dessen, was um uns ist. Der historisch gebildete Mensch versteht nicht nur seine eigene Zeit besser, sondern weiß auch sicherer die Richtlinien zu ziehen für jene Aufgaben, die vor ihm liegen.

Für einen wirtschaftsgeschichtlichen Rückblick, dessen wir uns nunmehr befleißigen wollen, wählen wir den zweckmäßigsten Ausgangspunkt, wenn wir die Frage stellen: W i e  s t a n d  e s  v o r  e t w a  100 J a h r e n  u m  d i e  P r o d u k t i o n  u n s e r e r  S a c h g ü t e r? Die Antwort ist einfach. Mehr als 90 % der gesamten Stoffverarbeitung ging in der Betriebsform des Handwerks vor sich. Der Kleinbetrieb beherrschte die gewerbliche Produktion.

Freilich, wenn wir die gewerbliche Produktion jener Zeit auf so kurzen Ausdruck bringen, ist dabei immer zu berücksichtigen, daß damals der Gesamtcharakter des deutschen Wirtschaftslebens nicht überwiegend gewerblich, sondern landwirtschaftlich war. Es braucht ja jeder Einzelne nur seinen Stammbaum zu verfolgen, und bei den Großeltern, spätestens den Urgroßeltern, wird er seine „agrarische" Abstammung erkennen. Noch am Anfange des 19. Jahrhunderts ist das deutsche Wirtschaftsleben durchaus agrarisch, und wo wir selbständige Gewerbetreibende sehen, sind es Inhaber von Kleinbetrieben: Handwerker.

Mit Ausnahmen freilich, denn die Anfänge einer mehr industriellen Entwicklung liegen schon im 17. und 18. Jahrhundert, indessen vermögen sie das G e s a m t b i l d des deutschen Wirtschaftslebens nicht wesentlich zu beeinflussen. Vergleichen wir damit unsere, die „moderne" Zeit, so erkennen wir in grellstem Licht die völlig veränderte wirtschaftliche und soziale Struktur der Gegenwart.

Wie ist es möglich geworden, daß in einem einzigen Jahrhundert so gewaltige Umwälzungen über Deutschland dahergebraust sind? Als Antwort ergibt sich: Die wirtschaftliche und soziale Struktur des neuen Deutschlands ist herbeigeführt worden durch den i n d u s t r i e l - l e n  G r o ß b e t r i e b. Die Betriebsform Handwerk wurde auf weiter Linie abgelöst durch die Fabrik. Die Fabrik hat alles, was wir um uns sehen, bis ins innerste hinein umgewälzt — und jene Zustände geschaffen, deren wir uns heute erfreuen oder auch nicht erfreuen.

Man könnte fragen, warum die Fabrik nicht schon früher entstanden ist? Der Laie hat darauf eine sehr schnelle Antwort, indem er meint, daß es vorher keine M a s c h i n e n gegeben habe, denn der Großbetrieb sei erst die Folge der Maschine. Dies ist, wie wir sehen werden, eine rechte Laienauffassung. Im ganzen liegen die Dinge so: jede Massenproduktion — und das Wesen der Fabrik ist ja immer noch die Massenherstellung von Gütern — hat zur Voraussetzung die Möglichkeit des M a s s e n a b - s a t z e s! Diese aber ist in Deutschland im großen und ganzen erst gegen Mitte des 19. Jahrhunderts gegeben. Aus mancherlei Gründen, von denen ich zwei hervorheben will. Einmal haben wir zu bedenken, daß, wie schon angedeutet, die V e r k e h r s v e r h ä l t n i s s e im Anfang des 19. Jahrhunderts denkbar schlecht waren und es weder gepflasterte Straßen noch Eisenbahnen gab. Lediglich die

Schiffahrt auf Flüssen und Kanälen gestattete den Trans=
port von Massengütern auf größere Entfernungen. Kein
Wunder, daß schon aus diesem Grunde der Güter= und
Personenverkehr sich in engen Grenzen halten mußte.
Mit dem Bau von größeren Eisenbahnen ist in den drei=
ßiger Jahren durch den Bau der Bahn Leipzig—Dresden
begonnen worden; es folgte im 5. und 6. Jahrzehnt
das Hauptnetz unseres heutigen Eisenbahnsystems. Da=
mit wurde die Grundlage eines großzügigen Verkehrs in
Deutschland überhaupt erst geschaffen. — Der andere
Grund, der eine großgewerbliche Produktion nicht auf=
kommen ließ, liegt in den damaligen Z o l l v e r h ä l t=
n i s s e n. Bis zum Regensburger Reichsdeputations=
hauptschluß vom Jahre 1803 hatte Deutschland etwa
300 Gebiete weltlicher oder geistlicher Herrschaft, die über=
wiegend auch in zoll= und handelspolitischen Dingen „sou=
verän" sein wollten. Aber auch nachher waren es immer
noch 39. Zur Schaffung eines e i n h e i t l i c h e n H a n=
d e l s= u n d Z o l l g e b i e t e s, dem wenigstens die
meisten deutschen Staaten angehörten oder später beitraten,
kam es erst im Jahre 1834, so daß von diesem Zeitpunkt ab
von einer deutschen Volkswirtschaft, als deren wesentlichste
Erscheinung die innere Verkehrsfreiheit bezeichnet werden
muß, gesprochen werden kann. Dazu kam, daß in fast allen
Staaten Deutschlands am Anfang des 19. Jahrhunderts
Gewerbeunfreiheit herrschte und schon aus diesem Grunde
der Ausbildung des großgewerblichen Betriebes Hinder=
nisse im Wege standen, die nur gegen den äußersten
Widerstand des zünftigen Handwerks überwunden werden
konnten. Nachdem Preußen durch die Stein=Hardenberg=
sche Gesetzgebung mit der Einführung der Gewerbefreiheit
im Jahre 1810 vorangegangen war, folgten mit Ansätzen
hierzu in den nächsten Jahrzehnten die übrigen deutschen

Bundesstaaten, während die völlige Gewerbefreiheit erst in den sechziger Jahren herbeigeführt wurde.

Diese Ereignisse — Gründung des Zollvereins, Einführung der Gewerbefreiheit (vor allem in Preußen), Umgestaltung des Verkehrswesens — waren für das deutsche Wirtschaftsleben von hervorragender Bedeutung; sie ermöglichten nämlich an Stelle der bis dahin stark differenzierten Produktion eine mehr zentralisierte, dem natürlichen Standort angepaßte Güterherstellung. Hatte früher trotz ungünstiger Voraussetzungen eine dezentralisierte Produktion sich behaupten können, so war es jetzt selbstverständlich, daß die gewerbliche Güterherstellung sich an bestimmten Plätzen — den natürlichen Produktionsstandorten — konzentrierte. Ein langsamer Entwicklungsprozeß, der auch heute noch nicht annähernd abgeschlossen ist. Die Folge war, daß an Stelle der Kundenproduktion die Produktion für den Markt einsetzte. Konzentrierte Produktion für die Befriedigung dezentralisierten Bedarfs. Der Produzent kam außer Fühlung mit dem Konsumenten, es war ihm, im Gegensatz zu dem lokalen Bedarf deckenden Handwerker, nicht mehr möglich, den Gesamtbedarf zu überblicken. Er mußte auf gut Glück produzieren. Eins nur wußte er: Je billiger und je besser er produzierte, um so mehr Aussicht hatte er, seine Ware abzusetzen. Und etwas anderes ergab sich auch von selbst: Je mehr Waren jemand herstellte, desto weniger brauchte er am einzelnen Stück zu verdienen. Ein großer Umsatz brachte auch bei kleinem Gewinn noch Nutzen. Für den einzelnen kam es also darauf an, einen möglichst großen Teil des allgemeinen Bedarfs zu befriedigen, damit er imstande war, billige Preise zu bewilligen. Die Aufgabe war demnach, zur Befriedigung des Massenbedarfs rationelle Methoden für die Massenherstellung

zu erfinden. Aus dieser Konstellation heraus hat (unter
Anlehnung und Fortentwicklung früherer primitiver Ver=
fahren zur Massenherstellung von gewerblichen Erzeug=
nissen) die die gewerbliche Produktion des 19. Jahrhunderts
beherrschende Betriebsform Fabrik sich entwickelt.

Wir sehen demnach, das Primäre ist durchaus die Möglich=
keit des Massenabsatzes, der Massenbedarf; das Sekun=
däre: das Bestreben, den Massenbedarf durch Massenpro=
duktion zu befriedigen. Daß freilich die Massenproduktion,
nachdem sie einmal vorhanden war, auch ihrerseits die Ent=
stehung und Entwicklung des nivellierten Massenbedarfs be=
wußt und unbewußt beeinflußte, ist selbstverständlich, doch
kann darauf an dieser Stelle nicht eingegangen werden.

Die Massenherstellung der Güter immer rationeller
zu gestalten, wird jetzt die allgemeine Aufgabe: Ausbau
der Produktionsmethoden. Oder mit anderen Worten:
Ausbau der Betriebsform Fabrik. Dieses Bestreben kenn=
zeichnet die gewerbliche Produktion im ganzen 19. Jahr=
hundert bis auf den heutigen Tag. Es wäre interessant,
die Etappen dieser Entwicklung kennen zu lernen, doch
auch darauf muß hier verzichtet werden. Kurz nur sei
daran erinnert, daß man ursprünglich durch Einführung
der Arbeitsteilung die Leistungsfähigkeit des Betriebes
erhöhte, daß dann später diese Arbeitsteilung mit Hilfe
der mechanisch angetriebenen Maschine (die, wie wir
sehen, nicht Ursache, sondern Folge des Großbetriebes
war), weiter ausgebaut wurde und endlich die Verbindung
von Wissenschaft und Technik zu jenen hervorragenden
Leistungen führte, deren wir uns heute erfreuen. Alles
das darf hier als bekannt vorausgesetzt werden, so daß
wir zum Ausgangspunkt zurückkehren können.

Ich hatte die These aufgestellt, daß die veränderte
wirtschaftliche und soziale Struktur unserer Zeit herbei=

geführt worden sei durch eben diesen industriellen Groß=
betrieb, dessen Entstehung wir kurz andeuteten, daß wir
seiner Entwicklung die meisten wirtschaftlichen und sozialen
Probleme verdanken, an deren Lösung wir heute arbeiten.
Mehr aphoristisch wollen wir zunächst einige solcher Ver=
bindungen aufdecken, um dann ausführlicher auf die
jetzige Gestaltung der Dinge einzugehen.

Verfolgen wir die Entwicklung in gerader Linie weiter,
so stoßen wir auf den modernen Riesenbetrieb, wie wir
ihn in Rheinland und Westfalen, Sachsen, Oberschlesien,
in einzelnen Teilen Bayerns und Württembergs und auch
sonst finden. In diesen Betrieben hat eine ausgesprochene
Verschiebung des Wertes der Produktionsfaktoren statt=
gefunden (Natur, Arbeit, Kapital). Nicht mehr, wie im
alten Handwerksbetrieb, ist die körperliche Arbeit des
Unternehmers das Entscheidende, sondern der Umfang der
in den Betrieb eingestellten Hilfsmittel — Maschinen
usw. — wurde entscheidend für das quantitative (und
auch das qualitative) Ausmaß der Produktion; je mehr
Kapital der Unternehmer zur Verfügung hat, um so mehr
kann er produzieren. Ja, die Möglichkeit der Produktion
überhaupt ist von dem Vorhandensein eines größeren
Kapitals abhängig, denn eine rationelle Güterherstellung
ist erst dann gegeben, wenn alle durch die Verselbständigung
der einzelnen Produktionsstadien bedingten Maschinen
vorhanden sind. Die Massenproduktion setzt einen ge=
wissen Umfang der Produktionsmittel voraus. Die Folge
ist, daß das Kapital neben der geistig=
dispositiven Tätigkeit des Unterneh=
mers zum vorherrschenden Produktionsfaktor geworden
ist, wenngleich der Anteil des qualifizierten Arbeiters mit
der Fortentwicklung des Maschinenwesens wieder stei=
gende Bedeutung erhalten hat und künftig noch mehr

erhalten wird. Je größer das Kapital, um so größer auch der Anteil an der Güterherstellung und demgemäß am Gewinn der letzteren. In der Regel liegen die Verhältnisse sogar so, daß die Rentabilität des Unter= nehmens nicht proportional dem Umfang der Betriebs= mittel wächst, sondern (innerhalb bestimmter Grenzen) progressiv. Rationelle Verwaltung und Ab= satzmöglichkeit vorausgesetzt, wird ein drei= mal größerer Betrieb z. B. nicht einen dreimal, sondern einen vier= bis fünfmal größeren Gewinn abwerfen. Mit Rücksicht auf diese ausschlaggebende Stellung des Kapitals in derjenigen Unternehmungsform, die heute das Wirt= schaftsleben beherrscht, reden wir von einer kapita= listischen Produktionsweise, die geboren wurde aus dem „kapitalistischen Geist", der, latent von jeher vorhanden, nun um sich griff und um der höchst= möglichen Verwertung des Geldkapitals willen in der industriellen Gütererzeugung wirksam wurde.

Damit im Zusammenhang steht die Bildung von Kapitalassoziationen, die in Form von Banken die finan= ziellen Voraussetzungen für die Gründung von gewerb= lichen Großunternehmungen schufen und in ihrer Tätig= keit dadurch begünstigt wurden, daß sowohl für ihre eigenen Unternehmungen als für diejenigen der indu= striellen Gründungen die Form der Aktiengesellschaft ge= geben war. Auch der Bau von Eisenbahnen hat dadurch die ausschlaggebende Förderung erfahren, denn fast alle Eisenbahnlinien wurden Jahrzehnte hindurch überwiegend durch Privatkapital ins Leben gerufen.

Auf dem Boden der Gewerbefreiheit und der unum= schränkten Konkurrenz aller gegen alle war und ist natur= gemäß das in den Unternehmungen angelegte Kapital großen Risiken ausgesetzt. Um diese zu verringern, ist man, obwohl vor Jahrzehnten niemand es für möglich gehalten hätte — und die klassische Wirtschaftswissenschaft aus der „natürlichen", d. i. freien Konkurrenz, das allein „logische" Verkehrssystem abgeleitet hatte — zur freiwilligen Beschränkung der Konkurrenz übergegangen. Und vor unseren Augen tauchen sie auf, jene Probleme, die uns heute so lebhaft beschäftigen: Kartelle, Truste, Fusionen, Interessengemeinschaften und wie diese neuen Gebilde sonst heißen, die in ihrer Wirkung besonders für die Fertigindustrie und den letzten Konsumenten von so schwerwiegender Bedeutung sind, in ihrer volkswirtschaftlichen Wirkung jedoch keineswegs bloß von diesem Standpunkt betrachtet werden dürfen.

Oder ein anderes Problem. Der Großbetrieb hat das Bestreben, die Sphäre seiner Wirksamkeit auszudehnen und überzugreifen in die Gebiete anderer Betriebsformen. Und schon stehen wir mitten in der sog. Handwerkerfrage. Alle jene Handwerker, die früher solche Produkte in Kundenproduktion anfertigten, die heute auf dem Wege der Massenproduktion hergestellt werden, sind dem Großbetrieb mehr oder weniger zum Opfer gefallen. Eine lange Totenliste, für die wir vorläufig einen Ersatz nicht sehen. Anderseits kann nicht bestritten werden, daß auf weiten Gebieten der Individualproduktion das Handwerk dem Großbetrieb überlegen ist, so daß auch im neudeutschen Wirtschaftsleben der gewerbliche Kleinbetrieb in erheblichem Umfange lebensfähig bleibt und von dessen völligem Verschwinden nur Unwissende reden können.

Oder denken wir an die Arbeiterfrage! Unerläßliche Voraussetzung für die Entstehung der neuen Betriebsform war ja, daß ein Heer von Lohnarbeitern zur Verfügung stand, das, weil ihm sonst die Unterhaltsmittel fehlten, seine Arbeitskräfte dem Unternehmer zur Verfügung stellte. Und eben die Lage dieser Arbeiter, die ja nicht nur erwachsene Männer, sondern auch Frauen und Kinder waren, gestaltete sich schließlich zu jenem Problem, das wir heute als die „soziale Frage" kennzeichnen. Aus der Summe aller Vorschläge, was zugunsten dieser lohnarbeitenden Klasse geschehen könne, ging auch jenes große System des Marxistischen Sozialismus hervor, das heute Millionen von Menschen in seinen Bann= kreis zieht und von der Voraussetzung ausgeht, es könne die Lage der Lohnarbeiter innerhalb der „kapitalistischen Wirt= schaftsordnung" überhaupt nicht erträglich gestaltet werden, sondern daß Voraussetzung hierfür die Überführung der Produktionsmittel in die Hände der Gesellschaft sei.

Und so eine ganze Reihe von weiteren Problemen: Frauenfrage, Wohnungsfrage, periodische Wirtschafts= krisen, Privatbeamtenfrage usw. Alle lassen sie sich ab= leiten aus der Industrialisierung und Kommerzialisierung des deutschen Wirtschaftslebens.

Doch genug der aphoristischen Andeutungen. Führen wir uns jetzt das neudeutsche Wirtschaftsleben in seiner hauptsächlichsten Differenzierung in großen Zügen so vor, wie es sich heute darstellt, unter Beachtung der Entwick= lungstendenzen, die in bestimmten Zahlenreihen zum Aus= druck kommen. Die statistischen Grundlagen geben uns hier= für außer den Volkszählungen (zuletzt 1910) vor allem die Berufs= und Gewerbezählungen aus den Jahren 1882, 1895 und 1907, sowie die sonstige Wirtschaftsstatistik des Deutschen Reichs. Wir beschränken uns zunächst auf eine Schilderung der Verhältnisse, wie sie bis zum Kriege bestanden haben.

## B. Zur beruflichen Gliederung des deutschen Volkes.

Der Flächeninhalt des Deutschen Reiches beträgt 540 858 Quadratkilometer. Davon entfallen auf Preußen

64,5, Bayern 14,9, Württemberg 3,6, Sachsen und Baden je 2,8 %. Auf dem Reichsgebiet lebte nach der letzten Volkszählung vom 1. Dezember 1910 eine ortsanwesende Bevölkerung von 64 925 933 Köpfen. Wenn das Wachstum seitdem dieselbe Stärke wie in den Jahren 1900 bis 1910 gehabt hat, so würde am 1. Januar 1915 eine Einwohner= zahl von 68 742 090 vorhanden gewesen sein, in Wirklichkeit wäre sie aber auch ohne den Krieg etwas dahinter zurück= geblieben, weil die Vermehrungsquote in den letzten Jahren geringer geworden ist. Durch den Krieg aber hat sich das Verhältnis vollends verschoben, sowohl durch die Gefallenen als auch, im späteren Verlauf, durch den Rück= gang der Geburten; alles in allem wird man annehmen dürfen, daß nach beendigtem Kriege Deutschland an= nähernd 68 Millionen Einwohner haben wird.

Für die späteren Ausführungen ist es nicht unwichtig, die Entwicklung der deutschen Bevölkerungszunahme kennen zu lernen. Sie gestaltete sich wie folgt:

Tabelle 1.
Bevölkerungszunahme im Deutschland heutigen Umfanges.

| Jahr | Bevölkerung | Bevölkerungszunahme | |
|------|-------------|---------------------|---|
| | | durchschnittlich jährlich auf 1000 Einwohner der mittleren Bevölkerung | die Bevölkerung von 1816 = 100 gesetzt |
| 1816 | 24 833 396 | — | 100 |
| 1825 | 28 113 269 | 12,94 | 113 |
| 1840 | 32 787 150 | 12,38 | 132 |
| 1855 | 36 113 644 | 1,68 | 145 |
| 1871 | 41 060 792 | 5,98 | 165 |
| 1880 | 45 236 061 | 11,40 | 182 |
| 1890 | 49 428 470 | 10,68 | 199 |
| 1900 | 56 367 178 | 15,05 | 227 |
| 1905 | 60 641 278 | 14,61 | 244 |
| 1910 | 64 925 933 | 14,20 | 261 |

Von 1871 bis 1910 hat die Bevölkerung des Deutschen Reiches sich demnach um 58 % vermehrt. Auf 1 Quadrat= kilometer kamen im Jahre 1871: 75,9 gegen 120 Ein= wohner im Jahre 1910. Darin drückt sich eine ungewöhnlich starke Zunahme aus.

Um zu veranschaulichen, welche Stellung Deutschland mit seiner Bevölkerung und deren Wachstumstendenzen unter den Weltvölkern einnimmt, seien die Bevölkerungs= zahlen der wichtigsten Länder hier angegeben, wobei die jeweils letzte Zählung zugrunde gelegt wird.

### Tabelle 2.
### Die Bevölkerung der wichtigsten Staaten.

| Staaten | Zählungs= tag und =jahr | Fläche in qkm | Ortsanwesende Bevöl= kerung in Millionen | Zunahme während der letzten Volks= zählungsperiode durchschnittlich jährlich | | Auf 1 qkm kamen Ein= wohner |
|---|---|---|---|---|---|---|
| | | | | überhaupt | % der mittl. Bevölkerung | |
| Deutsches Reich . | 1. 12. 1910 | 540 858 | 64,9 | 856 901 | 1,36 | 120,04 |
| Österr.=Ungarn . | 31. 12. 1910 | 676 001 | 51,7 | 427 348 | 0,87 | 76,01 |
| Rußland (ohne Finnland) . . | 9. 2. 1897 | 21 473 582 | 125,6 | 1 585 767 | 1,37 | 5,85 |
| Großbritannien und Irland . . | 2./3.4. 1911 | 313 649 | 45,2 | 376 289 | 0,87 | 144,18 |
| Frankreich (an= sässige Bev.) . | 5. 3. 1911 | 536 464 | 39,6 | 70 003 | 0,18 | 73,82 |
| Italien . . . | 10. 6. 1911 | 286 682 | 34,7 | 212 528 | 0,63 | 120,94 |
| Spanien . . . | 31. 12. 1910 | 504 517 | 19,6 | 97 060 | 0,51 | 38,83 |
| Ver. Staaten von Amerika . . . | 15. 4. 1910 | 7 839 064 | 91,9 | 1 597 769 | 1,90 | 11,73 |
| China . . . . | Schätz. 1910 | 11 077 400 | 438,4 | — | — | 39,58 |
| Japan (ohne Korea u. For= mosa) . . . . . | 31. 12. 1908 | 382 415 | 49,5 | 571 186 | 1,19 | 129,67 |

Von allen europäischen Staaten steht Deutschland mit seiner Einwohnerzahl demnach nur hinter Rußland zurück, dessen Bevölkerung gegenwärtig auf 165 Millionen geschätzt wird. An dritter Stelle folgt Österreich-Ungarn, an vierter Großbritannien, an fünfter Frankreich, an sechster Italien. Die dichteste Besiedlung weist von den in Europa genannten Staaten Großbritannien auf, mit 144 Einwohnern auf den Quadratkilometer (in England und Wales sogar 238). An zweiter Stelle stehen Deutschland und Italien mit 120. Von den nichtgenannten Staaten leben in Belgien 252, in den Niederlanden 171 Menschen auf einem Quadratkilometer. Von den außereuropäischen Staaten steht China an der Spitze; es folgen die Vereinigten Staaten von Amerika und Japan. Letzteres überholt in seiner Siedlungsdichte Deutschland ziemlich erheblich, wobei zu beachten ist, daß große Teile Japans infolge schlechter Bodenverhältnisse außerordentlich dünn besiedelt sind.

Fragen wir nunmehr, wie das deutsche Volk sich b e - r u f l i c h gliedert. Dies ist im Zusammenhang unserer Betrachtungen besonders bedeutsam, denn wie für die innere Politik — im Sinne der Sozialpolitik — die s o - z i a l e Gliederung des Volkes von wichtigstem Interesse ist, so ist es die b e r u f l i c h e zur Beurteilung des Landes in seiner Stellung zu anderen Völkern auf dem Weltmarkt; die statistischen Nachweise dieser Art lassen erkennen, ob das Land mehr zu den sog. Agrar- oder Industrieländern zu zählen ist.

Für Deutschland besteht nach den vergleichenden Übersichten aus den Jahren 1882, 1895 und 1907 kein Zweifel, daß es immer mehr dahin neigt, aus einem überwiegenden Agrarstaat ein überwiegender Industriestaat zu werden. Aus der folgenden Übersicht geht dies deutlich hervor:

# Die Berufszugehörigen und Erwerbstätigen nach Berufsabteilungen.

| Berufsabteilungen | Zählungsjahr | Berufszugehörige in 1000 | Erwerbstätige im Hauptberuf in 1000 | | Dienende im Hause der Herrschaft in 1000 | Angehörige ohne Hauptberuf in 1000 | Es entfallen auf die Berufsabteilungen von 100 aller | |
|---|---|---|---|---|---|---|---|---|
| | | | zusammen | davon weibliche | | | Berufszugehörigen | Erwerbstätigen |
| Landwirtschaft, Gärtnerei, Tierzucht, Forstwirtschaft, Fischerei | 1882 | 19 225,4 | 8 236,4 | 2 534,9 | 424,9 | 10 564,0 | 42,51 | 43,38 |
| | 1907 | 17 681,1 | 9 883,2 | 4 598,9 | 163,8 | 7 634,0 | 28,65 | 32,69 |
| Industrie einschließl. Bergbau und Baugewerbe | 1882 | 16 058,0 | 6 396,4 | 1 126,9 | 302,5 | 9 359,0 | 35,51 | 33,69 |
| | 1907 | 26 386,5 | 11 256,2 | 2 103,9 | 331,7 | 14 798,5 | 42,75 | 37,23 |
| Handel und Verkehr einschließlich Gast- und Schankwirtschaft | 1882 | 4 531,0 | 1 570,3 | 298,1 | 295,4 | 2 665,3 | 10,02 | 8,27 |
| | 1907 | 8 278,2 | 3 477,6 | 931,3 | 342,9 | 4 457,6 | 13,41 | 11,51 |
| Häusliche Dienste und Lohnarbeit wechselnder Art | 1882 | 938,2 | 397,5 | 183,8 | 2,1 | 538,5 | 2,07 | 2,10 |
| | 1907 | 792,7 | 471,6 | 320,9 | 1,2 | 319,8 | 1,29 | 1,56 |
| Militär, Staatsdienst, freie Berufsarten | 1882 | 2 222,9 | 1 031,1 | 115,2 | 164,5 | 1 027,2 | 4,92 | 5,43 |
| | 1907 | 3 407,1 | 1 738,5 | 288,3 | 223,3 | 1 445,2 | 5,52 | 5,75 |
| Ohne Beruf und Berufsangabe | 1882 | 2 246,2 | 1 354,4 | 702,1 | 135,2 | 756,4 | 4,97 | 7,13 |
| | 1907 | 5 174,7 | 3 404,9 | 1 792,2 | 201,6 | 1 568,1 | 8,38 | 11,26 |
| Zusammen | 1882 | 45 221,7 | 18 986,4 | 4 961,2 | 1 324,9 | 24 910,6 | 100,00 | 100,00 |
| | 1895 | 51 770,2 | 22 913,6 | 6 379,9 | 1 339,3 | 27 517,2 | 100,00 | 100,00 |
| | 1907 | 61 720,5 | 30 232,3 | 10 055,7 | 1 264,7 | 30 223,4 | 100,00 | 100,00 |

Die Zahlen lassen in der Tat erkennen, daß Deutsch=
land in den letzten Jahrzehnten in eine ausgesprochene
Entwicklung zum überwiegenden Jndustriestaat einge=
treten ist. Diese Entwicklung setzt schon verhältnismäßig
früh ein. Von der Gesamtbevölkerung Preußens z. B.
gehörten im Jahre 1816 noch 78 % zur Urproduktion,
1849: 64 %, 1867: 48 %, 1882: 42 %, 1895: 35 % und
1907: 28 %. Jm Deutschen Reich gehörten, wie die
obigen Zahlen zeigen, im Jahre 1882 noch 42,51 % den
Berufszugehörigen zur Landwirtschaft an, während es
im Jahre 1907 nur noch 28,65 % waren. Der Anteil
der landwirtschaftlichen Bevölkerung ist aber nicht nur
prozentual, sondern auch absolut zurückgegangen: von
19,2 auf 17,7 Millionen Menschen. Günstiger tritt die
Landwirtschaft in der Differenzierung der E r w e r b s =
t ä t i g e n in die Erscheinung. Sie umfaßte von allen
deutschen Erwerbstätigen:

1882 : 43,80 %
1895 : 36,19 %
1907 : 32,69 %.

Wir sehen hier eine geringere verhältnismäßige Ab=
nahme und sogar eine absolute Zunahme: von 8,2 auf
9,9 Millionen Erwerbstätige. Die letztere ist allerdings
teilweise durch zählungstechnische Momente bedingt, weil
bei der letzten Zählung die mithelfenden Familienange=
hörigen genauer erfaßt sind.

## C. Die Landwirtschaft.

Die in den obigen Zahlen zum Ausdruck kommende
Entwicklung hat vielfach dazu geführt, daß in der Lite=
ratur sowohl als auch im praktischen Leben die Bedeutung
der Landwirtschaft innerhalb des deutschen Wirtschafts=

lebens unterschätzt wird. Hiermit werden wir uns noch ausführlicher zu beschäftigen haben. Um dafür die Grund= lage zu schaffen, sei an dieser Stelle ausgeführt, daß die obigen Zahlen allein kein richtiges Bild der wirklichen Sachlage ergeben. Diese tritt vielmehr erst durch die Entwicklung der P r o d u k t i o n s v e r h ä l t n i s s e in die Erscheinung. In solcher Beziehung aber steht die deutsche Landwirtschaft außerordentlich günstig da. „Die Ernteerträge zeigen, daß Deutschland trotz seiner großen industriellen Entwicklung noch immer zu den Haupt= agrarländern gehört, dank der außerordentlich gesteigerten Intensität in der landwirtschaftlichen Betriebsweise. In letzterer Beziehung steht Deutschland a n  d e r  S p i t z e a l l e r  A g r a r l ä n d e r, ein Resultat, welches um so bemerkenswerter ist, als die Qualität des Grund und Bodens in Deutschland hinter anderen Agrarländern vielfach zurücksteht. Die günstigen Ernteerträge Deutsch= lands sind zurückzuführen auf die Verbreitung wissen= schaftlicher Betriebsmethoden, auf die ständige Aus= breitung des landwirtschaftlichen Unterrichts, sowie auf die gesteigerte Anwendung von künstlichen Düngemitteln. Verbraucht doch Deutschland allein an Kali ebensoviel wie alle anderen Länder zusammen. Eine Schätzung des Wertes der ländlichen Produktion ergibt allein für die drei Produkte Brotgetreide, Vieh und Milch eine Summe von nahezu 10 Milliarden Mark jährlich." Dies durch= aus zutreffende Zeugnis stellt die Dresdener Bank in einer aus Anlaß ihres fünfzigjährigen Geschäftsjubiläums veröffentlichten Schrift: „Die wirtschaftlichen Kräfte Deutsch= lands" der deutschen Landwirtschaft aus.

Als alter Kulturstaat verfügt Deutschland nicht in dem Sinne über „Neuland", daß jährlich die Gesamt= anbaufläche in bedeutender Weise zunehmen könnte, sondern, wo neues Areal gewonnen wird, handelt es sich zumeist um kostspielige und mühsame Inbetriebsetzung von für den Ackerbau bisher wertlosen Länderstrecken, die sich vom privatwirtschaftlichen Standpunkt erst nach Jahren rentieren kann. So ist denn in den letzten 30 Jahren die Gesamtanbaufläche in Deutschland nur um ein Geringes gewachsen. Zeitweilig ist sie sogar zurückgegangen. Erst unter dem Einfluß des Krieges hat „das Suchen nach neuem Boden" in Deutschland überraschende Erfolge gehabt, doch wäre es verfehlt, von hier aus auf große Zukunftsmöglichkeiten zu schließen. Von dauernder Bedeutung für die deutsche Bodenbestellung ist e i n m a l die Verteilung der ganzen landwirtschaftlich bestellten Fläche auf die verschiedenen Produktionszweige, und zum anderen die Steigerung des Ertrages auf derselben Fläche. Nicht unwichtig ist ferner die landwirtschaftliche Besitzverteilung.

Die Gesamtanbaufläche des deutschen Bodens gliedert sich nach der Feststellung von 1907 wie folgt:

Tabelle 4.
Gesamtanbaufläche in 1000 Hektar.

| Jahr | Anzahl der Betriebe | Gesamtanbaufläche | Acker u. Wiese | Gartenland | Weinberge | Forstwirtschaftlich benutzte Fläche | Haus- u. Hofräume, Ödland, Wege und Gewässer usw. |
|---|---|---|---|---|---|---|---|
| 1882 | 5276,3 | 40 178,6 | 31 868,9 | | | 4951,9 | 3357,7 |
| 1895 | 5558,3 | 43 284,7 | 32 062,4 | 329,3 | 126,1 | 7582,2 | 3845,7 |
| 1907 | 5736,1 | 43 106,5 | 31 237,7 | 481,7 | 115,4 | 7679,7 | 3591,8 |

Die gesamte Anbaufläche hat sich demnach seit 1882 um reichlich 3 Millionen Hektar vermehrt, die im wesentlichen der Forstwirtschaft zugefallen sind. Es handelt sich dabei in der Hauptsache um die Aufforstung landwirtschaftlicher Ödflächen. Im übrigen sind nennens-

werte Verſchiebungen nicht eingetreten, wenngleich der
inzwiſchen wohl wieder ausgeglichene Rückgang des
Acker= und Wieſenbodens Beachtung verdient. Von
100 Hektar der Geſamtfläche fielen im Jahre 1895 auf
Ackerland 56,7, Wieſe und Weide 15,8, Gartenland 1,1,
Weinberge 0,3, Forſtland 17,8, Ödland, Haus und Hof uſw.
8,3 %.

Die Zahl der Betriebe hat ſich erfreulich vermehrt,
um etwa eine halbe Million. Hiervon wurden durchweg
die kleinen und mittleren Betriebe betroffen, was durch
die folgende Überſicht deutlich wird.

Tabelle 5.

Zahl der Betriebe mit landwirtſchaftlich
benutzter Fläche von ... Hektar.

| Zäh- lungs- jahr | unter 2 Hektar | 2—5 Hektar | 5—20 Hektar | 20—100 Hektar | 100 und darüber | zuſammen |
|---|---|---|---|---|---|---|
| 1895 | 3 236 367 | 1 016 318 | 998 804 | 281 767 | 25 061 | 5 558 317 |
| (Fläche) | 1 808 444 | 3 285 984 | 9 721 875 | 9 869 837 | 7 831 801 | 32 517 941 |
| 1907 | 3 378 509 | 1 006 277 | 1 065 539 | 262 191 | 23 566 | 5 736 082 |
| (Fläche) | 1 731 311 | 3 304 878 | 10 421 564 | 9 322 103 | 7 055 018 | 31 834 874 |

Der Schwerpunkt der Zunahme liegt durchaus bei
den Betrieben bis zu 20 Hektar, während die Zahl der Be=
triebe über 100 Hektar nennenswert zurückgegangen iſt.
Im allgemeinen darf Deutſchland als ein Land mit ge=
ſunder landwirtſchaftlicher Beſitzverteilung bezeichnet wer=
den. Für manche Gegenden trifft dies allerdings nicht
zu. In Süd= und Mitteldeutſchland überwiegt vielfach
der unrationelle und, wenn ohne Nebenerwerb, nur eine
ärmliche Exiſtenz gewährleiſtende Zwergbetrieb. In
Teilen Preußens hingegen, ſo in Pommern, Oſtpreußen,
Schleſien und Poſen, aber auch in Mecklenburg, herrſcht

der Großbetrieb vor. Eine sehr glückliche Besitzverteilung, d. h. eine im ganzen zweckmäßige Verteilung von Groß= und Kleinbesitz sehen wir in den Provinzen Schleswig= Holstein und Hannover. Der inneren Kolonisation bieten sich in Deutschland noch viele Möglichkeiten. Von 100 Hektar der landwirtschaftlich benutzten Fläche entfallen auf die Betriebe bis 20 Hektar: 45,6, auf die Betriebe von 20 bis 100 Hektar: 29,3, auf diejenigen über 100 Hektar: 22,2. Diese Zahlen lassen sich noch erheblich zugunsten des bäuerlichen Betriebes beeinflussen. Dabei darf aller= dings nicht verkannt werden, daß für den Getreidebau der Großbetrieb die durchaus rationelle Unternehmungs= form ist.

Werfen wir nunmehr einen Blick auf die Produktion selbst. Wie schon bemerkt, wird der Wert der jährlichen ländlichen Produktion allein für die drei Produkte Brot= getreide, Vieh, Milch auf annähernd 10 Milliarden Mark geschätzt. Davon entfallen auf Brotgetreide etwa 2800, auf Vieh 4000, auf Milch 2750 Millionen Mark. Damit sind aber die landwirtschaftlichen Erzeugnisse noch nicht in ihrer Gesamtheit erfaßt. Hinzuzurechnen ist noch der Geldwert der zur menschlichen Ernährung verbrauchten Kartoffeln, Gemüse, Obst, der gewerblich verwerteten Kartoffeln und Zuckerrüben, der Ölfrüchte, Faserpflanzen, des Wein= baus, der Geflügelzucht, des Fischfangs, der Jagd und der Forstwirtschaft. Es ist unmöglich, die hierfür in Be= tracht kommenden Summen auch nur annähernd richtig einzuschätzen. Anhaltspunkte sind jedoch durch gewisse Verbrauchszahlen gegeben. Die Gesamternte an Kar= toffeln hat in den letzten Jahren durchschnittlich mehr als 40 Millionen Tonnen ergeben; davon dienen etwa 14 Millionen Tonnen der menschlichen Ernährung, 4 Mil= lionen Tonnen der Herstellung von Branntwein und

Stärke. Die Menge der gewerblich verarbeiteten Zucker=
rüben, in deren Anbau Deutschland an der Spitze aller
Länder steht, belief sich durchschnittlich auf 13 Millionen
Tonnen. Der Präsident des deutschen Landwirtschafts=
rats, Dr. Graf von Schwerin=Löwitz, berechnete den Wert
der so verwendeten Kartoffeln und Zuckerrüben auf
1 Milliarde Mark. Wenn es nun richtig ist, wie derselbe
Autor meint — wir kommen darauf zurück —, daß der
Wert der p r i m ä r e n industriellen Produktion sich auf
etwa 14 bis 15 Milliarden Mark beläuft, so tritt die
Landwirtschaft auch unter bloßem rechnerischem Gesichts=
winkel annähernd gleichberechtigt mit der Industrie in
die Erscheinung. Doch auch bei höherer Einschätzung
der industriell geschaffenen Werte bleibt die Landwirt=
schaft ein grundlegender Faktor der deutschen Volks=
wirtschaft.

Dies wird noch deutlicher angesichts der quanti=
tativen Ausmaße der deutschen Ernten. Nach der Sta=
tistik des Deutschen Reichs und den Berechnungen des
deutschen Landwirtschaftsrats haben die Ernteerträge
betragen:

Tabelle 6a.

Gesamternteerträge in Deutschland
(im jährlichen Durchschnitt).

|  | 1885—1889 Tonnen | 1908—1912 Tonnen | Zunahme % |
|---|---|---|---|
| Weizen . . . | 2 913 904 | 3 962 390 | 36,0 |
| Roggen . . . | 6 890 588 | 11 012 170 | 59,8 |
| Gerste . . . | 2 619 559 | 3 220 066 | 22,9 |
| Hafer . . . . | 5 411 131 | 8 189 062 | 51,3 |
| Kartoffeln . . | 29 705 781 | 44 220 213 | 48,9 |
| Wiesenheu . . | 19 336 392 | 25 024 865 | 29,4 |

Tabelle 6 b.
Hektarerträge in Deutschland
(im jährlichen Durchschnitt).

|  | 1885—1889 dz = 100 kg | 1908—1912 dz = 100 kg | Zunahme % |
|---|---|---|---|
| Weizen . . . | 15,1 | 20,7 | 37,1 |
| Roggen . . . | 11,8 | 17,8 | 50,8 |
| Gerste . . . | 15,0 | 20,1 | 34,0 |
| Hafer . . . . | 14,1 | 19,0 | 34,7 |
| Kartoffeln . . | 101,8 | 133,4 | 31,0 |
| Wiesenheu . . | 32,7 | 42,1 | 28,7 |

Innerhalb von 25 Jahren haben demnach die Roggen=
erträge um mehr als die Hälfte, die übrigen Getreidearten
um mehr als ein Drittel zugenommen. Die Kartoffel=
produktion stieg um 31, der Heuertrag um 29 %. Das
sind ganz ungewöhnliche Leistungen, auf welche die
deutsche Landwirtschaft stolz sein darf. Dies ergibt sich
vor allem dann, wenn die Verhältnisse im Ausland
herangezogen werden. Dabei wird zugleich die Stellung
sichtbar, die Deutschland innerhalb der landwirtschaftlichen
Produktion der Erde einnimmt.

Tabelle 7 a.
Gesamternteerträge in den wichtigsten Ländern
(in 1000 Tonnen).

|  | Jahr | Weizen | Roggen | Gerste | Hafer | Kartoffeln |
|---|---|---|---|---|---|---|
| Deutschland . | 1913 | 4 656,0 | 12 222,4 | 3 673,3[1] | 9 714,0 | 54 121,1 |
| England und Wales . . | 1913 | 1 446,6 | — | 1 147,5 | 1 327,7 | 2 941,9 |
| Frankreich . | 1912 | 9 099,2 | 1 238,2 | 1 101,4 | 5 154,2 | 15 025,2 |
| Rußl. (europ. mit Nord= kaukasien) . | 1913 | 22 803,6 | 24 688,4 | 12 140,4 | 16 048,2 | 34 688,0 |

[1]) Sommergerste.

| | Jahr | Weizen | Roggen | Gerste | Hafer | Kartoffeln |
|---|---|---|---|---|---|---|
| Österreich . . | 1912 | 1 895,3 | 2 974,8 | 1 706,8 | 2 430,1 | 12 541,6 |
| Ungarn . . | 1913 | 4 554,5 | 1 338,7 | 1 806,0 | 1 544,0 | 5 973,5[1]) |
| Italien . . | 1913 | 5 835,2 | 142,0 | 235,2 | 631,0 | 1 797,2 |
| Spanien . . | 1912 | 2 987,8 | 479,3 | 1 306,2 | 334,4 | 2 533,5 |
| Argentinien . | 1912/13 | 5 400,0 | 35,9 | 97,1 | 1 682,0 | — |
| Kanada . . | 1913 | 6 306,3 | 58,4 | 1 052,0 | 6 240,8 | 2 137,6 |
| Der. Staaten . | 1913 | 20 776,0 | 1 051,1 | 3 879,6 | 16 282,6 | 9 022,7 |
| Japan . . . | 1913 | 710,2 | 1 026,2 | 1 148,1 | 75,5 | 686,7 |

Tabelle 7b.
Hektarerträge in den wichtigsten Ländern
(Doppelzentner = 100 Kilogramm).

| | Jahr | Weizen | Roggen | Gerste | Hafer | Kartoffeln |
|---|---|---|---|---|---|---|
| Deutschland . | 1913 | 23,6 | 19,1 | 22,2[2]) | 21,9 | 158,6 |
| England und Wales . . | 1913 | 21,0 | — | 18,2 | 16,2 | 164,4 |
| Frankreich . | 1912 | 13,8 | 10,3 | 14,5 | 12,9 | 96,1 |
| Rußl. (europ. mit Nord= kaukasien) . | 1913 | 9,1 | 8,5 | 9,9 | 9,4 | 74,4 |
| Österreich . | 1912 | 15,0 | 14,6 | 16,0 | 13,0 | 100,2 |
| Ungarn . . | 1913 | 12,8 | 11,9 | 14,4 | 11,7 | 75,4 |
| Italien . . | 1913 | 12,2 | 11,4 | 9,4 | 12,5 | 61,5 |
| Spanien . . | 1912 | 7,7 | 6,1 | 9,8 | 6,5 | 99,0 |
| Argentinien . | 1912/13 | 7,8 | 9,0 | 9,0 | 14,1 | — |
| Kanada . . | 1913 | 14,1 | 12,1 | 16,1 | 14,8 | 111,6 |
| Der. Staaten (ohne Alaska und Insel= besitz) . . | 1913 | 10,2 | 10,2 | 12,8 | 10,5 | 60,8 |
| Japan . . . | 1913 | 14,4 | 15,2 | 19,4 | 16,9 | 100,5 |

Diese Übersichten zeigen die Stellung Deutschlands als Agrarland auf das deutlichste. In bezug auf die Ge= samterträge gibt es etliche Länder, die Deutschland weit

[1]) 1912. [2]) Sommergerste

überholen, im Hinblick auf die Getreideerträge im Ver=
hältnis zur bestellten Fläche steht Deutschland hingegen
durchaus an der Spitze. Bezüglich der Kartoffeln gilt das
Gesagte nicht in gleichem Maße, doch sind die Ergebnisse
auch hier ungewöhnlich günstig. Absolut genommen, hat
Deutschland die größte Kartoffelernte der Welt. Die Ver=
bindung von Wissenschaft und Technik, insonderheit die
hochentwickelte Lehre von der Statik des Bodens, haben
in erster Linie zu so gewaltiger Steigerung unserer land=
wirtschaftlichen Produktion hingeführt. Hierbei ist zu be=
achten, daß der deutsche Boden von der Natur keineswegs
sonderlich begünstigt ist; für weite Strecken kann sogar
mit gutem Recht das Gegenteil behauptet werden.

Wenden wir uns nunmehr noch kurz der Viehzucht
zu. Hier ist es ganz besonders wichtig, daß die Verhält=
nisse v o r dem Kriege als Basis genommen werden, denn
der deutsche Viehbestand ist infolge des Krieges stark
verringert worden. Dies gilt mehr oder weniger aber
auch für die anderen am Kriege beteiligten Länder. In
bezug auf den Pferdebestand dürften die Verhältnisse
sogar überall annähernd gleich liegen. Die deutschen Vieh=
bestände haben nach den entsprechenden Zählungen die
folgende Entwicklung genommen:

Tabelle 8.

Die Viehbestände in Deutschland.

| | 10. Jan. 1883 | 1. Dez. 1892 | 2. Dez. 1912 | Zunahme 1883/1912 % | Zunahme 1892/1912 % |
|---|---|---|---|---|---|
| Pferde . | 3 522 545 | 3 836 273 | 4 516 297 | 28,2 | 17,7 |
| Rindvieh . | 15 786 764 | 17 555 834 | 20 158 738 | 27,7 | 14,8 |
| Schweine | 9 206 195 | 12 174 442 | 21 885 073 | 137,0 | 79,8 |
| Ziegen . | 2 640 994 | 3 091 508 | 3 383 971 | 28,1 | 9,5 |
| Schafe . . | 19 189 715 | 13 589 662 | 5 787 848 | (Abnahme) 69,8 | (Abnahme) 57,4 |

Auch diese Entwicklung ist erstaunlich, um so mehr, als sie nicht auf Kosten des Getreidebaus erfolgt ist! Hervorgehoben zu werden verdient vor allem die stark gestiegene Schweineproduktion. Die Abnahme der S ch a f = zucht ist bekanntlich eine stete Begleiterscheinung zu= nehmender landwirtschaftlicher Intensität; sie ist somit ein für die deutsche Landwirtschaft günstiges Zeichen, wenngleich der dadurch bedingte Rückgang der Woll= produktion bedauert werden kann. Im übrigen ist bei der Beurteilung der obigen Zahlen zu beachten, daß sie noch keinen Rückschluß auf die F l e i s ch erzeugung zu= lassen.

Im allgemeinen darf man annehmen, daß infolge erheblicher Verbesserung der Viehschläge deren Gewicht zugenommen hat und daß auch durch größere Frühreife und rascheren Umschlag die Fleischerzeugung stärker ge= stiegen ist als die bloße Viehproduktion. Dies wird von landwirtschaftlicher Seite vielleicht zu sehr betont, spielt aber doch eine größere Rolle, als es seitens der Vieh= händler und Metzger schlechthin zugegeben wird. Nach E ß l e n , der mit seinen Angaben hinter den amtlichen Ausweisen zurückbleibt, hat die Gesamtfleischerzeugung a u s i n l ä n d i s ch e n S ch l a ch t u n g e n 1883 bis 1911 um 129 %, 1892 bis 1911 um 88 % zugenommen, also in der Tat eine Entwicklung, die die Zunahme der Viehbestände weit überholt. Graf von Schwerin=Löwitz ist der Meinung, daß diese Zahlen noch hinter der Wirklich= keit zurückbleiben.

Um die Bedeutung der viehzüchtenden deutschen Landwirtschaft innerhalb der Viehzucht der wichtigsten Länder erkennen zu lassen, sei die folgende Tabelle hier= hergesetzt:

Tabelle 9.

Viehbestand in den wichtigsten Ländern
(in 1000 Stück).

| Länder | Jahr | Pferde | Rind= vieh | Schweine | Schafe | Ziegen |
|---|---|---|---|---|---|---|
| Deutschland . . . | 1912 | 4 523 | 20 182 | 21 924 | 5 803 | 3410 |
| England und Wales . | 1913 | 1 402 | 5 717 | 2 102 | 17 130 | — |
| Frankreich . . . . | 1912 | 3 222 | 14 706 | 6 904 | 16 468 | 1409 |
| Rußland, europ. mit Nordkaukasien . . | 1913 | 24 515 | 37 165 | 12 487 | 42 783 | |
| Österreich . . . . | 1910 | 1 803 | 9 160 | 6 432 | 2 428 | 1257 |
| Ungarn . . . . | 1911 | 2 351 | 7 319 | 7 580 | 8 548 | 427 |
| Niederlande . . . | 1910 | 327 | 2 027 | 1 260 | 889 | 224 |
| Dänemark . . . . | 1909 | 535 | 2 254 | 1 468 | 727 | 40 |
| Belgien . . . . | 1912 | 263 | 1 831 | 1 348 | 236[1]) | 241[1]) |
| Argentinien . . . | 1911 | 8 894 | 28 786 | 2 900 | 80 401 | 4302 |
| Vereinigte Staaten von Amerika . . | 1913 | 20 567 | 56 527 | 61 178 | 51 482 | 2915 |
| Kanada . . . . | 1913 | 2 866 | 6 656 | 3 448 | 2 129 | — |
| Japan . . . . | 1912 | 1 582 | 1 399 | 309 | 3 | 101 |

In bezug auf den Bestand an Rindvieh wird Deutsch=
land von Rußland, Argentinien und den Vereinigten
Staaten überragt. Die Zahl der Schweine ist nur in
Amerika größer. Mit seinem Pferdebestand steht Deutsch=
land an vierter Stelle, während es mit der Zahl seiner
Schafe hinter zahlreichen Ländern zurückbleibt.

Die Steigerung der Viehzucht ist für Deutschland
unter anderem deshalb besonders wichtig, weil sie auf
eine Vermehrung der landwirtschaftlichen Bevölkerung
hinausläuft. Die Viehzucht (mit Ausnahme der Pferde)
ist nämlich in erster Linie Domäne des b ä u e r l i c h e n
B e t r i e b e s. Der eigentliche Großbetrieb tritt für
die Viehhaltung stark zurück. Der Schwerpunkt der

---

¹) Jahr 1895.

Aufzucht von Kühen und Schweinen liegt durchweg in den Betrieben bis zu 20 Hektar, während der eigentliche Großgrundbeſitz eine nennenswerte Rolle überhaupt nicht ſpielt. Ausdehnung der Viehzucht bedeutet demnach in der Tat Vermehrung der landwirtſchaftlichen Bevöl= kerung.

Endlich ſei noch auf einige andere Tatſachen hinge= wieſen, die teils die Urſachen, teils die Folgewirkungen des landwirtſchaftlichen Aufſchwunges in Deutſchland beleuchten.

Deutſchland verbraucht heute pro Quadratkilometer etwa 1204 Kilogramm Kali, gegenüber 202 Kilogramm in Eng= land, 80 Kilogramm in Frankreich und 141 Kilogramm in den Vereinigten Staaten. Der Geſamtverbrauch von Handels= dünger ſtieg von 16 Millionen Doppelzentner im Jahre 1890 auf rund 70 Millionen Doppelzentner im Werte von 500 Millionen Mark im Jahre 1912. Die Zahl der Dampfpflüge belief ſich im Jahre 1907 auf 2995 (1882: 836). An ſonſtigen Maſchinen waren im Jahre 1907 vorhanden: Sämaſchinen 290 000 (63 000), Mähmaſchinen 300 000 (19 600), Dampf= dreſchmaſchinen 488 000 (75 600), andere Dreſchmaſchinen 947 000 (298 000).

Beſonders gut hat ſich der landwirtſchaftliche Unter= richt entwickelt. Vor etwa 30 Jahren hatte Preußen 338 höhere und niedere landwirtſchaftliche Schulen mit 9280 Beſuchern. Im Jahre 1910 waren es 4580 Schulen mit 72 790 Schülern.

Die Zahl der ländlichen Genoſſenſchaften betrug 1890: 3006, im Jahre 1912 aber 26 026. Dies Genoſſenſchafts= weſen iſt bekanntlich in Zentralkaſſen zuſammengeſchloſſen, deren Zahl im Jahre 1911: 34 betrug; ſie hatten im gleichen Jahre einen Umſatz von 6,3 Milliarden und ein eigenes Vermögen von 31,8 Millionen Mark. Das Ein=

kommen der eingeschätzten Personen auf dem Lande in Preußen ist gestiegen von 1852 Millionen Mark im Jahre 1892 auf 4482 Millionen Mark im Jahre 1912, das steuer= bare Vermögen auf dem Lande von 25 516 Millionen Mark im Jahre 1895 auf 39 388 Millionen Mark im Jahre 1912. Von den landwirtschaftlichen Nebengewerben, die gleichfalls eine stark ansteigende Entwicklung genommen haben, wird in anderem Zusammenhang noch kurz die Rede sein.

Alles in allem: die deutsche Landwirtschaft ist trotz der gewaltigen industriellen Entwicklung immer noch von ganz hervorragender Bedeutung für die neudeutsche Volks= wirtschaft, auch trägt sie starke Tendenzen zur Vermehrung dieser ihrer Bedeutung in sich. Mit der Feststellung solchen Resultats wollen wir uns einstweilen begnügen. In anderem Zusammenhang wird jedoch noch mancherlei zu untersuchen sein. Vor allem wird es darauf ankommen, zu ermitteln, ob die Landwirtschaft eine so ungewöhnliche Entwicklung gänzlich aus sich selbst heraus oder mit Hilfe des Auslandes (Futtermittel, Dungstoffe usw.) erzielt hat. Anderseits ist es wichtig, die Frage zu untersuchen, in welchem Umfange die Landwirtschaft das deutsche Volk ernährt und demgemäß die pas= siven Beziehungen Deutschlands zum Auslande beein= flußt.

Vor vorzeitigen und deshalb voreiligen Schlußfolge= rungen aus den obigen Darlegungen sei deshalb aus= drücklich gewarnt, sie wollen, wie einleitend bemerkt, nichts anderes, als für die einwandfreie Würdigung der Bedeutung der deutschen Landwirtschaft für das gesamte Wirtschaftsleben Deutschlands und dessen inter= nationale Beziehungen die objektiven Voraussetzungen schaffen.

# D. Die Induſtrie.

## a) Allgemeiner Überblick.

Wenden wir uns nunmehr der Induſtrie zu. Wir ſahen ſchon, daß in bezug auf Berufszugehörigkeit und Er= werbstätigkeit des deutſchen Volks die Induſtrie erheb= lich überwiegt. Ein immer größerer Teil der Deutſchen hat Arbeit und Verdienſt in gewerblicher Tätigkeit ge= funden.

Zur Induſtrie (einſchließlich Bergbau und Baugewerbe) gehörten im Jahre 1871: 32,8, im Jahre 1907 aber 42,8 % der Geſamtbevölkerung. Schließen wir Handel und Ver= kehr mit ein, ſo ergeben ſich 41,8 bzw. 56,2 %. In Indu= ſtrie, Handel und Verkehr fanden im Jahre 1907: 34,7 Mil= lionen, in der Landwirtſchaft 17,7 Millionen Menſchen ihre Nahrung. Erwerbstätige zählte die Induſtrie im Jahre 1907: 11,3 Millionen (37,2 %), Handel und Verkehr 3,5 Millionen (11,51 %), mithin zuſammen 14,8 Millionen = 48,7 %. Die Landwirtſchaft hatte, wie wir ſahen, 9,8 Millionen Erwerbstätige, das ſind 32,7 % aller Erwerbstätigen.

Fragen wir nunmehr, wie die deutſche Induſtrie ſich gliedert, auf welchen Gebieten ihre Schwerkraft ruht und in welchem Verhältnis ihre Produktivität zu derjenigen des Auslandes ſteht. Wie wir geſehen haben, unter= ſcheidet die deutſche Statiſtik ſechs Berufsabteilungen (vgl. S. 15), von denen uns hier die zweite: Induſtrie einſchließlich Bergbau und Baugewerbe (alſo vorläufig nicht „Handel und Verkehr") zu beſchäftigen hat. Sie gliedert ſich in bezug auf Abgrenzung, Berufs= zugehörige und Erwerbstätige wie folgt:

Tabelle 10.

Die Gliederung der deutschen Industrie.

| | 1907 | | 1882 | |
|---|---|---|---|---|
| | Erwerbs=tätige | % der Er=werbstätigen in der In=dustrie | Erwerbs=tätige | % der Er=werbstätigen in der In=dustrie |
| Bergbau, Hütten= und Sa=linenwesen . . . . . | 963 278 | 8,6 | 441 457 | 6,7 |
| Industrie der Steine und Erden . . . . . . . | 714 520 | 6,2 | 331 569 | 5,1 |
| Metallbearbeitung . . . | 1 186 099 | 10,5 | 528 714 | 8,1 |
| Maschinen, Instrumente und Apparate . . . . . . | 907 048 | 8,5 | 285 192 | 4,3 |
| Chemische Industrie . . . | 158 776 | 1,4 | 57 530 | 0,9 |
| Leuchtstoffe, Fette, Öle, Sei=fen und Firnisse, forstwirt=schaftliche Nebenprodukte . | 75 879 | 0,6 | 30 867 | 0,5 |
| Textilindustrie . . . . . | 1 057 243 | 9,4 | 850 859 | 13,1 |
| Papierindustrie . . . . | 206 763 | 1,8 | 90 808 | 1,4 |
| Lederindustrie . . . . . | 219 443 | 1,9 | 129 231 | 1,9 |
| Holz= und Schnitzstoffe . . | 787 754 | 7,0 | 521 660 | 8,3 |
| Industrie der Nahrungs= und Genußmittel | 1 127 516 | 10,1 | 663 226 | 12,0 |
| Bekleidungs= und Reini=gungsgewerbe . . . . . | 1 692 069 | 15,0 | 1 334 007 | 20,5 |
| Baugewerbe . . . . . | 1 905 987 | 17,0 | 946 583 | 14,5 |
| Polygraphische Gewerbe . | 197 903 | 1,6 | 69 643 | 1,0 |
| Künstlerische Gewerbe . . | 37 111 | 0,3 | 23 893 | 0,3 |
| Gewerbl. Berufe ohne nähere Bestimmung . . . . | 18 865 | 0,1 | 91 226 | 1,4 |
| Zusammen . . . . . . | 11 256 254 | 100 | 6 496 465 | 100 |

An der Spitze steht im Jahre 1907 das Baugewerbe; es folgen in absteigender Linie das Bekleidungsgewerbe, die Industrie der Nahrungs= und Genußmittel, die Metall=bearbeitung, die Textilindustrie, der Bergbau, die Ma=schinenindustrie, die Industrie der Steine und Erden, die Lederindustrie, die Papierindustrie, das polygraphische

Gewerbe, die chemische Industrie, die Industrie der Leucht=
stoffe und endlich das künstlerische Gewerbe. Im einzelnen
haben die Zahlen sich seit 1907 naturgemäß verschoben.
Das Gesamtverhältnis wird aber annähernd das gleiche ge=
blieben sein. Anzunehmen ist, daß die chemische Industrie
heute eine unverhältnismäßig größere Rolle spielt als damals.

Die hier umschriebene industrielle Tätigkeit vollzog
sich im Jahre 1907 insgesamt in 2 326 190 Betrieben, davon
waren 239 822 Nebenbetriebe. Innerhalb dieser Betriebs=
stätten waren insgesamt 10 852 873 Personen beschäftigt.

Die Statistik versteht unter „Industrie" jegliche Art der
Stoffverarbeitung und der Gewinnung durch Bergbau.
Im allgemeinen Sprachgebrauch begreift man unter
Industrie hingegen nur die großgewerbliche Produktion.
In diesem Sinne kommt die Abgrenzung auch für uns
in Betracht. Wir wollen demnach aus der obigen Auf=
stellung alle Kleinbetriebe ausscheiden.

Im Jahre 1907 wurden in der Industrie amtlichen
Begriffs 994 743 Alleinbetriebe und 1 091 625 Gehilfen=
betriebe gezählt. Die ersteren scheiden für die Gewinnung
eines Überblickes über die Bedeutung der eigentlichen
„Industrie" ganz aus. Aber auch die Gehilfenbetriebe
kommen nur zum Teil in Betracht, nämlich insoweit, als
sie mehr denn 10 Personen beschäftigen. Alle Betriebe
bis zu solcher Größe kann man schlechtweg als h a n d =
w e r k s betriebe bezeichnen, ohne damit etwa zu sagen,
daß es „Handwerksbetriebe" größeren Umfangs nicht
gäbe. Die Zahl der Betriebe, die bis zu 10 Personen be=
schäftigen, betrug im Jahre 1907 872 189, so daß nur
122 554 Betriebe mit mehr als 10 Personen übrig bleiben.
Man könnte versucht sein, hieraus auf eine kleingewerb=
liche Struktur der deutschen Industrie zu schließen. Das
wäre ein Irrtum, denn jene große Zahl von Kleinbetrieben

beschäftigt nur reichlich 3 Millionen Menschen, während die andere Gruppe deren nahezu 8 Millionen umschließt. Immerhin bestätigt die Statistik das schon in anderem Zusammenhang gefundene Ergebnis: Der Kleinbetrieb ist überholt worden, aber er ist nicht verschwunden, sondern erfüllt auch im industriellen Deutschland volkswirtschaftlich nützliche und unentbehrliche Funktionen.

Von Interesse ist nunmehr zunächst, wie die Betriebe mit mehr als 10 Personen sich gliedern. Die folgende Übersicht zeigt dies:

Tabelle 11.
Gliederung der Betriebe mit mehr als
10 Personen.

| Jahr a = Betr. b = Pers. | 11—20 | 21—50 | 51—100 | 101—200 | 201—500 | 501 bis 1000 | mehr als 1000 |
|---|---|---|---|---|---|---|---|
| 1907 a | 50 315 | 39 910 | 15 783 | 7 774 | 4 053 | 945 | 478 |
| b | 732 054 | 1 164 852 | 1 103 949 | 1 077 786 | 1 217 655 | 659 272 | 879 305 |
| 1895 a | 35 774 | 25 809 | 9 850 | 4 876 | 2 375 | 592 | 248 |
| b | 516 707 | 812 860 | 688 896 | 673 909 | 708 971 | 405 267 | 430 286 |

Die Zahl der Betriebe wird kleiner mit jeder nächst= folgenden Größenstufe. Anders hingegen mit der Zahl der beschäftigten Personen, die in der Gruppe 11 bis 20 Personen an zweitletzter Stelle steht. Im übrigen ist es bemerkenswert, daß die rund 4000 Betriebe mit 201 bis 500 Personen fast ebensoviel Menschen beschäftigen, wie die nahezu 40 000 Betriebe der Gruppe 21 bis 50 Per= sonen. Jene 478 Betriebe der Gruppe „mehr als 1000 Per= sonen" aber umschließen eine erheblich größere Zahl von Beschäftigten, als die 50 000 Betriebe der Gruppe 11 bis 20 Personen. Diese Konzentration in der gewerblichen Betriebsform hat seit 1907 zweifellos noch Fortschritte gemacht. Sie ist innerhalb weiter Grenzen charakteristisch

für die großindustrielle Entwicklung. In Wirklichkeit
tritt sie sogar noch schärfer in die Erscheinung, als es nach
den obigen Zahlen den Anschein hat, denn viele „Betriebe"
sind Teile e i n e s „Unternehmens" (im Sinne der
Statistik „Gesamtbetriebes"). Manch große Verlagsanstalt
z. B. umfaßt die „Betriebe" Schriftgießerei, Buchdruckerei,
Lithographische Anstalt, Gravieranstalt, Buchbinderei, Kar=
tonagenfabrikation und Buchhandel. Die Betriebsstatistik
erfaßt sie einzeln, während sie in Wirklichkeit Bestandteile
e i n e s Unternehmens bzw. e i n e r ökonomischen Ein=
heit sind. Und eben dies ist entscheidend.

Vergleichen wir nunmehr, bevor in eine Analyse der
deutschen Industrie eingetreten wird, die Gliederung der
Erwerbstätigen einiger wichtiger anderer Volkswirt=
schaften, um auch hier wieder die Stellung Deutschlands
klar erkennen zu können.

Tabelle 12.

Die Erwerbstätigen nach Berufsabteilungen
in den hauptsächlichsten Ländern
(in Millionen).

| Staaten | Zählungsjahr | Land= und Forst= wirtschaft, Fischerei | Industrie und Bergbau | Handel und Ver= kehr, Gast= und Schankwirtschaft | Armee u. Marine | Sonstiger öffent= licher Dienst und freie Berufe | Häusliche (persön= liche) Dienstboten | Sonstige Er= werbstätige |
|---|---|---|---|---|---|---|---|---|
| Deutschland . . . | 1907 | 9,98 | 11,25 | 3,47 | 0,65 | 1,08 | 1,26 | 0,47 |
| Großbritannien und Irland . . . . | 1911 | 2,40 | 8,88 | 4,65 | 0,25 | 1,27 | 1,78 | 0,89 |
| Österreich . . . | 1900 | 8,20 | 3,13 | 0,72 | 0,22 | 0,38 | 0,47 | 0,31 |
| Ungarn . . . . | 1900 | 6,05 | 1,18 | 0,36 | 0,13 | 0,21 | 0,38 | 0,35 |
| Frankreich . . . | 1906 | 8,86 | 6,58 | 2,95 | 0,59 | 0,78 | 0,94 | — |
| Rußland . . . . | 1897 | 18,24 | 5,59 | 2,21 | 1,13 | 1,17 | 1,61 | 1,28 |
| Vereinigte Staaten von Amerika . . | 1900 | 10,51 | 7,03 | 4,77 | 0,12 | 1,26 | 5,56 | — |

| Staaten | Zählungsjahr | Land- und Forst- wirtschaft, Fischerei | Industrie und Bergbau | Handel und Ver- kehr, Gast- und Schankwirtschaft | Armee u. Marine | Sonstiger öffent- licher Dienst und freie Berufe | Häusliche (persön- liche) Dienstboten | Sonstige Er- werbstätige |
|---|---|---|---|---|---|---|---|---|
| Von 100 Erwerbstätigen gehören zu jeder Berufsabteilung: | | | | | | | | |
| Deutschland . . . | 1907 | 35,2 | 40,0 | 12,4 | 2,3 | 3,9 | 4,5 | 1,7 |
| Großbritannien und Irland . . . . | 1911 | 11,9 | 44,1 | 23,1 | 1,2 | 6,3 | 8,9 | 4,5 |
| Österreich . . . | 1900 | 60,9 | 23,3 | 5,4 | 1,7 | 2,9 | 3,5 | 2,3 |
| Ungarn . . . . | 1900 | 69,7 | 13,6 | 4,2 | 1,5 | 2,5 | 4,4 | 4,1 |
| Frankreich . . . | 1906 | 42,7 | 31,7 | 14,3 | 2,9 | 3,8 | 4,6 | 0,0 |
| Rußland . . . . | 1897 | 58,3 | 17,9 | 7,1 | 3,6 | 3,8 | 5,2 | 4,1 |
| Vereinigte Staaten von Amerika . . | 1900 | 35,9 | 24,1 | 16,3 | 0,4 | 4,3 | 19,2[1] | — |

Die Zahlen sind nicht genau miteinander vergleichbar, da die verschiedenen Länder die Gruppen nicht überein= stimmend abgrenzen. Im ganzen aber geben sie doch ein annähernd richtiges Bild. Als ausgesprochene Agrarstaaten erscheinen Österreich, Ungarn und Rußland. Das zuerst genannte Land hat trotzdem eine bedeutsame Industrie, die in manchen Teilen seines Gebietes (z. B. in Böhmen) geradezu charakteristisch für das volkswirtschaftliche Leben ist. Mit erheblichen Einschränkungen gilt dies auch für Rußland, das in Polen, Petersburg, Moskau und im Donezgebiet bedeutsame Industrien hat. Ungarn hingegen ist ein Agrarstaat mit ungemein dünner industrieller Kruste. Es steht mit seiner industriellen Entwicklung von allen Ländern der Erde an 16. Stelle. Frankreich ist immer noch überwiegender Agrarstaat, besitzt aber eine Industrie, die vor allem der Qualitäts= und Geschmacksrichtung zugewendet ist. Die Vereinigten Staaten sind heute

---

[1] Einschließlich Erwerbstätige in Gast= und Schankwirtschaft, Wäscherei usw.

gleichfalls noch überwiegend Agrarstaat, doch drängt
die neue Entwicklung in schnellem Zeitmaß zu grundsätzlich
denselben Verhältnissen, wie wir sie in Deutschland sehen.
Eine Sonderstellung nimmt Großbritannien ein. Nicht
mehr als 11,9 % aller Erwerbstätigen sind in der Land=
wirtschaft beschäftigt, in England und Wales sogar nur
8,5 %! Es ist das einzige Land, das als absoluter Jndustrie=
staat angesprochen werden kann.

Für die Beurteilung der industriellen Leistungsfähigkeit
der obengenannten Länder ist darauf hinzuweisen, daß
Deutschland, auch unter Berücksichtigung der zeitlich aus=
einanderliegenden Zählungstermine, die g r ö ß t e  a b s o=
l u t e  Z a h l  a n  E r w e r b s t ä t i g e n  i n  d e r  G r u p p e
„J n d u s t r i e  u n d  B e r g b a u"  a u f w e i s t! Das
ist eine Tatsache, die bei allen weltwirtschaftlichen Be=
trachtungen im Auge zu behalten ist. In bezug auf die
europäischen Länder wird sich hierin auch in absehbarer
Zeit kaum etwas ändern, während allerdings anzunehmen
ist, daß die Vereinigten Staaten von Amerika Deutschland
schließlich überflügeln werden.

Ebensowenig freilich wie in der Landwirtschaft die
bloße Anbaufläche, vermittelt in der Jndustrie die nackte
Zahl die richtige Vorstellung von der Bedeutung dieses
Wirtschaftszweiges. Produktivität und Rentabilität sind
nicht allein durch die zur Verfügung stehenden Hände
bedingt. Gerade die Jndustrie hat gelernt, sich von der
menschlichen Arbeitskraft unabhängig zu machen, sie durch
Maschinenkraft zu ersetzen und durch zweckmäßige Ein=
teilung des Betriebes, sowie durch Regelung der Pro=
duktion in ihrem quantitativen Ausmaß zu vermindern.
Dort wo die höchsten Löhne bezahlt werden, ist der Anreiz
hierzu am größten — kein Wunder, daß die amerikanische
Jndustrie es in der Freimachung von der menschlichen

Arbeitskraft am weitesten gebracht hat, und ein Land wie Indien kaum einen Hauch davon verspürt. Deutschland darf in diesem Zusammenhang unmittelbar hinter den Vereinigten Staaten genannt werden, wobei zu erwarten ist, daß die einschlägige Entwicklung hier nach dem Kriege ein besonders beschleunigtes Zeitmaß annehmen wird. Schon heute jedoch hat Deutschland es zu einem Anteil an der Weltproduktion wichtiger Güter gebracht, der seinen verhältnismäßigen Anteil an der Zahl von Betrieben und Erwerbstätigen weit überholt. Dies sei an kennzeichnenden Beispielen nachgewiesen und dabei zugleich Richtung und Umfang der wichtigsten Zweige der deutschen Industrie über die bloße Vergleichsbasis hinaus ausführlicher dargelegt.

### b) Bergbau und Hüttenwesen.

Der Schwerpunkt des deutschen Bergbaus liegt in der Förderung von Kohle, Eisen und Salz. Insonderheit die beiden ersten Produkte geben der deutschen Industrie die eigentliche Grundlage, denn ein Land, das in bezug auf diese Güter überwiegend vom Auslande abhängig ist, muß von vornherein darauf verzichten, seinem Wirtschaftsleben das industrielle Gepräge zu geben. Außerdem gerät ein solches Land leicht in p o l i t i s c h e Abhängigkeit, wofür Italien gegenwärtig das beste Beispiel ist. Das Gesagte gilt vor allem für den Besitz von Kohle, deren Nutzbarmachung in den letzten Jahrzehnten so gewaltige Fortschritte gemacht hat, daß alle Volkswirtschaften, die über eigene Kohlenlager nicht verfügen, zu den Stiefkindern der Weltwirtschaft gerechnet werden müssen. Glücklicherweise gehört Deutschland nicht dazu.

Im Hinblick auf die Kohlenvorräte in den hauptsäch=

lichsten Ländern sind wir auf Schätzungen angewiesen, die in manchen Gebieten, wie China und Indien, der genauen Grundlage entbehren. Zuverlässiger sind die Angaben über Europa und die Vereinigten Staaten von Amerika, obgleich auch hier „Überraschungen" keineswegs ausgeschlossen sind. Wenn also von China, dessen riesige Kohlenvorräte als unermeßlich bezeichnet werden, abgesehen wird, so stehen an der Spitze die Vereinigten Staaten von Amerika, und zwar mit einem geschätzten Bestande von 700 Milliarden Tonnen. In Europa steht Deutschland an erster Stelle, denn sein Kohlenvorrat wird auf 423 Milliarden Tonnen geschätzt. Es folgen England mit 189, Rußland mit 60, Österreich mit 53,8, Frankreich mit 17,6 und Belgien mit 11 Milliarden Tonnen. Hinreichende Kohlenvorräte stehen demnach der Welt für unabsehbare Zeit zur Verfügung. Wenn wir beispielsweise für Deutschland annehmen, daß seine jährliche Kohlenförderung sich auf 325 Millionen Tonnen steigern sollte (gegenwärtig beträgt sie 278), so würde der Vorrat für mehr als 1300 Jahre ausreichen. Doch nicht allein der absolute Vorrat an Kohle ist von Bedeutung, sondern auch das sog. „kommerzielle Versiegen", von dem wir reden, wenn der Anbau infolge technischer Schwierigkeiten oder ungewöhnlicher Kosten (größerer Tiefe) sich nicht mehr lohnt. In dieser Beziehung steht Deutschland außerordentlich günstig da, während von sachverständiger Seite behauptet worden ist, daß England mit dem Beginn des kommerziellen Versiegens seiner Kohlenförderung schon in 60 bis 80 Jahren rechnen müsse.

Die jährliche Kohlen f ö r d e r u n g der Erde hat zurzeit einen Wert von etwa 10 Milliarden Mark und übersteigt damit den Wert der Gold- und Silberproduktion um das Vierfache. Insgesamt wurden im Jahre 1913

1213 Millionen Tonnen Kohle (Steinkohle und Braun=
kohle) gefördert. Davon entfielen auf die Vereinigten
Staaten von Amerika 517, auf England 291, auf Deutsch=
land 278, auf Frankreich 41, auf Österreich=Ungarn 54,
auf Rußland 32 Millionen Tonnen. In Europa steht
demnach England immer noch an der Spitze, doch ist der
Vorsprung vor Deutschland nicht mehr groß und wird bald
eingeholt und überflügelt sein. Wenn in Betracht gezogen
wird, daß Deutschland im Jahre 1890 erst 90, England
aber schon damals 184 Millionen Tonnen förderte, so
tritt die Bedeutung dieser Entwicklung klar zutage. Dabei
ist zu beachten, daß die Lagerung und geographischen Ver=
hältnisse in Deutschland keineswegs günstig sind. Mächtige
Flöze in dem Abbau günstiger Lagerung, wie beispiels=
weise in England, sind nur ausnahmsweise vorhanden.
Der Fortschritt in der Produktion mußte deshalb mit
Überwindung viel größerer Schwierigkeiten erkauft werden
als in anderen Ländern.

Im gesamten Kohlenbergbau Deutschlands (ohne
Luxemburg) waren nach den Ergebnissen der Produktions=
erhebungen im Jahre 1912 etwa 1200 Betriebe mit nahe=
zu 700 000 beschäftigten Personen vorhanden. Auf den
S t e i n k o h l e n bergbau fielen hiervon 349 Betriebe
mit 611 000 Beschäftigten. An die letzteren wurden im
gleichen Jahre 960 Millionen Mark Löhne und Gehälter
bezahlt. Die Förderung betrug 175 Millionen Tonnen
im Werte von 1,8 Milliarden Mark. Demgegenüber tritt
der Braunkohlenbergbau zurück. Die Zahl der Betriebe
ist zwar größer (478), weil die Konzentration aus tech=
nischen und anderen Gründen größere Hindernisse findet
als im Steinkohlenbergbau, aber die Zahl der beschäftigten
Personen betrug im Jahre 1912 nur 55 000. Die Summe
für Löhne und Gehälter erreichte annähernd 74 Millionen

Mark. Die Förderung betrug 81 Millionen Tonnen im Werte von 175 Millionen Mark.

In diesem Zusammenhang seien gleich die Kokereien erwähnt. Es gab ihrer in Deutschland im Jahre 1912: 178 mit 29 000 beschäftigten Personen, die an Löhnen und Gehältern 45 Millionen Mark erhielten. Die Menge der verbrauchten Steinkohlen betrug 41 Millionen Tonnen im Werte von 455 Millionen Mark. Daraus wurden 31 Millionen Tonnen Koks im Werte von 506 Millionen Mark erzeugt. Der Wert der Kohlenprodukte betrug 144 Millionen Mark.

Auch in der Eisenerzgewinnung hat Deutschland sich eine bedeutsame Stellung errungen. Die Eisenerzförderung insgesamt ist in den letzten Jahrzehnten gewaltig gesteigert worden, eine Tatsache, die deutlich die zunehmende Industrialisierung der Welt zum Ausdruck bringt. Diejenigen Staaten, welche die größten Eisenerzvorkommen haben, besitzen ein Übergewicht, dessen Bedeutung sich steigert, wenn sie zugleich über große Lagerstätten von Kohle verfügen.

Die gesamten V o r k o m m e n von Eisenerzen werden auf etwa 22 Milliarden Tonnen geschätzt, mit einem Eisengehalt von 10 Milliarden Tonnen. Davon entfallen auf die Vereinigten Staaten 4,3 (2,3), auf Europa 12 (4,7) Milliarden Tonnen. Von allen europäischen Staaten steht Deutschland mit 3,6 (1,1) Milliarden Tonnen an der Spitze. Es folgen Frankreich mit 3,3 (1,1), Schweden mit 1,2 (0,7), Spanien mit 0,7 (0,3) und Rußland mit 0,8 (0,4) Milliarden Tonnen.

Um die Eisenerz g e w i n n u n g der letzten Jahrzehnte zu illustrieren, sei folgende Tabelle hierher gesetzt:

## Tabelle 13.
### Eisenerzgewinnung in den wichtigsten Ländern
(in Millionen metrische Tonnen).

| Jahr | Deutsches Reich einschließlich Luxemburg | Österreich-Ungarn | Rußland | Spanien | Frankreich | Schweden | Groß-britannien | Ver. Staaten von Amerika | Kanada |
|---|---|---|---|---|---|---|---|---|---|
| 1897 | 15,5 | 3,0 | 4,1 | 7,4 | 4,6 | 2,1 | 14,0 | 18,6 | 0,050 |
| 1909 | 25,5 | 4,5 | 5,2 | 8,8 | 11,9 | 3,9 | 15,2 | 53,9 | 0,243. |
| 1912 | 32,7 | 4,7 (1911) | 8,2 | 8,8 (1911) | 18,5 | 6,7 | 14,0 | 60,4 | 0,107 |

Weitaus an der Spitze stehen demnach die Vereinigten Staaten, die ihre Eisenerzförderung seit dem Jahre 1897 von 18,6 auf 60,4 Millionen Tonnen gesteigert haben. Es ist das eine Entwicklung, die einzig dasteht in der Welt. Auch gelegentliche Rückschläge, die verhältnismäßig oft aufgetreten sind, vermögen daran nichts zu ändern. Einer unverhältnismäßig günstigen Entwicklung erfreute sich jedoch auch Deutschland, das seine Eisenerzförderung seit 1897 von 15,5 auf 32,7 Millionen Tonnen steigerte. Relativ betrachtet, stehen zwar andere Länder (vor allem Frankreich) noch günstiger da, aber absolut genommen überragt Deutschland sie alle. Auffällig ist der völlige Stillstand in England, während Schweden für die Erzversorgung ständig bedeutender wird.

Deutschland verdankt seine überragende Stellung in der Eisenerzförderung zu erheblichem Teile dem Erwerb von Lothringen und dem Zollanschluß mit Luxemburg, in der Hauptsache aber ist sie auf technische Umwälzungen zurückzuführen, die gerade den deutschen Eisenerzen zugute gekommen sind. Es handelte sich um das Verfahren bei der Stahlherstellung. Seitdem diesem der die Stahlerzeugung umwälzende sog. Bessemerprozeß zugrunde lag,

bedurfte man des phosphorfreien Eisens, das in Deutsch=
land nur in geringen Mengen vorhanden ist und deshalb
aus England eingeführt werden mußte. Erst als im Jahre
1878 der Thomasprozeß erfunden wurde, der das Eisen
auf chemischem Wege entphosphoresierte, war der Weg
zur Verwendung der deutschen Eisenerze für die Stahl=
fabrikation freigegeben. Nach den neueren Produktions=
erhebungen waren im Eisenerzbergbau Deutschlands (o h n e
Luxemburg) im Jahre 1912: 322 Betriebe mit 41 000 be=
schäftigten Personen vorhanden. Die Lohnsumme betrug
rund 60 Millionen Mark, die Förderung 27 Millionen
Tonnen im Werte von 110 Millionen Mark. Der Bedarf
Deutschlands wird durch diese Förderung nur zu $3/_5$ ge=
deckt; die übrigen $2/_5$ kommen aus dem Ausland. Diese
Sachlage ist nicht allein durch Quantitätsverhältnisse,
sondern auch durch die Qualität der Erze bedingt, deren
Deutschland in zweckentsprechender Mischung bedarf. Im
Jahre 1911 wurden in den deutschen Hochöfen 30,5 Millionen
Tonnen Eisen und Eisenmanganerze verarbeitet, davon
stammten aus Deutschland einschließlich Luxemburg 21 Mil=
lionen Tonnen. Vom Auslandsbezug fielen auf Schweden
und Norwegen 3,2, auf Spanien 3, auf Frankreich 1,4, auf
Rußland 0,6, auf Afrika 0,4 Millionen Tonnen.

Das Jahreserzeugnis der deutschen Hochofenwerke
betrug im Jahre 1908: 10,7 Millionen Tonnen im Werte
von 657 Millionen Mark; im Jahre 1912: 15,2 Millionen
Tonnen im Werte von 922 Millionen Mark. Die Zahl der
deutschen Hochofenbetriebe belief sich im Jahre 1912 auf
316, gegen 304 im Jahre 1908.

In bezug auf B l e i=, S i l b e r=, Z i n k= und K u p f e r=
e r z e sei das folgende hervorgehoben: Die reichsten
Lagerstätten von Bleierzen besitzt Neusüdwales, das im
Jahre 1912: 351 000 Tonnen förderte. An zweiter Stelle

steht Spanien, dessen Bleierze dadurch erhöhten Wert erhalten, daß sie in starkem Maße mit Silber vergesellschaftet auftreten; die Förderung betrug im Jahre 1911: 323 000 Tonnen, darunter 157 000 Tonnen silberhaltige Bleierze. Deutschland steht mit einer Jahresproduktion von 140 000 bis 160 000 Tonnen an dritter Stelle. Seit 1909 ist die Produktion etwas zurückgegangen. In der Zinkerzgewinnung haben hingegen Deutschland und die Vereinigten Staaten von Amerika durchaus die Führung. Letztere förderten im Jahre 1912: 730 000, ersteres im gleichen Jahre 644 000 Tonnen. In weitem Abstand folgen Spanien (162 000), Italien (150 000) und Algier (100 000). Im Hinblick auf die Kupfererzgewinnung stehen wieder die Vereinigten Staaten weitaus an der Spitze. Das Gleiche gilt innerhalb Europas für Spanien, das im Jahre 1911: 3,3 Millionen Tonnen förderte. In erheblichem Abstand folgt Deutschland mit 969 000 Tonnen (1912). Alle anderen europäischen Länder bleiben dahinter weit zurück; an ihrer Spitze steht Italien mit 86 000 Tonnen. In der Gewinnung von Silber steht Deutschland in Europa an erster Stelle. Im Jahre 1912 betrug die Produktion von Silber 190 000 Kilo. Der Schwerpunkt der Silbergewinnung liegt heute durchaus in der Neuen Welt. Die Vereinigten Staaten von Amerika, Kanada und Mexiko produzierten im Jahre 1912 insgesamt mehr als 5 Millionen Kilogramm.

Die deutschen Blei=, Silber= und Zinkerzgruben haben in den letzten Jahren ihre Produktion nicht mehr gesteigert. Das Jahresquantum von 2,9 Millionen Tonnen Roherzen ist sich etwa gleich geblieben. Die Zahl der beschäftigten Personen ist von 1908 bis 1912 sogar von 25 800 auf 22 300 zurückgegangen. Der Wert der Produktion ist allerdings von 37 auf 59 Millionen Mark gestiegen. In bezug auf

Zink ist Deutschland vom Auslande unabhängig, während
$1/_3$ der benötigten Bleierzmengen eingeführt werden. Die
deutschen Arsen= und Kupfererzgruben beschäftigten im
Jahre 1912: 13 000 Personen, die an Gehältern und
Löhnen 16,7 Millionen Mark bezogen. Die Menge der
geförderten Roherze betrug 996 000 Tonnen im Werte
von 32 Millionen Mark.

Bedeutsam für das Wirtschaftsleben Deutschlands
ist dessen Salzgewinnung, deren hohe Blüte zum erheb=
lichsten Teile der Tatsache zu danken ist, daß Deutschland
mit seinen Lagerstätten von K a l i salzen eine Monopol=
stellung einnimmt. Es ist dies ein von der Natur gegebener
Vorzug, der kaum hoch genug eingeschätzt werden kann,
nicht nur im Interesse der Landwirtschaft, die solcherweise
ein wichtiges Düngemittel aus erster Hand erhält, sondern
auch im Hinblick auf zahlreiche Zweige der chemischen
Industrie, denen die Kalisalze wichtige Ausgangsmateria=
lien ihrer Produktion bieten, wovon weiter unten aus=
führlicher gesprochen werden soll.

Von großer Bedeutung für das deutsche Wirtschafts=
leben sind weiter die gewerblich nutzbar gemachten S t e i n e
u n d E r d e n. „Die lachenden Fluren unseres deutschen
Vaterlandes bergen unter der Decke grüner Wälder und
blumiger Auen nicht nur die kostbaren Schätze der Erze
und Kohlen und die wichtigen Salze, sondern auch be=
scheidenere Rohstoffe, die gleichwohl für die deutsche
Industrie von dem höchsten Werte sind, nämlich die Steine
und Erden. Die deutschen Dome, die Paläste und Burgen
legen rühmendes Zeugnis ab von der Mannigfaltigkeit der
auf deutschem Boden angewachsenen Gesteine, der Granite,
Tuffe, Basalte, Porphyre, Sand= und Kalksteine. Insbeson=
dere das mittlere und das südliche Deutschland liefert her=
vorragendes Material für Steinbauten" (Viktor Heger).

Zur Illustration dessen sei an das häufige Vorkommen guter S a n d s t e i n e in Deutschland erinnert, an den Kalkstein, der der chemischen Industrie in gewaltigen Mengen zugeführt wird, an den Kalksandstein, der der Kalk= und Zementindustrie die Grundlage bietet. Auch die Schieferbrüche sind der Befriedigung menschlicher Be= dürfnisse in mancherlei Beziehung nutzbar gemacht. Daß ferner die Tonwarenindustrie, die Porzellanindustrie, die Steingutherstellung und die Glasindustrie so gut wie ganz im heimischen Boden wurzeln, ist bekannt. Welchen Um= fang und welche Entwicklung die „Industrie der Steine und Erden" genommen hat, geht daraus hervor, daß in ihr im Jahre 1907: 714 000 Menschen Beschäftigung fanden, gegen 330 000 im Jahre 1882.

Zum Abschluß unserer Betrachtung der Bodenschätze Deutschlands sei noch des Erdöls gedacht. Die Erdöl= produktion der Welt hat sich von 1900 bis 1910 verdoppelt, und im Jahre 1913 hatte sie um weitere 10 Millionen Tonnen, auf 50,8 Millionen Tonnen, zugenommen. Es hängt dies in der Hauptsache damit zusammen, daß Pe= troleum in immer größerem Umfange Heizzwecken nutz= bar gemacht wird und die Kohle verdrängt, wenngleich deren allgemeine Monopolstellung nach menschlichem Ermessen nicht zu erschüttern ist. Auf gewissen Gebieten wird sie aber zweifellos schon in absehbarer Zeit ganz ausgeschaltet sein. Die hervorragendste Stellung in der Rohölgewinnung nehmen die Vereinigten Staaten von Amerika ein; ihr Anteil belief sich im Jahre 1913 auf 63,6 %. Auch zeigt sich hier eine gewaltige Steigerung: von 16,7 Millionen Tonnen im Jahre 1900 auf 32,3 Mil= lionen Tonnen im Jahre 1913. An zweiter Stelle steht Rußland mit 18,2 % der Weltgewinnung, jedoch hat seine Produktion in den letzten Jahren nicht mehr zunehmen

können; sie ist mit rund 9 Millionen Tonnen stabil ge=
blieben. Die übrigen Rohölländer sind in der Reihen=
folge ihrer Bedeutung Mexiko (5,9 %), Rumänien (3,7 %),
Niederländisch=Indien (3 %), Galizien (2,1 %), Britisch=
Indien (2 %). Alle anderen Länder gewinnen weniger
als 2 %. D e u t s ch l a n d spielt in der Rohölgewinnung
der Welt eine höchst bescheidene Rolle. Zur Gesamt=
ausbeute trug es im Jahre 1913 nur 0,2 % = 130 000 Ton=
nen im Werte von 9 Millionen Mark bei. Die gewonnenen
Rohöle werden in der Hauptsache zu Schmierölen ver=
arbeitet. In gegenwärtiger Kriegszeit wird dem deutschen
Wirtschaftsleben damit ein sehr bedeutsames Produkt zuge=
führt, dessen Fehlen schmerzlich empfunden werden würde.

Man hört oft der Meinung Ausdruck geben, daß es
mit den Petroleumvorräten allmählich zu Ende gehe.
Sicher ist, daß sie an Ergiebigkeit hinter den Kohlenlager=
stätten gewaltig zurückstehen, jedoch ist übertriebene
Ängstlichkeit keineswegs am Platze. „Man kann ruhig
behaupten, daß eine erneute Revision des Erdballes auf
Petroleum stattgefunden hat und noch stattfindet, die
recht befriedigend ausgefallen ist, wenngleich manches
vorderhand Zukunftsmusik bleiben wird" (Mendel). Die
großen Petroleumschätze in Mesopotamien, Persien, China,
Ägypten, Argentinien, Chile, Peru, Sizilien, Australisch=
Papua, Timor, Neuguinea sind noch erhebliche Reserven
für die Zukunft. Es ist freilich vom Standpunkt der ein=
zelnen Volkswirtschaften nicht gleichgültig, wer in der
Erschließung der wirtschaftlichen Neuländer die Vorhand
hat. Die „Petroleumfrage" ist deshalb ein Bestandteil
der Weltpolitik geworden.

In bezug auf das H ü t t e n w e s e n, das gelegentlich
schon gestreift wurde, mögen noch etliche summarische

Angaben folgen. Beginnen wir mit der bereits erwähnten Roheisengewinnung. Als Vergleichsbasis diene das Jahr 1912. An der Spitze stehen hier wieder die Vereinigten Staaten von Amerika mit einer Roheisengewinnung von 30 Millionen metrischen Tonnen, gegen 9 Millionen Tonnen im Jahre 1912. An zweiter Stelle steht Deutsch= land (einschließlich Luxemburg) mit 17,6 Millionen Ton= nen (4,9). Hinter diesen beiden Staaten bleiben alle anderen erheblich zurück. Den ersten Platz unter ihnen nimmt England ein mit einer Produktion von reichlich 9 Millionen Tonnen. Wenn man bedenkt, daß England im Jahre 1892 schon 6,8 Millionen Tonnen produzierte und damit unmittelbar hinter Amerika folgte, daß es Deutsch= land damals aber um fast das Doppelte überragte, so tritt die unterschiedliche Entwicklung deutlich in die Erscheinung. Auch das ist ein Beitrag zur Geschichte des deutsch=eng= lischen Gegensatzes! Der heute England nächstfolgende Staat ist Frankreich mit 4,9 Millionen Tonnen. Es folgen Rußland, Österreich=Ungarn und Belgien mit 4,2 und 2,6 bzw. 2,3 Millionen Tonnen.

In bezug auf die Zink gewinnung folgt wiederum auf die Vereinigten Staaten von Amerika Deutschland. Für Blei teilt es sich in dieser Stellung mit Spanien. In der Kupfer gewinnung hingegen machen ihm Eng= land, Mexiko, Japan, Australien und Spanien den Rang streitig. Hieraus darf jedoch nicht auf den Umfang der Kupfer verarbeitung geschlossen werden, in der Deutschland die zweite Stelle einnimmt. Seine Einfuhr von Rohkupfer betrug im Jahre 1913: 225 000 Tonnen, während es selbst 45 500 herstellte. Da nur 7000 Tonnen ausgeführt wurden, kann der Verbrauch auf mehr als 260 000 Tonnen geschätzt werden, ein Quantum, das selbst die Vereinigten Staaten von Amerika nur unwesentlich

überſchritten, während England um etwa 100 000 dahinter
zurückbleibt. Seinen geſamten Bedarf an Kupfer deckt
Deutſchland zu mehr als 80 % im Ausland.
Von Bedeutung iſt endlich noch die S t a h l e r z e u =
g u n g. An der Weltproduktion beteiligte Deutſchland
ſich im Jahre 1900 mit 23, im Jahre 1912 mit 24 %. Es
hat mithin ſeinen prozentualen Anteil trotz der gewaltigen
Zunahme der Stahlerzeugung in den Vereinigten Staaten
(von 10 auf 31 Millionen Tonnen) noch ſteigern können.
Deutſchlands Stahlproduktion betrug im Jahre 1900
6,6 Millionen Tonnen, im Jahre 1912 aber 17,3 Mil=
lionen Tonnen. England tritt dahinter vollſtändig zurück.
Noch im Jahre 1900 wurde es von Deutſchland nur um
anderthalb Millionen Tonnen überragt, im Jahre 1912
aber ſchon um mehr als 10 Millionen Tonnen. Während
Deutſchlands Produktion in dieſer Zeit um 10,6 Millionen
Tonnen zunahm, erfreute England ſich bloß einer Steige=
rung von 1,6 Millionen Tonnen. Sogar Frankreich hatte
eine relativ ſchnellere Entwicklung: von 1,6 auf 2,8 Mil=
lionen Tonnen. Da die Stahlerzeugung ein untrügliches
Zeichen für die geſamte induſtrielle Entwicklung iſt, laſſen
dieſe Zahlen keinen Zweifel darüber zu, daß nächſt den
Vereinigten Staaten Deutſchland in ihr das ſchnellſte
Tempo eingeſchlagen hat.

### c) Die Fertiginduſtrie.

Für die Fertiginduſtrie fehlt es leider faſt ganz an
genauem internationalen Vergleichsmaterial. Nur bei der
Baumwollinduſtrie haben wir einen Anhalt in der Anzahl
der Spindeln und in den Angaben über Baumwollver=
brauch, die von dem internationalen Verbande der Baum=
wollſpinner bis zum Kriege regelmäßig ermittelt wurden.

Außerdem sind wir über den internationalen Schiff= bau ziemlich genau unterrichtet, doch soll von ihm erst in Verbindung mit der Seewirtschaft die Rede sein. Nach den Ausweisen des genannten Verbandes be= trug die Zahl der Baumwollspindeln der Welt am 1. März 1914 144,7 Millionen. Hiervon entfielen auf:

England . . . . . . . . . . 55,9 Mill. Spindeln
Vereinigte Staaten von Amerika . 31,5   „    „
Deutschland . . . . . . . . 11,4   „    „
Rußland . . . . . . . . . 9,1   „    „
Frankreich . . . . . . . . 7,4   „    „
Österreich . . . . . . . . 4,9   „    „
Italien . . . . . . . . . 4,6   „    „
Spanien . . . . . . . . . 2,2   „    „
Belgien . . . . . . . . . 1,5   „    „
Schweiz . . . . . . . . . 1,4   „    „
Japan . . . . . . . . . . 2,4   „    „
Indien . . . . . . . . . 6,3   „    „

Hier hat demnach England seine herrschende Stel= lung beibehalten. Es ist nach wie vor das eigentliche Land der Baumwollindustrie. Immerhin ist damit zu rechnen, daß es in absehbarer Zeit von den Vereinigten Staaten eingeholt werden wird. Alle anderen Länder hingegen stehen weit hinter ihm zurück. Auch Deutsch= land hat nur den vierten Teil der englischen Spindelzahl. Bemerkenswert ist der Stand in Indien, dessen industrielle Entwicklung vorläufig ihren Schwerpunkt in der Baumwoll= verarbeitung findet und das mit der Zeit zum mindesten auf dem alten indischen Absatzgebiet eine Bedrohung für England bedeutet. Es liegt in der Natur der Sache, daß Länder mit eigener Baumwollerzeugung auch in der Baumwollindustrie zu führender Stellung gelangen, so= fern dies nicht etwa durch klimatische Verhältnisse aus= geschlossen ist, was für Indien nicht zutrifft.

Der Baumwoll v e r b r a u ch in den einzelnen Ländern bestätigt das obige Bild nur teilweise. Im Jahre 1912/13 betrug der Gesamtverbrauch reichlich 20 Millionen Ballen, darunter 13,7 Millionen amerikanische, 3 Millionen ost= indische und 0,9 Millionen ägyptische. An diesem Ver= brauch beteiligten sich die Vereinigten Staaten mit 5,7, England mit 3,8, Deutschland mit 1,6 Millionen Ballen. Der Verbrauch in den Vereinigten Staaten übersteigt demnach ganz erheblich den verhältnismäßigen Anteil an der Spindelzahl. Dies gilt in erheblichem Abstand auch für Deutschland, das viermal weniger Spindeln hat als England, aber beinahe die Hälfte von dessen Baumwoll= verbrauch aufweist. Hierin äußert sich die — zum Teil klimatisch bedingte — technische Überlegenheit Englands, das z. B. in der Herstellung f e i n e r Baumwollgarne eine Art Monopolstellung besitzt. Je jünger eine Baum= wollindustrie ist, desto mehr wendet sie sich der Herstellung grober Garne zu und um so größer ist ihr Baumwollver= brauch im Verhältnis zur Spindelzahl. Japan z. B. hat nur den 23. Teil der englischen Spindeln erreicht, aber fast die Hälfte des englischen Baumwollverbrauchs. Allerdings liegen hier Fehlerquellen in der Statistik vor, da das Verhältnis in Wirklichkeit keineswegs so ungünstig ist, doch ändert das an der prinzipiellen Richtigkeit des Gesagten nichts. Die Baumwollspinnerei ist nur ein Teil der Textilindustrie. In Deutschland sind außerdem noch von Bedeutung die Baumwollzwirnerei, die Flachsspinnerei, die Jutespinnerei und =zwirnerei, die Kammgarnspinnerei und =zwirnerei, die Hanfspinnerei und =zwirnerei, die Seidenspinnerei und =zwirnerei. Insgesamt sind in diesen Teilen der Textilindustrie etwa 4,5 Millionen Spindeln vorhan= den. In der gesamten deutschen Textilindustrie betrug die Zahl der B e t r i e b e 1882 406 500 mit 910 000 Per=

sonen. Im Jahre 1907 war die Zahl der Betriebe auf
161 200 gesunken, die Zahl der beschäftigten Personen
aber auf 1,1 Million gestiegen. Wir haben es hier mit
einer ausgesprochenen Entwicklung zum Großbetriebe
zu tun. Darauf läßt auch die Zunahme der in Anspruch
genommenen Pferdekräfte schließen: von 500 000 im
Jahre 1895 auf 900 000 im Jahre 1907. Dazu kamen
noch 78 000 Kilowatt an elektrischer Kraft, so daß 1907
insgesamt 1 Million Pferdekräfte vorhanden gewesen
sein mögen.

Von den weiteren Fertigindustrien seien hier die che=
mische Industrie, die Elektrizitätsindustrie und der Schiff=
bau etwas ausführlicher betrachtet, weil sie typisch sind
für das schnelle Umsichgreifen ganz neuer Industriezweige
oder die Reformierung alter.

Im Jahre 1861 waren im Gebiet des Zollvereins
1480 c h e m i s c h e Fabriken mit 24 000 Arbeitern vor=
handen. Gegenüber England war dies ein den Vergleich
überhaupt nicht lohnender Stand. In der Hauptsache han=
delte es sich nach der Erhebung jenes Jahres um „Koks= und
Gasanstalten, Chemikalien= und Farbenfabriken, Fabriken
von Zündwaren, Seifen und Paraffin". Im Jahre 1894
hatte Deutschland 5758 chemische Betriebe mit 110 000 Ar=
beitern. Im Jahre 1912 war die Zahl der Betriebe auf
9147, diejenige der Vollarbeiter auf 250 000, der Einzel=
arbeiter auf 472 000 gestiegen. An Löhnen und Gehältern
wurde bezahlt 1894: 98 Millionen Mark, 1912: 324 Mil=
lionen Mark. Bekanntlich sind auf fast keinem Gebiete
die günstigen Resultate der Anwendung wissenschaftlicher
Forschung auf die Technik so greifbar gewesen wie in der
chemischen Industrie. Die Folge war, daß gerade Deutsch=
land sich eine ganz einzigartige Stellung schaffen konnte.
War es früher auf die Erzeugnisse der chemischen Industrien

des Auslandes angewiesen, so gehört es heute zu den
vornehmsten Anbietern auf dem Weltmarkte.

Für die wichtigsten Zweige der chemischen Industrie
seien nachstehend einige Angaben gemacht, und zwar
zunächst für die anorganische chemische Großindustrie,
die in Deutschland durchaus vorherrscht. Beginnen wir
mit der Herstellung der Schwefelsäure, deren grundlegende
Bedeutung für die gesamte chemische Industrie hier als
bekannt vorausgesetzt werden darf. Die jährliche Weltproduktion wird auf 5 Millionen Tonnen geschätzt; davon
entfallen nach den Angaben von Professor Dr. G u s t a v
S c h u l tz in München auf die Vereinigten Staaten von
Amerika 1,5, auf Deutschland 1,3, auf England 1, auf
Frankreich 0,5 Millionen Tonnen. Österreich und Italien
fabrizieren je 200 000 Tonnen, Belgien 165 000, Rußland
125 000 und Japan 50 000 Tonnen. „Die Hauptmenge
dieser gewaltigen Produktion wird in der Fabrikation
von künstlichen Düngern verbraucht und kommt der Landwirtschaft zugut. In Deutschland dienen allein für diesen
Zweck 800 000 Tonnen, wovon 600 000 Tonnen für die
Herstellung von Superphosphaten und 200 000 Tonnen
zur Gewinnung von schwefelsaurem Ammoniak verwandt
werden." Schwefelsäure, und zwar, wie auch bei dem
oben genannten Verbrauch, in Form von sog. e n g -
l i s c h e r Schwefelsäure, findet ferner Verwendung zu
vielen chemischen Zwecken in der Metallindustrie, zur
Herstellung von Salzen, Füllung von Akkumulatoren,
sowie zur Überführung und Umwandlung von zahlreichen
chemischen Stoffen.

Die sog. r a u c h e n d e Schwefelsäure (früher aus
Vitriol hergestellt, heute als Kontaktsäure nach dem Wink-
lerschen Verfahren) dient vor allem der Teerfarbenindu-
strie, zunächst der Herstellung von Alizarin, seit den neun-

ziger Jahren aber hauptsächlich der Fabrikation von künst=
lichem Indigo, dessen weiter unten noch zu gedenken ist.
Verwendung findet sie ferner in den Fabriken von Spreng=
stoffen und Ceresin.

Als weitere wichtige anorganische Säuren seien die
Salzsäure und die Salpetersäure genannt. Die Herstellung
der Salzsäure beruht bekanntlich auf dem Verfahren der
Einwirkung von Schwefelsäure auf Kochsalz und Stein=
salz. Die Produktion in Deutschland wird heute auf
500 000 Tonnen geschätzt, gegen 150 000 Tonnen vor
25 Jahren. Eine im Sinne des Wortes bedeutungsvolle
Entwicklung hat die Herstellung von Salpetersäure ge=
nommen. Der schon erwähnte Münchener Professor
Dr. G u st a v  S ch u l tz schreibt in dem Sammelwerke
„Deutschland unter Kaiser Wilhelm II." das folgende:
„Salpetersäure wird in Deutschland heute wie zur Zeit
der Alchimisten immer noch durch Einwirkung von Schwefel=
säure auf Salpeter hergestellt, nur daß für den damals
verwendeten Kalisalpeter der Chilesalpeter getreten ist...
Die im Auslande, und zwar zurzeit in Norwegen, Tirol
und in der Schweiz mit Erfolg versuchte Gewinnung der
Salpetersäure aus der Luft dürfte für Deutschland nicht
in Frage kommen... Für Deutschland kommt zunächst
nur das in Betracht, was von Luftsalpetersäure, Kalk=
salpeter und Natriumnitrit, welche mit Hilfe des elektrischen
Stromes erhalten werden, e i n g e f ü h r t und verwertet
wird... Trotzdem wird, wenn auch die Salpetersäure=
produktion durch Verwertung neuer Wasserkräfte sich
noch erheblich steigern sollte, von einer Konkurrenz mit
dem Chilesalpeter noch lange nicht die Rede sein können..."
Das war im Jahre 1913. Ein Jahr später brach der Krieg
aus — und des Deutschen Reiches Schicksal wäre besiegelt
gewesen, wenn in der Tat die Gewinnung von Salpeter=

säure aus dem Stickstoff der Luft „für Deutschland nicht
in Frage gekommen wäre". In dem Augenblick, da dann
der in Deutschland lagernde Chilesalpeter zu Ende ging,
mußte ein wichtiger Teil der Sprengstofffabrikation (mehr
zu sagen ist im Augenblick nicht tunlich) eingestellt werden.
Es wird für alle Zeiten ein Ruhmesblatt in der Geschichte
der chemischen Industrie bleiben, daß es ihr gelang, in
diesen Zeiten höchster Not — und zwar trotz langwieriger
Vorarbeiten sozusagen über Nacht — eine deutsche Stickstoffindustrie ins Leben zu rufen. Dadurch wurde die Sprengstoff-
herstellung in ihrem wesentlichen Bestande aus nationalen
Produktivkräften sichergestellt und für die Fortführung des
Krieges eine der vornehmsten Voraussetzungen geschaffen.
Die neue Stickstoffindustrie ist aber auch berufen, volkswirtschaftliche Umwälzungen herbeizuführen. Wenn es
ihr gelingt, das Verfahren so zu gestalten, daß sie auch
in normalen Zeiten den Kampf mit dem so ungemein
mannigfach verwendeten Chilesalpeter aufnehmen kann
(die Regierung möchte dies durch ein in vieler Beziehung
bedenkliches Stickstoffmonopol sicherstellen), so wird in
absehbarer Zeit die ganze Einfuhr von Chilesalpeter aufhören und Deutschland mit der Zeit sogar als dessen Kon-
kurrent auf dem Weltmarkt auftreten können. Da die
deutsche Einfuhr von Chilesalpeter in den letzten Jahren
über 800 000 Tonnen betrug, im Werte von weit mehr als
100 Millionen Mark, ist die Bedeutung solcher Entwicklung
leicht ersichtlich. Die Sache hat natürlich auch eine Kehrseite:
die in der Salpeterindustrie Chiles interessierten deutschen
Kapitalien (vor allem aus Hamburg und Bremen) sind
schwer bedroht, der Schiffahrt entgehen Frachtgewinne, eine
der letzten Stützen der überseeischen S e g e l schiffahrt bricht
zusammen. Dazu kommt die Rückwirkung auf das Wirtschaftsleben Chiles, dessen wichtigste kapitalistische Grund-

lage die Salpeterindustrie ist. Finanzielle Katastrophen wären bei schnellem Tempo des Entwicklungsprozesses unvermeidlich, zum mindesten ginge die Gesamtkaufkraft des Landes zurück. Dies aber wäre von erheblichem Einfluß auf die deutsche Ausfuhr nach Chile. Kurzum, derlei technische Umwälzungsprozesse haben fast immer weltwirtschaftliche Ausstrahlungen im Gefolge.

Betrachten wir noch einige weitere Fabrikate der anorganischen chemischen Industrie. Die Herstellung von Chlor in der gebräuchlichsten Form des Chlorkalks, ist so verbilligt worden, daß die Tonne kurz vor dem Kriege 90 Mark kostete, gegen 250 vor drei Jahrzehnten. An der Weltproduktion von Chlorkalk in Höhe von schätzungsweise 300 000 Tonnen beteiligt Deutschland sich mit mindestens einem Drittel. Vor 25 Jahren war Deutschland mit seinem Bedarf zumeist auf England angewiesen, heute ist letzteres ein Hauptabnehmer Deutschlands. Grundlegende Bedeutung hat ferner die Fabrikation von Soda erlangt. An die Stelle des alten Leblancverfahrens auf der Basis von Sulfat, Kohle und Kalkstein trat das von dem Belgier S o l v a y angewendete Ammoniakverfahren. Der Preis wurde dadurch um etwa zwei Drittel verringert. In der Sodafabrikation hat England von jeher die Führung gehabt und sie bis auf den heutigen Tag behalten. Deutschland produziert etwa 400 000 Tonnen, gegen 700 000 Tonnen in England. Die Vereinigten Staaten beteiligen sich an der Weltproduktion mit etwa 250 000 Tonnen, Frankreich mit 200 000 Tonnen.

Eine bedeutende Stellung innerhalb der chemischen Industrie nimmt die Phosphorsäure ein, die seit Erfindung des schon erwähnten Thomasverfahrens, das die deutschen Eisenerze entphosphoreszierte, in Form des Thomasschlackenmehls in großen Mengen dem Boden als Dünge-

mittel zugeführt wird. Allerdings kann der deutsche Be=
darf an Phosphorsäure solcherweise nicht gedeckt werden,
sondern es müssen erhebliche Mengen von phosphor=
säurehaltigen Düngemitteln (Guano, Phosphate usw.)
eingeführt werden; sie werden in Deutschland in mehr
als 100 Fabriken mit Thomasschlacken und Knochenmehl
zusammen auf Superphosphat verarbeitet.

Nicht vergessen werden darf in dieser Zusammenstellung
das Ammoniak, das als Düngemittel gleichfalls eine große
Rolle spielt. Ammoniak und dessen Salze werden in der
Hauptsache in den Kokereien und den Leuchtgasfabriken
gewonnen, also letzten Endes aus der Steinkohle. An
der heutigen Weltproduktion von etwa $1\frac{1}{2}$ Millionen
Tonnen beteiligt Deutschland sich mit mehr als 500 000
Tonnen. Die erwähnte neue Stickstoffindustrie hat den
alten Verfahren der Ammoniakgewinnung ein neues hin=
zugefügt, dasjenige der Ableitung aus dem Luftstickstoff
und Wasserstoff mit Zuhilfenahme von Kontaktsubstanzen.
Es bleibt, wie gesagt, abzuwarten, was in der scharfen
Luft freier Konkurrenz, die nach dem Kriege wieder ein=
setzt, daraus wird.

Aus der o r g a n i s c h e n chemischen Großindustrie
sei vor allem die Nutzbarmachung des Steinkohlenteers
hervorgehoben. Hier handelt es sich um technische Um=
wälzungsprozesse, die selbst in der chemischen Industrie
ihresgleichen suchen. Insonderheit gilt dies für die Teer=
farbenindustrie, die es in Deutschland während des letzten
Menschenalters zu großartiger Entfaltung gebracht hat.
Die Voraussetzung hierfür bestand freilich nicht allein in
den epochemachenden Erfindungen, sondern vom Stand=
punkt der deutschen Volkswirtschaft war es bedeutsam,
daß durch die gleichzeitig zu riesigem Umfang fort=
entwickelte Koksfabrikation der als Nebenprodukt ge=

wonnene Teer solches Ausmaß erhielt, daß die Unab=
hängigkeit vom Ausland erzielt wurde. „Deutschland
erzeugt heute in seinen Kokereien und Leuchtgasanstalten
allein so viel Teer, wie die ganze Welt zusammen vor
25 Jahren. Der Wert der aus ihm hergestellten Farb=
stoffe beläuft sich schätzungsweise auf etwa 350 Millionen
Mark."

Wenn vorhin gesagt wurde, daß die chemische Industrie
ihre Entwicklung in der Hauptsache der Anwendung
wissenschaftlicher Erkenntnis auf praktisches Verfahren
zu danken hat, so gilt das insonderheit für die Teerfarben=
industrie, die nicht nur der Wissenschaft ihre Entstehung
verdankt, sondern bis auf den heutigen Tag mit ihr in
engster Verbindung steht. Es fehlt hier leider an Raum,
um dies im einzelnen darzulegen, auch ist es nicht möglich,
allen Arten von Teerfarbenstoffen nachzugehen, so inter=
essant es wäre. Nur auf den k ü n s t l i c h e n  J n d i g o
sei mit einigen Worten eingegangen. Der blaue Farb=
stoff „Jndigo" ist den Kulturvölkern von alters her be=
kannt. Seit der Entdeckung des Seeweges nach Ostindien
war es mehr und mehr der dort gepflanzte Jndigo, der
der europäischen Farbenherstellung die Grundlage bot und
bis dahin angewendete heimische Pflanzen verdrängte.
An diesem Zustand hat sich bis in die neunziger Jahre des
vorigen Jahrhunderts so gut wie nichts geändert. Die Her=
stellung des k ü n s t l i c h e n  Jndigos war aber ein Pro=
blem, an dessen Lösung seit der Mitte des 19. Jahrhun=
derts mit Eifer gearbeitet wurde. Die großgewerbliche
Herstellung gelang jedoch erst 1897, von welchem Zeitpunkt
ab dann der Siegeszug dieses deutschen Produktes einsetzt.
Ausgangsmaterialien des künstlichen Jndigos sind das aus
dem Steinkohlenteer stammende Naphthalin und Benzol.
Die bei der Besprechung der neuen deutschen Stick=

stoffindustrie als möglich hingestellte weltwirtschaftliche Rückwirkung ist bei dem künstlichen Indigo in voller Schärfe zum Ausdruck gekommen. Deutschland hat sich nicht nur vom Auslande völlig unabhängig gemacht, sondern der künstliche Indigo hat auch auf dem Weltmarkt den natür= lichen in großem Umfange verdrängt. Die Ausfuhr von künstlichem Indigo aus Deutschland betrug im Jahre 1913 33 300 Tonnen im Werte von 53 Millionen Mark. Die Schattenseiten zeigen sich in denjenigen Ländern, die früher die Welt mit natürlichem Indigo versorgten. Eine Reise durch die Präsidentschaft Madras z. B. zeigt noch heute die katastrophalen Wirkungen dieser, wie der Fachmann es ausdrückt, „Verschiebung von Angebot und Nachfrage" bei einem der wichtigsten Welthandelsgüter.

Wie sehr Deutschland in bezug auf den künstlichen Indigo eine Monopolstellung einnimmt, zeigt der jetzige Krieg mit seinem in allen Deutschland nicht zugänglichen Ländern herrschendem Mangel an Farbstoffen. England und die Vereinigten Staaten von Amerika leiden darunter am meisten. Hierbei ist zu bedenken, daß aus dem Teer nicht nur der Indigo abgeleitet wird, sondern auch eine ganze Reihe von anderen Baumwollen=, Wollen= und Leinenfarbstoffen in ihm ihre Ausgangsmaterialien haben. Sogar aus der Indigoklasse stellt man neuerdings nicht mehr ausschließlich blaue Farben her. Die riesige englische Baumwollindustrie hatte sich überwiegend auf den Bezug von deutschen Farben eingerichtet. Es ist zu verstehen, daß die Not groß war, als die Bezugsmöglichkeit aufhörte. Ob die Bemühungen, im eigenen Lande der Farbenindustrie größere Ausdehnung zu geben — auch in Amerika sehen wir dergleichen — Erfolg haben und in ihren praktischen Resultaten den Krieg überdauern werden, bleibt abzuwarten. Die deutschen Patente sind in England bekanntlich kein Hindernis mehr.

In der organischen chemischen Großindustrie spielen außer den Teerfarbstoffen zahlreiche k ü n st l i ch e  H e i l = u n d  L i n d e r u n g s m i t t e l  eine Rolle. Erinnert sei an Antipyrin, Antifebrin, Phenazetin, Aspirin, Pyramidon, Alypin, Novokokain usw., Erzeugnisse, die manchem vielleicht bekannter sind, als es seiner Gesundheit zuträglich ist. Deutschland hat in bezug auf ihre Herstellung Weltruf erworben, welche vielfach unbekannt gewesene Tatsache insonderheit den Franzosen zu Gemüt geführt wurde, als sie seit Kriegsausbruch begannen, deutsche Erzeugnisse zu boykottieren. Es mag gar vielen Pariserinnen schwer geworden sein, auf die bewährten Pulver und Tabletten zu verzichten. Aber auch die medizinische Wissenschaft wird in allen Deutschland feindlichen Ländern die Lücke schmerzlich empfinden. Die Pariserinnen mögen sich damit trösten, daß vielen Berlinerinnen die französischen P a r f ü m e fehlen werden. Denn obwohl sich in Deutschland während der letzten Jahre eine große Industrie der Riechstoffe entwickelt hat, ist es bis zum Kriege nicht gelungen, den französischen Einfluß auf dem deutschen Markt zu brechen. Die „besseren", richtiger gesagt: die teureren Parfüme kamen eben doch aus Frankreich. An dieser Psychologie des Riechmittelwesens wird sich auch nach dem Kriege kaum etwas ändern.

Zum Schluß dieser Betrachtung sei noch der Kunstseide und des künstlichen Kautschuks Erwähnung getan. Kunstseide wird aus Zellulose hergestellt. Ihre Produktion hat im letzten Jahrzehnt erheblich zugenommen, sie beträgt schätzungsweise 5 bis 6 Millionen Kilo jährlich, davon in Deutschland annähernd anderthalb Millionen Kilo. Der Verbrauch übersteigt die Produktion nicht unerheblich, denn im Jahre 1913 überragte die Einfuhr die Ausfuhr um etwa $^3/_4$ Millionen Kilo im Werte von 9 Millionen Mark.

Daß die künstliche Seide einmal die Naturseide verdrängen könnte, ist nicht anzunehmen. Deutschland bezog im Jahre 1913 für mehr als 150 Millionen Mark Rohseide.

Ein P r o b l e m ist heute noch die industrielle Herstellung von künstlichem Kautschuk. Wissenschaftlich haben H a r r i e s und H o f m a n n einwandfreie Verfahren erfunden und ausgearbeitet. Der praktischen Herstellung stehen in der Hauptsache die hohen Kosten im Wege, die die Konkurrenz mit dem seit 1911 äußerst schnell im Preise gesunkenen Plantagenkautschuk nicht ermöglichen. Gelingt es, auch diese technisch-ökonomischen Schwierigkeiten zu überwinden, so ist eine gewaltige weltwirtschaftliche Umwälzung die Folge — und in den Urwäldern Brasiliens wie in den weiten Pflanzungen Hinterindiens und Niederländisch-Indiens wird man das „deutsche Reagenzglas" verfluchen: wie dereinst, als der künstliche Indigo seinen Siegeszug antrat — nur daß diesmal die Wirkung unendlich viel weitgreifender wäre. Wie schmerzlich Deutschland es im jetzigen Kriege empfindet, daß die Verhältnisse noch nicht so weit gediehen sind, ist allen Kundigen vertraut.

Wenden wir uns nunmehr der E l e k t r i z i t ä t s - i n d u s t r i e zu, die mit noch mehr Berechtigung als ein Kind der Neuzeit angesprochen werden darf. Sie ist neben der Textilindustrie, der chemischen Industrie und der Maschinenindustrie für die Bedeutung der sog. Fertigindustrien Deutschlands durchaus charakteristisch.

Noch um die Mitte der achtziger Jahre des 19. Jahrhunderts hatte die Elektrizitätsindustrie im deutschen Wirtschaftsleben einen recht bescheidenen Platz. Zwar waren Telegraphie, Galvanotechnik und Telephonie schon entwickelt. Die Starkstromtechnik hingegen war trotz der epochemachenden Erfindungen Werner Siemens' noch so

wenig ausgebildet und nutzbar gemacht, daß die Elektrizitäts=
industrie als solche durch sie das entscheidende Gepräge
nicht erhielt. Erst die letzten 30 Jahre haben der Elektrizi=
tätsindustrie zu jener beherrschenden Stellung verholfen,
die sie heute in Technik und Wirtschaft einnimmt. Daß
auch hier die Entwicklung trotz mancherlei gegenteiliger
Prophezeiungen ihren Weg ging, macht sie um so reiz=
voller. Professor R i c h a r d  P a s s o w in Aachen, einer
der besten Kenner der deutschen industriellen Unterneh=
mungsformen, hat in einem im Jahre 1912 erschienenen
Buche über „die gemischt privaten und öffentlichen
Unternehmungen auf dem Gebiete der Elektrizitäts= und
Gasversorgung und des Straßenbahnwesens" eine Jubi=
läumsschrift ausgegraben, die vor reichlich 30 Jahren die
Deutsche Kontinentale Gasgesellschaft veröffentlichte. Diese
Schrift wird von nun an nicht mehr untergehen, sondern
im deutschen Raritätenschatz einen dauernden Platz
behalten. Passow schreibt:

„Noch 1881 konstatierte die Deutsche Kontinentale
Gasgesellschaft in der aus Anlaß ihres 25jährigen Be=
stehens herausgegebenen Jubiläumsschrift eine solche Um=
ständlichkeit und Kostspieligkeit der elektrischen Beleuch=
tung, daß von einer ausgedehnten industriellen Verwen=
dung derselben, an Stelle des Gases, keine Rede sein wird.
Zugleich haben — so wird dort weiter ausgeführt — an=
gestellte Berechnungen die Unmöglichkeit ergeben, jemals
größere Distrikte von e i n e r Zentralstation aus elektrisch
zu beleuchten, weil die Kosten der Kupferdrahtleitungen
nicht im einfachen Verhältnis, sondern im Quadrat der
Entfernung wachsen und somit für längere Leitungs=
strecken geradezu unerschwinglich werden. Auch läßt sich
die Elektrizität nicht, in ähnlichem Verhältnis wie Gas,
aufspeichern und dem unendlich wechselnden Konsum der

verſchiedenen Tages= und Jahreszeiten anpaſſen, ſondern die Apparate und Motoren müſſen in ihrer Leiſtungs= fähigkeit ſtets auf die augenblickliche Befriedigung des höchſt= möglichen Beleuchtungsbedürfniſſes berechnet ſein. Alle dieſe und noch viele andere Umſtände, welche eine irgend= wie umfangreiche Konkurrenz der elektriſchen Beleuchtung im eigentlichen Gebiete des Gaſes undenkbar erſcheinen laſſen, beruhen aber im weſentlichen auf Naturgeſetzen, an denen kein Erfinder etwas ändern kann."

Man bedenke, daß dies Urteil nur 35 Jahre zurückliegt! Heute weiß jedermann, daß der Schwerpunkt der Elektrizi= tätsinduſtrie in der Starkſtromtechnik liegt. Auch die Gasfachleute ſehen die Dinge nunmehr anders an, und auf ihren Kongreſſen kehrt die ſtändige Sorge wieder, wie lange man auf dem Gebiete des Beleuchtungsweſens der „jungen und ſchönen Schweſter" noch werde ſtandhalten können. Die Elektrizitätsinduſtrie hat ſich jedoch mit dieſem Siege nicht begnügt, ſondern iſt ſchon früh — ge= meſſen am jugendlichen Alter — zur elektriſchen K r a f t= v e r t e i l u n g übergegangen, und auf dieſem Gebiet liegt heute ihre größte Bedeutung. Dienten am Anfange der Entwicklung faſt alle Elektrizitätswerke Beleuchtungs= zwecken — noch im Jahre 1895 galt dies für 85 % aller Werke — ſo überwiegt heute ſchon der Kraftanſchluß ganz erheblich und dürfte es künftig noch mehr tun.

Selbſt als man ſich mit der elektriſchen Beleuchtung theoretiſch und praktiſch ſchon abgefunden hatte, ſtand man der Kraftverteilung, vor allem für kleinere Betriebe, noch ſkeptiſch gegenüber. Der Generalſekretär des Verbandes deutſcher Elektrotechniker, G e o r g  D e t t m e r, zitiert in ſeinem Beitrag zu dem genannten Kaiſer=Wilhelm=Werk eine Ausführung des Generalpoſtmeiſters von Stephan in der Sitzung des Reichstages vom 26. Februar 1892, die ſo lautet: „Wenn nun immer auch angeführt wird, daß die Kleinindustrie einen großen Vorteil davon haben werde, so habe ich auch dagegen meine Bedenken, denn die elektrische Kraft ist ja an die Leitungen gebunden. Sie können nicht die Leitungen an jede Drehbank, in jede Schlosserwerkstatt, in jeden Klempnerkeller einführen, das hat doch auch seine wesentlichen Bedenken." Trotz alledem hat das Motorenwesen eine gewaltige Entwicklung genommen, und zwar tatsächlich bis in den „Klempnerkeller" hinein. Im Jahre 1913 hatten Anschluß an Elektrizitätswerke etwa 500 000 Elektromotoren mit 1 900 000 PS. Im Jahre 1895 betrug die Leistung erst 6000 PS.! Hierbei ist zu beachten, daß eine erheblich größere Zahl von Motoren in eigenen Betrieben gespeist wird, und zwar sind dies zumeist die leistungsfähigeren Maschinen. Dettmer schätzt die Gesamtleistung aller in Deutschland aufgestellten Motoren auf etwa 8 Millionen PS.!

Bekanntlich ist die Elektrizität sowohl im Hinblick auf die Beleuchtung als auch auf die Kraftlieferung nicht nur der Industrie, sondern, je länger desto mehr, gleichfalls der Landwirtschaft zugute gekommen, wenngleich der Bau von Überlandzentralen erst in den Anfängen steht. Daß das Verkehrswesen, insonderheit der Nachrichtendienst, durch die Elektrizität gewaltig beeinflußt worden ist, darf als bekannt vorausgesetzt werden.

Bis zum Ausbruch des Krieges mögen in der deutschen Elektrizitätsindustrie 250 000 Menschen unmittelbar Arbeit und Nahrung gefunden haben. Den Wert der von ihnen hergestellten Produkte schätzt Dettmer auf 1250 Millionen Mark, von denen nach seiner Meinung — ihm werden die Unterlagen zur Verfügung gestanden haben — ein Viertel ins Ausland ging. Die Elektrizitätsindustrie gehört zu den Gewerbezweigen, in denen die Entwicklungstendenz zum

Großbetrieb deutlich zum Ausdruck kommt. Im Jahre 1907
waren 19 Betriebe mit mehr als 1000 Personen vorhanden,
12 Betriebe mit 501 bis 1000 Personen und 148 Betriebe
mit 101 bis 500 Personen. Insgesamt beschäftigten diese
179 Betriebe etwa 95 000 Personen. Es unterliegt keinem
Zweifel, daß der „Riesenbetrieb" in der Elektrizitäts=
industrie inzwischen noch schärfer in die Erscheinung ge=
treten ist. Anderseits darf nicht verkannt werden, daß auch
starke Gegentendenzen vorhanden sind, die den Mittel=
betrieb begünstigen. Dies gilt vor allem für die Herstellung
von Spezialitäten, die gerade in der Elektrizitätsindustrie
weiten Spielraum läßt und zum ständigen Neuaufkommen
von Mittelbetrieben führt.

Die deutsche Elektrizitätsindustrie ist trotz ihrer gewalti=
gen volkswirtschaftlichen Bedeutung mit wesentlichen
Teilen ihrer Leistungen auf den Weltmarkt angewiesen.
Gilt dies für die großen Werke schon schlechtweg auf dem
Gebiet des Verkehrswesens, indem die deutschen Unter=
nehmungen auf der ganzen Erde bei der Vergebung von
Bahnbauten, Kraftstationen Telegraphie= und Telephon=
anlagen usw. mitkonkurrieren, so erst recht für die Lieferung
von Motoren, Maschinen und den mannigfachen Erzeug=
nissen der Beleuchtungsindustrie. Einzelheiten werden in
einem späteren Abschnitte noch anzuführen sein. An dieser
Stelle sei erwähnt, daß von den im Jahre 1912 hergestellten
97¼ Millionen Glühlampen 61 Millionen in das Aus=
land gingen. In der Glühlampenfabrikation haben sich
Deutschland und Amerika sozusagen die Welt geteilt und
beherrschen sie vollständig. Ob dies über den Krieg hinaus
durchführbar sein wird, muß die Zukunft lehren.

Nunmehr mögen, mehr aphoristisch, noch einige An=
gaben folgen, die von der Bedeutung anderer Industrie=

zweige Zeugnis geben und darüber hinaus schlechtweg den Grad der industriellen Entwicklung Deutschlands be= kunden[1]).

In den gewerblichen Betrieben Preußens betrug die Leistungsfähigkeit der D a m p f m a ſ ch i n e n im Jahre 1882 1,2 Millionen, im Jahre 1907: 5,2 Millionen PS. Im Deutschen Reich wurden im Jahre 1907: 7,3 Millionen PS. festgestellt. Hierbei ist zu beachten, daß, wie schon aus= geführt, in den letzten Jahrzehnten der Dampfmaschine durch die elektrische Kraftübertragung steigende Konkurrenz gemacht wurde, so daß mit gewissem Recht vom 20. Jahr= hundert als vom Zeitalter der Elektrizität gesprochen wird, im Gegensatz zum „Zeitalter des Dampfes", das mit dem 19. Jahrhundert abschloß. Vielleicht ist es auch richtig, daß mit dem Untergang des letzteren England die industrielle Führung an Deutschland und die Vereinigten Staaten von Amerika abgetreten hat. Immerhin wird man mit der Anwendung solcher Schlagwörter vorsichtig sein müssen.

In der K r a f t f a h r z e u g i n d u ſt r i e betrug die Zahl der

| | 1907 | 1911 | Zunahme % |
|---|---|---|---|
| Fabriken . . . . . . . . . . | 69 | 131 | 89,9 |
| Darin beschäftigten Personen . . . | 13 423 | 28 694 | 113,8 |
| Produktion in Millionen Mark . . | 60,9 | 163,0 | 167,7 |

Die deutsche Z e m e n t i n d u ſt r i e steigerte ihre Produktion von 408 Millionen Kilogramm im Jahre 1877 auf 6,6 Milliarden Kilogramm im Jahre 1911.

[1]) Die Zahlen sind unter Fortführung bis zur jüngsten Zeit zum Teil der Schrift „Die wirtschaftlichen Kräfte Deutschlands", zweite Ausgabe, herausgegeben von der Dresdener Bank, ent= nommen.

Die **T a b a k i n d u s t r i e** produzierte

|            | 1875                  | 1912                      |
|------------|-----------------------|---------------------------|
| Zigaretten | 152 Millionen Stück   | 10,9 Milliarden Stück     |
| Zigarren   | 5,2 Milliarden  „     | 8,0        „         „     |

Die Produktion an **S p i e l w a r e n** beträgt in Deutsch=
land 125, in England 6, in Frankreich 40, in den Vereinigten
Staaten von Amerika 35⅞ Millionen Mark. **B i e r =
b r a u e r e i e n** hat Deutschland mehr als England,
Frankreich und Österreich=Ungarn zusammen. Die Pro=
duktion beläuft sich auf 70 Millionen Hektoliter, gegen
59 in England, 15 in Frankreich und 24 in Österreich=
Ungarn.

Die Zahl der auf Erwerb gerichteten **A k t i e n g e s e l l =
s c h a f t e n** betrug in Deutschland 1886/87: 2143, im Jahre
1912/13: 4773. Das eingezahlte Kapital belief sich im
erstgenannten Jahre auf 4,8, im letztgenannten auf
15,5 Milliarden Mark mit einem Jahresgewinn von
1656 Millionen Mark = 10,86 % des dividendenberech=
tigten Aktienkapitals. Gesellschaften mit beschränkter
Haftung bestanden am 30. September 1909: 16 508 mit
einem Stammkapital von 3,5 Milliarden Mark. Im Jahre
1914 hatte die Zahl 25 000 und das Kapital 5 Milliarden
Mark überschritten.

Von allen deutschen Aktiengesellschaften entfielen im
Jahre 1912/13 auf die Landwirtschaft, Viehzucht und
Fischerei nur 21, auf den Bergbau und das Hüttenwesen
245, die Industrie der Steine und Erden 343, die Metall=
verarbeitung 169, Maschinenindustrie 570, Chemische
Industrie 158, Textilindustrie 353, Nahrungs= und Genuß=
mittelindustrie 816 (darunter Brauereien und Mälzereien
545). In der gesamten Industrie — einschließlich der hier

nicht genannten — betrug die Zahl der Aktiengesellschaften 3220. Dazu kamen 706 Aktiengesellschaften im Handels= gewerbe (darunter 408 Banken und 211 Grundstücks= gesellschaften), 139 im Versicherungsgewerbe, 474 im Verkehrsgewerbe, 60 in der Gast= und Schankwirtschaft und 153 andere.

## E. Handel und Verkehr.

Zuvor ein paar allgemeine Bemerkungen. Das Handelsgewerbe gliedert sich zunächst nach der **Art der Waren**, die von den einzelnen Unternehmungen ver= trieben werden: Kolonialwaren, Materialwaren, Bücher, Wertpapiere, Geld, Manufakturwaren, Antiquitäten, Vege= tabilien usw. Sämtliche Gattungen von Handelsbetrieben können, unbekümmert um die Art der Güter, die sie kaufen und verkaufen, **Großhandelsbetriebe** oder **Kleinhandelsbetriebe** sein. Der Großhandel (en gros) steht in der Regel nur mit Wiederverkäufern in Verbindung, während der Klein= oder Detailhandel zu den letzten Konsumenten in Beziehung tritt. Mit dieser Be= griffsbestimmung decken sich in der Regel Umfang und Aus= dehnung des Unternehmens. Doch zeigt neuerdings auch der Detailhandel in Form von Warenhäusern, Versand= und Spezialgeschäften ansehnliche Großbetriebe, auf die deswegen aber der Begriff Großhandel nach allgemeinem Sprachgebrauch keine Anwendung findet. Je nachdem, ob der Handel in stehender Handelsniederlassung oder im Umherziehen betrieben wird, charakterisiert er sich als **seßhafter Handel oder Wanderhandel**; wird letzterer in besonders kleinem Umfange betrieben, so wird er **Hausierhandel** genannt. Wird der Handel auf eigene Rechnung betrieben, so liegt **Eigenhandel** vor,

geschieht er für fremde Rechnung, so handelt es sich um
Kommissionshandel. In bezug auf die geo=
graphische Ausdehnung unterscheidet man Binnen=
handel und auswärtigen Handel, doch ver=
einigt eine Unternehmung nicht selten beide Arten von
Handel, wie es freilich auch zahlreiche Handelsbetriebe
(namentlich in den Seestädten) gibt, die ausschließlich Ein=
fuhr und Ausfuhr (zumeist in der Form des Kommissions=
handels) betreiben.

Erwähnt sei schließlich noch, daß ein großer Teil des
nationalen und internationalen Warenverkehrs sich dem
gewerbsmäßigen Handel entzieht, indem die Produzenten
direkt mit den Konsumenten in Verbindung treten und
so den Zwischenhandel ausschalten. Diese Art des Waren=
absatzes hat man gelegentlich als Fabrikhandel be=
zeichnet, dem gegenüber dann der eigentliche Handel als
Kaufhandel bezeichnet wird. Von anderen Bestre=
bungen auf Ausmerzung des gewerbsmäßigen Zwischen=
handels wird weiter unten noch die Rede sein.

Über die zahlenmäßige Verbreitung des Handels in
Deutschland gibt die folgende Statistik Aufschluß: zur
Zeit der letzten Berufs= und Gewerbezählung (1907) hatte
das Deutsche Reich etwa 62 Millionen Einwohner, darunter
29,5 Millionen Erwerbstätige. Von den letzteren ent=
fielen auf das „Handelsgewerbe“ im Sinne der Statistik
2 063 634 gegenüber 1 332 993 im Jahre 1895. Davon
waren männlich 1 271 779, weiblich 791 855 (1895: 932 035
männlich, 400 958 weiblich). Von allen Erwerbstätigen
fielen demnach auf das Handelsgewerbe im Jahre 1895:
5,8 %, im Jahre 1907: 6,7 %, worin sich eine unge=
wöhnliche Entwicklung kundgibt, die aber keineswegs ganz
allgemein auf gesundes Wachstum schließen läßt.

Im Hinblick auf die Betriebe, in denen diese Personen

beschäftigt sind, unterscheidet die Statistik im „Handelsgewerbe" sieben Unterabteilungen:

Tabelle 14.
Die Gliederung des deutschen Handelsgewerbes.

| Gruppe | 1907 | |
|---|---|---|
| | Haupt-betriebe | Personen |
| Warenhandel . . . . . . . . . | 709 231 | 1 723 499 |
| Geld- und Kredithandel . . . . . . | 9 918 | 67 282 |
| Buch- und Kunsthandel usw. . . . . | 14 249 | 65 757 |
| Hausierhandel . . . . . . . . | 41 801 | 48 371 |
| Handelsvermittlung[1]) . . . . . . | 45 736 | 75 707 |
| Hilfsgewerbe des Handels[2]) . . . . | 3 264 | 26 761 |
| Versteigerung, Stellenvermittlung usw.[3]) | 17 941 | 56 257 |
| Zusammen . | 842 140 | 2 063 634 |

Jene 842 140 Betriebe verteilen sich auf folgende
Größenklassen:

Tabelle 15.
Die Handelsbetriebe nach ihrer Größe im Jahre 1907.

| Alleinbetriebe | | bis 3 Personen | | 4 u. 5 Personen | | 6—10 Personen | |
|---|---|---|---|---|---|---|---|
| Betr. | Pers. | Betr. | Pers. | Betr. | Pers. | Betr. | Pers. |
| 318 300 | 318 300 | 429 704 | 793 757 | 42 774 | 187 882 | 31 403 | 232 232 |

| 11—50 Personen | | 51-100 Personen | | 101-500 Personen | | 501 und mehr | |
|---|---|---|---|---|---|---|---|
| Betr. | Pers. | Betr. | Pers. | Betr. | Pers. | Betr. | Pers. |
| 18 353 | 348 287 | 1 093 | 74 420 | 490 | 82 582 | 23 | 26 174 |

[1]) Makler, Kommissionäre, Agenten, mit Ausschluß der Ver-
sicherungs- und Schiffsagenten.
[2]) Stauer, Markthelfer, Wieger, Packer, Träger usw.
[3]) Auch Pfandleiher, Aufbewahrungsanstalten, Anzeigenver-
mittler, Auskunftbüros.

Auf weniger Größenklassen gebracht, ergibt sich im Vergleich zu 1895 das folgende Bild:

| Jahr | Kleinbetriebe 1—5 Personen | | Mittelbetriebe 6—50 Personen | | Großbetriebe 51 und mehr | |
|---|---|---|---|---|---|---|
| | Betr. | Perf. | Betr. | Perf. | Betr. | Perf. |
| 1907 | 790 778 | 1 299 939 | 49 756 | 580 519 | 1606 | 183 176 |
| 1895 | 603 209 | 943 545 | 31 490 | 337 025 | 510 | 52 423 |

Nach der Unternehmungsform sind die deutschen Handelsbetriebe in ihrer gewaltigen Mehrheit Einzel= unternehmungen, denn im Jahre 1907 gab es deren 713 525, gegen 44 095 gesellschaftliche Unternehmungen.

Es ist oft darüber gestritten worden, ob der Handel, insonderheit der Warenhandel, überhaupt nennenswerte volkswirtschaftlich nützliche Funktionen übe und ob es sich demgemäß rechtfertige, auf ihn und seine Entwicklung zu verweisen, wenn es gilt, das Gesamtwirtschaftsleben eines Staates zu beleuchten. Auf diesen Streit sei kurz einge= gangen, denn in den „weltwirtschaftlichen Beziehungen" begegnet uns der Handel auf Schritt und Tritt.

Einen gewerbsmäßigen Handel müssen wir uns schon sehr früh vorstellen, und zwar ursprünglich, Jahrtausende hindurch, als Wander= oder nach heutigem Sprachgebrauch als Hausierhandel, der durch den später auch rechtlich aus= gebildeten Markthandel ergänzt wird. Ein seßhaftes Handelsgewerbe kommt in Deutschland mit dem Städte= wesen auf, ursprünglich besorgt es den Stadtbewohnern die im direkten Tauschverkehr in der Stadt und deren Um= gebung nicht erhältlichen Güter: Salz, Eisen, Bronze, feine Stoffe, Fische, Wein u. dgl., ist also eine Art Einfuhrhandel. Später, noch im Mittelalter, verbreitert sich das Gebiet des seßhaften Handels, indem er sich auch im Hinblick auf alle möglichen anderen Gegenstände zwischen Produzent und Konsument einschiebt: Neben dem Großkaufmann ent= wickelt sich in den Städten und später auch auf dem Lande allmählich der „Krämer". Ein neues Zeitalter des Groß= handels beginnt mit der neuzeitlichen Kolonialpolitik, die Ausgangspunkt eines in gleicher Ausdehnung vorher nicht gekannten „Welthandels" wird. Mit der Entwicklung des Verkehrs wird dieser intensiver und führt schließlich zur „Weltwirtschaft". Von diesem Großhandel profitiert auch der Kleinhandel, dem nun ganz neue Produkte (Kolonial= waren!) zugeführt werden. Und entsprechend war seine Entwicklung, die ihren Höhepunkt im 19. Jahrhundert erreichte. Kaum ein anderes Gewerbe dürfte gerade im 19. Jahrhundert ein gleiches Entwicklungstempo einge= halten haben, wie das Handelsgewerbe und in ihm der Kleinhandel, der sich längst nicht mehr auf die Städte be= schränkt, sondern in die kleinsten und entlegensten Dörfer vorgerückt ist.

Welche Bedeutung hat nun das Handelsgewerbe oder schlechtweg der Handel für die Volkswirtschaft? Wie schon bemerkt, ist darüber viel gestritten worden. Noch heute ist nicht selten zu hören, daß der Handel „unproduktiv" sei, weil er keine neuen Güter erzeuge, sondern diese nur um= setze. Auch in der politischen Diskussion spielt das Wort vom „unproduktiven Handel", dem „Schmarotzer an der Volkswirtschaft", eine bedeutsame Rolle. Gehen wir deshalb etwas näher darauf ein.

Was heißt überhaupt produktive und unproduktive Arbeit leisten? Der allgemeine Sprachgebrauch sowohl wie die wissenschaftliche Terminologie geben darauf keine klare, unzweideutige Antwort. Nehmen wir das Wort produktiv wörtlich, so ist es auf die Tätigkeit des Menschen überhaupt nicht anwendbar, denn Güter h e r v o r z u =

b r i n g e n ist diesem versagt. Auch bei der sog. materiellen
Produktion, die man gewöhnlich im Auge hat, wenn von
„produktiver" Arbeit die Rede ist, ist das, was hervor=
gebracht wird, nicht der Stoff. „Die gesamte Arbeit aller
menschlichen Wesen in der Welt ist nicht imstande, den
allergeringsten Teil eines Stoffes hervorzubringen" (John
Stuart Mill). „Was wir hervorbringen oder hervorzu=
bringen wünschen, ist immer nur eine Nützlichkeit. Arbeit
schafft keine Gegenstände, sondern Nützlichkeiten" (Say).
Wenn wir diesen sehr richtigen Gedanken etwas schärfer
formulieren wollen, müssen wir sagen: diejenige Arbeit ist
produktiv, die materiellen Gegenständen Nützlichkeit (Brauch=
barkeit) gibt. Dieser als unmittelbar produktiv zu bezeich=
nenden Arbeit wäre dann die mittelbar produktive gegen=
überzustellen, die nicht unmittelbar auf die Nutzbar=
machung materieller Gegenstände gerichtet ist, sondern
diese nur indirekt fördert und beeinflußt. Als unproduktive
Arbeit wäre dann jene zu bezeichnen, die weder mittelbar
noch unmittelbar auf die Nutzbarmachung materieller
Gegenstände einen Einfluß übt.

Daß von diesem Standpunkt landwirtschaftliche und
gewerbliche Arbeit (im eigentlichen Sinne) produktiv ist,
bedarf keiner Erörterung. Wie aber steht es mit dem
Handel? Der Kürze halber ein Beispiel: Der auf der
Malaiischen Halbinsel gewonnene Kautschuk ist auf der
Pflanzung völlig ohne Nützlichkeit, da er an Ort und
Stelle niemandes Bedürfnisse befriedigt. Gelangt er aber
durch Vermittlung des Kaufmanns nach Europa, so sind
ihm dadurch Nützlichkeiten ausgelöst worden, die zwar
in letzter Linie auf den Pflanzer zurückzuführen sind,
ohne den Kaufmann (und den Reeder) aber nicht hätten
in die Erscheinung treten können. Die an sich mögliche
Nützlichkeit eines Gegenstandes kommt erst zur Geltung,

wenn sie dem Menschen dienstbar gemacht wird, ein Vor=
gang, der ohne den Handel (und das ihm verwandte Trans=
portgewerbe) vielfach überhaupt nicht denkbar ist. Wir
sehen: Es braucht die Beeinflussung der Nützlichkeit eines
Gegenstandes nicht immer in formverändernder Tätigkeit
zu bestehen, sondern ebenso wichtig ist, daß er überhaupt
zugängig gemacht wird. Erst wenn die Güter dort sind,
wo sie konsumiert werden, haben sie konkreten Gebrauchs=
wert. Diese Funktion des Schiebens der Güter an den
Ort der Nachfrage, den Ausgleich des Mißverhältnisses
zwischen Angebot und Nachfrage bewirkt der Handel, der
deshalb in hervorragendem Sinne als produktiv bezeichnet
werden muß. Mit Recht weist Lexis darauf hin, daß
niemand dem Techniker, der die Förderung der Steinkohlen
aus der Tiefe an die Oberfläche leitet, die produktive
Tätigkeit absprechen werde. „Aber nicht minder produktiv
ist auch die Tätigkeit des Kaufmanns, der eine Fabrik aus=
findig macht, in der die Kohlen nützliche Verwendung
finden und ihre Versendung dorthin veranlaßt.“ Da durch
diese Tätigkeit des Handels die Güter vielfach erst einen
Gebrauchswert und damit einen Tauschwert erhalten oder
dieser mindestens erhöht wird, rechtfertigt sich selbstver=
ständlich auch ein Anteil an dieser Wertsteigerung für den
Händler.

Für den Produzenten ist der Handel in doppelter
Beziehung von Bedeutung. Einmal beschafft er ihm die
Rohmaterialien und zum anderen setzt er das fertige
Produkt ab. Innerhalb gewisser Grenzen liegt freilich auch
die Möglichkeit vor, daß der Produzent in beiden Fällen
den Handel ausschließt und sich des direkten Verkehrs be=
dient. Große Unternehmungen z. B. beziehen ihre Kohlen
in der Regel unmittelbar von der Zeche, wie anderseits
auch die schwere Industrie ihre Erzeugnisse (Halbzeug usw.)

nicht selten direkt der weiterverarbeitenden Industrie liefert. Aber schon hier ergeben sich oft Schwierigkeiten, vor allem dann, wenn es sich um den Verkehr mit dem Ausland handelt; Jute, Baumwolle, Kupfererze, Öle, Tabak und viele andere Welthandelsartikel lassen sich ohne Inanspruchnahme des Handels und der erst vom Handel organisierten Produktenbörse zumeist überhaupt nicht beziehen. Und noch wichtiger erweist sich der Handel beim Absatz der fertigen Erzeugnisse. Der Fabrikant produziert in der Regel nur einen Gegenstand oder doch verwandte Gegenstände, für die sich in den meisten Orten ein eigenes Kleinverkaufsgeschäft als unrentabel erweisen würde. Der Kleinhändler, der in seinem Laden die Erzeugnisse einer ganzen Anzahl von Fabrikanten feilbietet, gibt ihm erst die Möglichkeit des Absatzes über das ganze Land. Nur in großen Städten ist den Fabrikanten die Errichtung einer eigenen Verkaufsstelle möglich, weil hier die Nachfrage nach bestimmten Gegenständen sich häuft und der Boden für „Spezialgeschäfte" gegeben ist. Tatsächlich kommt es denn auch ziemlich häufig vor, daß Koffer=, Schuh=, Stock=, Handschuh=, Möbel= und andere Fabriken in den Großstädten den selbständigen Zwischenhandel ausschalten — um Handelsunternehmungen mit kaufmännischem Personal handelt es sich aber trotzdem. Überdies sind solcher Entwicklung verhältnismäßig enge Grenzen gezogen, weil der Produzent in diesem Falle auf das Kapital des Handels verzichtet und deshalb mit viel größerem eigenem Kapital arbeiten muß und er außerdem die Leitung dieser Verkaufsstellen meist Dritten anzuvertrauen hat, die mit ihrem Vermögen für den Gang des Geschäftes nicht verantwortlich sind. Auch für die Landwirtschaft ist der Handel unentbehrlich. Abgesehen von dem Absatz in die benachbarten Städte

(Wochenmarkt, Markthallen) sieht der Landwirt sich in der Regel außerstande, seine Produkte ohne den Zwischen= händler, den sog. Aufkäufer, der seinerseits zumeist mit einem Großhändler in Beziehung steht, zu auskömmlichen Preisen abzustoßen. Gerade in der Landwirtschaft macht sich der Ausgleich örtlicher und zeitlicher Preisunterschiede durch den Handel besonders deutlich fühlbar.

Die volkswirtschaftlich nützlichsten Funktionen übt der Handel aber zweifellos im Verkehr mit dem Ausland. Bei der Erschließung neuer Wirtschaftsgebiete ist der Kaufmann der Pionier, dessen Wagemut und Ausdauer für die Intensität wirtschaftlicher Beziehungen entscheidend ist. Ohne den sog. Exporthandel ist in Ländern mit mangelhaft entwickelter Rechtspflege und politisch unsicheren Zuständen ein stetiger Absatz von Erzeugnissen so gut wie ausgeschlossen. Aber selbst im Geschäft mit höher entwickelten Ländern ist der sog. „direkte Verkehr" außerordentlich gewagt und hat vielen Industriellen, die den Exporthandel um der Ersparnis der Kommissionsgebühr willen umgingen, schwere Verluste gebracht. Freilich liegt gerade hier noch manches im argen. Der Handel ist, wie kaum eine andere Einrichtung, inter= national, indem der Kaufmann unter allen Umständen immer dort kauft, wo er das größte Geschäft macht. Selbst= verständlich! Jede Volkswirtschaft hat aber ein Interesse daran, gerade ihre Produkte auf den Weltmarkt zu bringen, und der Industrielle erwartet vom Kaufmann seiner Nationalität, daß er ihn in erster Linie berücksichtigt. Hieraus ergeben sich mancherlei Konflikte, die dann letzten Endes Ursache jenes direkten Verkehrs werden. Besseres Hand=in=Hand=Arbeiten von Handel und Industrie im Inter= esse einer nationalen Ausfuhrpolitik wird daher vielfach ge= fordert. Man wird allerdings vom Handel nicht erwarten dürfen, daß er unter allen Umständen Produkten der

heimischen Volkswirtschaft den Vorzug gebe, denn sein
Wesen ist nun einmal international und muß es sein, wenn
die nützlichen volkswirtschaftlichen Begleiterscheinungen
eines selbständigen Handels — Ausgleich von Angebot und
Nachfrage nach dem ökonomischen Prinzip und die hiermit
zusammenhängende Preisnivellierung — überhaupt zur
Geltung kommen sollen.

# II. Der deutsche Außenhandel.

## Einleitung: Zur Entwicklung des Welthandels.

Die moderne Weltwirtschaft erhält ihr charakteristisches Gepräge dadurch, daß die Einzelwirtschaften fast aller Gebiete der Erde in mehr oder minder ausgeprägten Beziehungen zueinander stehen, deren Intensität entscheidend ist für die quantitativen und qualitativen Lebensäußerungen der „Weltverkehrsgesellschaft". Die A r t e n dieser Beziehungen sind ungemein mannigfach und werden mit dem herkömmlichen, vielfach arg mißbrauchten Schlagwort von der „internationalen Arbeitsteilung" nicht annähernd erschöpft. Man wird aber wohl doch sagen dürfen, daß sie letzten Endes zumeist in irgendeiner Weise mit dem internationalen G ü t e r a u s t a u s c h zusammenhängen, denn fast alle anderen Äußerungen des Weltverkehrs: Reisen und Wanderungen, Kapitalübertragungen, Geld= und Kreditverkehr, rechtliche Regelung der internationalen Beziehungen usw. ergeben sich schließlich aus dem Güteraustausch, möge dieser nun „naturbedingt", d. h. die Folge der Verschiedenheit des Bodens und des Klimas in den einzelnen Erdräumen sein oder als Folge „kultürlicher" Abstufungen der Völker in die Erscheinung treten. Nun wissen wir zwar über das regelnde Prinzip, das hinter diesem internationalen Güteraustausch steht, noch herzlich wenig. Wir erfassen freilich (wenn auch mangelhaft genug), von wo die Güter kommen und wohin sie gehen, aber w e s h a l b sie gerade so und nicht anders die Basis

des Nehmens und Gebens in der Weltverkehrsgesell=
schaft werden, darüber sind wir mit Ausnahme des Ver=
kehrs zwischen ausgesprochenen „Rohstoff= und Industrie=
ländern", den schon die klassische Wirtschaftswissenschaft
richtig erfaßt hat, noch gar nicht unterrichtet[1]). Eines aber
wissen wir trotz aller mangelhaften Statistik sehr wohl,
daß nämlich dieser Güteraustausch zwischen den Einzel=
wirtschaften der Erde im letzten Menschenalter gewaltige
Ausdehnungen angenommen hat, die unsere Zeit deutlich
abheben von allen früheren Epochen des „Welthandels".

Das vorliegende Büchlein will Art und Umfang des
deutschen Außenhandels darstellen und analysieren. Dies
kann jedoch nicht für sich geschehen, weil sonst der Maß=
stab fehlt für jene Stellung, die Deutschland mit seinem
internationalen Güteraustausch innerhalb des Gesamt=
welthandels einnimmt. Bevor wir uns deshalb dem deut=
schen Außenhandel zuwenden, sei kurz die Entwicklung
des gesamten Welthandels mit dem Anteil der wichtigsten
Staaten zur Darstellung gebracht. Wir beschränken uns
dabei auf das letzte Jahrzehnt, geben jedoch vorweg einige
zeitlich weiterausholende Entwicklungsreihen.

Nach einer englischen Quelle, die auf Zuverlässigkeit
Anspruch machen darf, zeigt die Entwicklung des Welt=
handels das folgende Bild:

| Millionen Pfd. St. | | | Millionen Pfd. St. | | |
|---|---|---|---|---|---|
| 1800 | . . | 302 | 1870 | . . | 2191 |
| 1820 | . . | 341 | 1880 | . . | 3033 |
| 1830 | . . | 407 | 1890 | . . | 3450 |
| 1840 | . . | 573 | 1900 | . . | 4420 |
| 1850 | . . | 832 | 1910 | . . | 7500 |
| 1860 | . . | 1489 | | | |

---

[1]) Ausführlicher dargelegt in meinem Buch: „Volkswirtschaft
und Weltwirtschaft", Jena 1912.

Wie groß der wirkliche Wert dieſer umgeſetzten Mengen
iſt, läßt ſich mit Rückſicht darauf, daß jede Ware mindeſtens
zweimal — in der Ausfuhr des einen und in der Einfuhr
des anderen Landes —, häufig aber dreimal und öfter
— bei der Durchfuhr — angerechnet wird, nicht ſagen.
An dieſem Außenhandel, der den G e n e r a l h a n d e l[1])
darſtellt, ſind mit ihrem S p e z i a l h a n d e l die nach=
ſtehenden Staaten wie folgt beteiligt (in Millionen Pfd. St.):

T a b e l l e 16.<br>
Der S p e z i a l h a n d e l w i c h t i g e r L ä n d e r<br>
1830—1910.

| Jahr | England | | Deutſchland | | Vereinigte Staaten | | Frankreich | |
|---|---|---|---|---|---|---|---|---|
| | Einfuhr | Ausf. | Einfuhr | Ausfuhr | Einfuhr | Ausfuhr | Einfuhr | Ausfuhr |
| 1830 | 42,0 | 46,0 | —[2]) | — | — | — | 20,0 | 18,0 |
| 1840 | 52,0(?) | 51,0 | 25,0 | 27,0 | 20,0 | 23,0 | 31,0 | 28,0 |
| 1850 | 97,6 | 71,7 | 34,0 | 36,0 | 36,0 | 28,0 | 32,0 | 43,0 |
| 1860 | 182,0 | 135,9 | — | — | 72,7 | 64,9 | 76,0 | 91,0 |
| 1870 | 258,7 | 199,6 | — | — | 87,6 | 89,4 | 115,7 | 112,1 |
| 1880 | 347,9 | 223,1 | 143,0 | 147,2 | 128,7 | 169,3 | 201,3 | 138,7 |
| 1890 | 355,9 | 263,5 | 207,3 | 166,3 | 159,0 | 173,7 | 177,5 | 150,1 |
| 1900 | 459,9 | 291,2 | 288,3 | 230,6 | 170,7 | 281,7 | 187,9 | 164,4 |
| 1910 | 574,5 | 430,4 | 439,3 | 367,5 | 322,3 | 356,3 | 286,9 | 249,4 |

[1]) Im allgemeinen umfaßt der Geſamtaußenhandel oder
**Generalhandel** in der E i n f u h r die aus dem Ausland in das
Wirtſchaftsgebiet eingeführten, ſowie die unmittelbar durchgeführten
Waren; in der A u s f u h r die aus dem Wirtſchaftsgebiet aus=
geführten, ſowie die unmittelbar durchgeführten Waren. Der
**Spezialhandel** hingegen umfaßt im allgemeinen in der E i n f u h r
die geſamte unmittelbare oder mittelbare Einfuhr in den freien
Verkehr eines Wirtſchaftsgebiets und die Einfuhr des aktiven Ver=
edlungsverkehrs; in der A u s f u h r alles, was aus dem freien Ver=
kehr (einſchließlich der unter amtlicher Überwachung ausgehenden
verbrauchsſteuerpflichtigen Waren) in das Ausland gelangt und
die Wiederausfuhr im aktiven Veredlungsverkehr.
[2]) An den leeren Stellen fehlen die betr. Zahlen.

Hiernach hat sich der Welthandel von 1800—1910 von 6 auf 153 Milliarden Mark vermehrt! Der Schwerpunkt dieser Entwicklung liegt durchaus in den letzten Jahr= zehnten, am ausgesprochensten sogar im letzten Jahrzehnt, das eine Zunahme des Außenhandels von 90 auf 153 Mil= liarden Mark brachte.

Der gesamte Welthandel, wie er in der ersten Übersicht zur Darstellung gekommen ist, verteilt sich in den Jahren 1885 (59 Milliarden Mark) und 1910 (153 Milliarden Mark) wie folgt:

Tabelle 17.
Der Anteil wichtiger Länder am Welthandel
1885 und 1910.

| Länder | 1885 (in %) | 1910 (in %) |
|---|---|---|
| England . . . . . . . . . . . | 18,1 | 16,9 |
| Britische Kolonien . . . . . . . . | 12,8 | 10,7 |
| Deutschland . . . . . . . . . | 10,0 | 11,5 |
| Frankreich . . . . . . . . . . | 9,9 | 9,2 |
| Vereinigte Staaten von Amerika . . . | 9,3 | 9,2 |
| Niederlande . . . . . . . . . | 5,6 | 6,5 |
| Belgien . . . . . . . . . . | 3,5 | 6,5 |
| Österreich=Ungarn . . . . . . . | 3,5 | 3,0 |
| Rußland . . . . . . . . . . | 3,4 | 3,6 |
| Spanien . . . . . . . . . . | 1,9 | 1,2 |
| China . . . . . . . . . . . | 1,4 | 1,6 |
| Argentinien . . . . . . . . . | 1,2 | 1,9 |
| Japan . . . . . . . . . . . | 0,4 | 1,3 |
| Andere Länder . . . . . . . . | 19,0 | 17,8 |

Die größte verhältnismäßige Zunahme hat in der an= gegebenen Zeit Deutschland, dem an zweiter Stelle Japan folgt. Die gewaltige Steigerung des belgischen Anteils täuscht, da sie vornehmlich auf den deutschen Durchfuhr= handel zurückzuführen ist. Das gleiche gilt für die Nieder= lande. Der Zuwachs in den Anteilsquoten dieser Länder

muß deshalb überwiegend dem deutschen Konto zu=
geschrieben werden, das sich dadurch noch erheblich günstiger
stellt. Abgenommen hat die verhältnismäßige Anteilsquote
Englands, Frankreichs, Österreich=Ungarns und Spaniens,
während diejenige der Vereinigten Staaten fast die gleiche
geblieben ist.

Wie schon bemerkt, hat eine besonders schnelle Entwick=
lung des Außenhandels mit dem Beginn des 20. Jahr=
hunderts eingesetzt. Dies sei, unter Fortführung bis zum
Jahre 1913 — die Kriegszeit muß selbstverständlich ganz
ausscheiden —, eingehender dargelegt.

Tabelle 18.
Der Spezialhandel (ohne Edelmetalle)
wichtiger Länder 1901—1913.

| Länder | 1901 in Millionen M. | 1910 in Millionen M. | 1913 in Millionen M. |
|---|---|---|---|
| England . . . . . | 14 977,0 | 20 507,1 | 24 161,9 |
| Frankreich . . . . | 6 705,8 | 10 212,5 | 12 307,0 |
| Deutschland . . . . | 9 852,6 | 16 408,8 | 20 866,9 |
| Rußland[1]) . . . . | 2 926,8 | 5 047,5 | 5 811,7 (1912) |
| Österreich=Ungarn . . | 3 007,3 | 4 450,4 | 5 240,8 |
| Italien . . . . . | 2 474,4 | 4 170,4 | 4 925,8 |
| Spanien[1]) . . . . . | 1 386,8 | 1 566,2 | 2 068,1 |
| Portugal . . . . . | 390,9 | 477,6 | 494,7 |
| Niederlande . . . . | 6 391,0 | 9 446,7 | 11 901,5 |
| Belgien[2]) . . . . . | 3 239,4 | 6 137,9 | 7 012,6 |
| Vereinigte Staaten von Amerika[3]) . . . . | 9 526,5 | 13 578,7 | 17 657,3 |
| Japan . . . . . . | 1 061,0 | 1 523,6 | 1 846,0 |

[1]) Gesamteigenhandel.
[2]) Einschließlich Edelmetalle und Münzen.
[3]) Fiskaljahr.

Diese Zahlen umschließen eine ganz ungewöhnliche Ent=
wicklung, der für eine gleiche Periode in früherer Zeit nichts
an die Seite gestellt werden kann. Hierbei verdient hervor=
gehoben zu werden, daß gerade die letzten fünf Jahre
sich durch ein kräftiges Aufwärtsstreben auszeichnen. Man
beachte den Unterschied zwischen den Jahren 1910 und
1913. Mit Fug und Recht darf gesagt werden, daß das
Jahr 1913 einen ungeahnten Höhepunkt des Welthandels
darstellt. Und hinzugefügt werden kann, daß Deutschland
von allen hier genannten Ländern seinen Außenhandel um
die größte Summe gesteigert hat! Am nächsten kommen
ihm die Vereinigten Staaten, denen sodann England folgt.

Zweierlei verdient angesichts dieser Zahlen des Welt=
handels noch besonders erwähnt zu werden. Einmal, daß
wir es hier mit dem S p e z i a l h a n d e l zu tun haben, der
hinter dem Generalhandel erheblich zurückbleibt. So richtig
es nun ist, sich vom Standpunkt v o l k s w i r t s c h a f t l i c h e r
Betrachtung an den Spezialhandel zu halten, so selbstverständ=
lich ist es, daß für die Beurteilung des gesamten weltwirt=
schaftlichen Getriebes und seiner Rückwirkung auf die Fre=
quenz der Verkehrsmittel der Generalhandel in Betracht
gezogen werden muß. Die Zahlen reden dann noch eine
ganz andere Sprache. Deutschland z. B. übertrifft mit seinem
Generalhandel den Spezialhandel um mehr als eine Mil=
liarde Mark. Sodann ist zweitens zu beachten, daß es sich
bei den obigen Aufstellungen um W e r t angaben handelt.
Im Hinblick auf den bis etwa 1910 wirksamen Preisrückgang
ist die Steigerung der ausgeführten und eingeführten
Q u a n t i t ä t e n wesentlich größer. Erst neuerdings hat
sich in dem Zunahmeverhältnis von Wert und Quantität
eine Verschiebung im umgekehrten Sinne angebahnt, so
daß für das Jahr 1913 die Steigerungen des Wertes über=
wiegend größer sind als diejenigen der Quantitäten.

Es fragt sich nun, welches die Gründe dafür sind, daß
das letzte, und, hierauf vorbereitend, schon das vorletzte
Jahrzehnt eine so gewaltige Zunahme des internationalen
Güteraustausches gebracht haben? Diese Gründe hier
ausnahmslos darzulegen (soweit wir sie überhaupt kennen),
würde zu weit führen, weshalb nur die wichtigsten aufge=
führt sein mögen. Zu nennen ist da vor allem d i e  E r =
s c h l i e ß u n g  w i r t s c h a f t l i c h e r  N e u l ä n d e r,
v o r n e h m l i c h  d u r c h  d e n  B a u  v o n  E i s e n =
b a h n e n. Man weist gern darauf hin, daß die schnelle
Entwicklung des S e e v e r k e h r s die ehemals vom Welt=
verkehr abgelegenen Länder der Weltverkehrsgesellschaft
angeschlossen habe. Dies ist jedoch nur ganz allgemein
richtig. Denn selbst durch die beste Verbindung der Häfen
der einzelnen Erdteile wird der Güterverkehr nur wenig
beeinflußt. Erst wenn es gelingt, d a s  H i n t e r l a n d
m i t  d e n  H ä f e n  i n  V e r b i n d u n g  z u  b r i n g e n,
steigert sich die zur Ein= und Ausfuhr gelangende Güter=
menge. Man darf deshalb sagen, daß die Intensität des
Seeverkehrs bedingt ist durch den Stand der Verkehrs=
mittel zu Lande. Unter den letzteren spielen heute neben
den Flüssen und Kanälen die Eisenbahnen die Hauptrolle.
Je mehr ein Land mit Eisenbahnen überzogen wird, um
so größer ist die Möglichkeit seiner wirtschaftlichen Er=
schließung. Für solche Entwicklung sind die Vereinigten
Staaten von Amerika das beste Beispiel, was hier nicht
näher dargelegt zu werden braucht. Was aber betont
werden muß, ist dieses: der Bau von Eisenbahnen in wirt=
schaftlichen Neuländern hat gerade im letzten Jahrzehnt
große Fortschritte gemacht. Erinnert sei an Kanada,
dessen Westen, wie vormals in den Vereinigten Staaten,
durch den Ausbau des trockenen Verkehrs erst im laufenden
Jahrhundert für die Weltwirtschaft planmäßig erschlossen

worden ist. Solchen Bau von Überlandbahnen sehen wir auch sonst, z. B. in Mexiko und Südamerika, in Kleinasien, Rußland, Indien, Ostasien, Australien, nicht zu vergessen Afrika. Auf der westlichen wie östlichen Halbkugel sind in den letzten anderthalb Jahrzehnten Verkehrsprobleme gelöst worden, die einen Personen= und Güterverkehr er= möglichten, der das neueste „Zeitalter des Verkehrs" deutlich abhebt von dem, was man jemals vorher „inter= nationales Verkehrswesen" genannt hat.

Wie sehr gerade die wirtschaftlichen Neuländer ihren An= teil am internationalen Güterverkehr in den letzten anderthalb Jahrzehnten gesteigert haben, mögen einige Zahlen zeigen.

**Tabelle 19.**
**Der Außenhandel wirtschaftlicher Neuländer 1895—1913 (in Millionen Mark).**

| Länder | 1895 Einfuhr in Mill. M. | 1895 Ausfuhr in Mill. M. | 1910 Einfuhr in Mill. M. | 1910 Ausfuhr in Mill. M. | 1913 Einfuhr in Mill. M. | 1913 Ausfuhr in Mill. M. |
|---|---|---|---|---|---|---|
| Kanada . . . | 442,1 | 450,0 | 1553,0 | 1161,9 | 1897,1[3]) | 1121,9 |
| Austral. Bund . | 473,9 | 687,3 | 1193,3 | 1374,1 | 1594,4 | 1508,8 |
| Neuseeland . . | 125,0 | 150,1 | 347,8 | 410,1 | 419,9[4]) | 409,7 |
| Ägypten . . . | 171,4 | 265,9 | 479,4 | 600,6 | 568,2 | 657,0 |
| Argentinien . . | 385,1 | 486,3 | 1424,7 | 1468,7 | 1706,5 | 1958,2 |
| Brasilien . . . | 408,9 | 408,0[1]) | 976,6 | 1287,1 | 1350,1 | 1298,7 |
| Chile . . . . | 219,4 | 231,2 | 386,4[2]) | 433,5[2]) | 504,2 | 598,6 |
| Mexiko. . . . | 142,8 | 190,8 | 409,2 | 546,1 | 411,1 | 630,9 |
| Algerien . . . | 207,0 | 230,2 | 406,3 | 394,6 | 489,3[3]) | 438,8 |
| Franz.=Indochina | 72,1 | 78,0 | 199,8[2]) | 218,4[2]) | 218,6[3]) | 208,6 |
| Brit.=Südafrika . | 326,0 | 197,0 | 772,8 | 425,9 | 873,1 | 593,0 |
| Britisch=Indien . | 890,8 | 1357,2 | 1927,1 | 2946,6 | 2407,0[4]) | 3477,8 |
| Ceylon. . . . | 85,8 | 87,4 | 204,0 | 226,4 | 237,8[4]) | 270,6 |
| Straits=Settle= ments . . . | 378,2 | 324,8 | 823,0 | 731,4 | 1019,7[4]) | 849,1 |
| China . . . . | 501,8 | 536,7 | 1277,8 | 1051,1 | 1756,1 | 1242,2 |
| Japan . . . . | 274,9 | 287,5 | 967,9 | 955,7 | 1524,0 | 1322,0 |

¹) 1896. — ²) 1909. — ³) 1911. — ⁴) 1912.

Dieſe Tabelle, deren Zahlen genau vergleichbar nur
für jedes einzelne Land ſind, redet eine deutliche Sprache.
Sie illuſtriert eine Entwicklung, die ſo ausſieht: das alte
Europa ſendet in ſchnell wachſendem Umfange Induſtrie=
erzeugniſſe in jene Länder und bezieht dafür Rohſtoffe
und Nahrungsmittel. Dieſer Richtung des Welthandels
ſteht noch ein weiter Spielraum offen, denn die wirtſchaft=
liche Erſchließung der meiſten der genannten Länder hat
ja eben erſt begonnen und iſt bei entſprechender Kapital=
zuführung ſozuſagen unbegrenzt. Dies Problem wird uns
weiter unten noch beſchäftigen.

Der ſo ſchnell gewachſene internationale Güter=
austauſch erfährt von jenen Neuländern her mächtige
Impulſe. Dies darf nun freilich nicht darüber hinweg=
täuſchen, daß auch die europäiſchen Staaten unter ſich ihren
Verkehr trotz aller Schutzzollpolitik erheblich geſteigert
haben. Nur ſollte eines hierbei nicht überſehen werden,
daß nämlich die meiſten der europäiſchen Staaten mehr
einführen als ausführen, und daß das Plus der Einfuhr
aus nichteuropäiſchen Ländern kommt. Die Intenſität des
internationalen Austauſches von europäiſchen Induſtrie=
produkten iſt abhängig von dem Bezug an Nahrungsmitteln
und Rohſtoffen aus überſeeiſchen Gebieten. Man muß
ſich deshalb hüten, aus der Tatſache, daß die alten In=
duſtrieländer den Schwerpunkt ihrer Ausfuhr immer noch
in Europa finden, falſche Schlüſſe zu ziehen. Dies wird
am deutſchen Beiſpiel noch klarer werden.

# A. Gesamtverlauf des deutschen Außenhandels.

Wenden wir uns nunmehr der ausführlicheren Dar= stellung des d e u t s ch e n Außenhandels zu. Obwohl Deutschland heute im Welthandel mit an der Spitze mar= schiert, gehört es doch zu denjenigen Staaten, die viel später als England und Frankreich in das Stadium der industriell = kapitalistischen Entwicklung eingetreten sind. „Welthandelsinteressen" haben zwar in seinen Hafen= städten von jeher eine nicht unbedeutende Rolle ge= spielt, und vor dem Aufkommen der um den Kanal ge= lagerten Mächte: Frankreich, England und Holland be= herrschte die Hansa die Meere. — Das waren jedoch Zeiten ganz anderen Gefüges, die mit der Gegenwart nicht verglichen werden können. Das 19. Jahrhundert, dem allein wir unser Interesse zuwenden, sieht bis an die Zeit der Reichsgründung heran Deutschland als ganz überwiegenden Ackerbaustaat, der zwar der Be= ziehungen zum Ausland nicht enträt, mit seinen wirtschaft= lichen Lebensinteressen aber noch ganz im Inlande fußt. Von den Überschüssen seiner Agrarwirtschaft gibt Deutsch= land dem Ausland und empfängt dafür in der Haupt= sache „Kolonialwaren". England ist der vornehmste Ver= mittler dieses nach einfachster Formel sich regelnden inter= nationalen Austauschverkehrs.

Der Deutsche Zollverein hatte im Jahre 1852 eine Einfuhr von 573 und eine Ausfuhr von 495, zusammen 1068 Millionen Mark. Mithin auf den Kopf der Bevölke= rung (32,5 Millionen Einwohner) einen Außenhandel von 32,8, eine Einfuhr von 17,6 und eine Ausfuhr von 15,2 Mark. Der Außenhandel des deutschen Gebietes heutigen Umfanges betrug in Annäherungswerten:

| 1830 | . . | 740 | Mill. M. | = | 25 M. a. d. Kopf d. Bevölkerung |
|---|---|---|---|---|---|
| 1840 | . . | 1320 | „ „ | = | 41 „ „ „ „ „ „ |
| 1850 | . . | 2100 | „ „ | = | 60 „ „ „ „ „ „ |
| 1860 | . . | 3200 | „ „ | = | 84 „ „ „ „ „ „ |
| 1870 | . . | 4240 | „ „ | = | 106 „ „ „ „ „ „ |

Es hat aber wenig Wert, dieſe älteren Zahlen mit den ſpäteren zu vergleichen, denn ſie beruhen zum Teil auf ſehr willkürlichen Schätzungen, da für manche Gebiete genaue Ausweiſe fehlen. Überdies wird ja auch kaum bezweifelt werden, daß das Deutſchland der vierziger und fünfziger Jahre nennenswerte weltwirtſchaftliche Inter= eſſen nicht hatte. Wir wählen deshalb als Ausgangs= punkt unſerer vergleichenden Überſicht die Zeit nach der Reichsgründung.

Freilich verſagt die Statiſtik für g e n a u e Gegen= überſtellung des Warenverkehrs auch hier. Einmal iſt das Zollgebiet ſeitdem erweitert worden, ſo vor allem durch den Anſchluß von Hamburg und Bremen. Sodann iſt die Abgrenzung des Spezial= und Generalhandels häufigen Schwankungen unterworfen geweſen, wie auch die genaue Erfaſſung der Einfuhr, Durchfuhr und Aus= fuhr in älterer Zeit viel zu wünſchen übrig läßt. Die Herkunfts= und Beſtimmungsländer ſind erſt ſeit dem Jahre 1889 zu ermitteln. Die Zuweiſung der Waren= kategorien zu den einzelnen Tarifpoſitionen hat fort= während Änderungen erfahren. Seit dem Jahre 1906 iſt die Statiſtik ſogar auf einer ganz anderen Baſis auf= gebaut, kurzum: einwandfreie Unterlagen für eine ver= gleichende Überſicht des deutſchen Außenhandels ſind überhaupt nicht vorhanden.

Trotzdem laſſen die zur Verfügung ſtehenden Zahlen einen gewiſſen Vergleich zu, wenn ſie durch mühſame Umrechnungen miteinander in Beziehung gebracht werden,

d. h. ihre gegenwärtige Gliederung derjenigen aus den ersten Jahren nach der Reichsgründung angepaßt wird. Dies ist in den nachfolgenden Untersuchungen geschehen, so daß es möglich wurde, vom Jahre 1872 auszugehen.

Die Entwicklung des deutschen Außenhandels seit dem Jahre 1872 zeigt die nachstehende Tabelle, die zunächst bis zum Jahre 1910 führt:

Tabelle 20.
Der deutsche Außenhandel 1872—1910.

| Jahr | Spezialhandel | | | | | | | |
|------|---------------|--|--|--|--|--|--|--|
| | Einfuhr | | | | Ausfuhr | | | |
| | 1000 t | pro Kopf t | Millionen M. | pro Kopf M. | 1000 t | pro Kopf t | Millionen M. | pro Kopf M. |
| 1872 | 13 325,2 | 0,32 | 3464,6 | 83,7 | 10 049,7 | 0,24 | 2492,2 | 60,2 |
| 1875 | 15 278,9 | 0,36 | 3573,4 | 83,7 | 11 909,8 | 0,28 | 2560,6 | 60,0 |
| 1880 | 14 171,0 | 0,31 | 2844,3 | 63,0 | 16 401,2 | 0,36 | 2976,7 | 65,9 |
| 1885 | 17 867,3 | 0,38 | 2975,2 | 63,4 | 18 814,0 | 0,40 | 2911,5 | 62,1 |
| 1890 | 28 142,8 | 0,57 | 4272,9 | 86,5 | 19 365,1 | 0,40 | 3409,6 | 70,0 |
| 1895 | 32 537,0 | 0,62 | 4246,1 | 81,2 | 23 829,7 | 0,46 | 3424,1 | 65,5 |
| 1900 | 45 911,8 | 0,81 | 6043,0 | 107,2 | 32 681,7 | 0,58 | 4752,6 | 84,3 |
| 1905 | 54 307,2 | 0,90 | 7436,3 | 122,7 | 40 566,2 | 0,67 | 5841,8 | 96,4 |
| 1910 | 62 995,2 | 0,97 | 8934,1 | 137,7 | 48 765,3 | 0,75 | 7474,7 | 115,2 |

Die Gesamtheit aller internationalen Güterverkehrs= beziehungen kommt im Gesamteigenhandel zum Ausdruck. Dieser hat von 1872 bis 1910 sich nach dem Ge= wicht der Güter in der Einfuhr von 14,3 auf 70,7 Mil= lionen Tonnen = 385 %, dem Wert nach von 4,6 auf 9,3 Milliarden Mark = 103 % vermehrt. In der Aus= fuhr hat die Tonnenzahl sich um 450 %, der Wert um 125 % vermehrt. Auf den Kopf der Bevölkerung kam 1872 eine Einfuhr von 0,34 Tonnen oder 110,9 Mark. Im Jahre 1910 waren es 1,09 Tonnen oder 143 Mark. In der Ausfuhr betrug die Tonnenzahl 1872 0,27 auf den

Kopf der Bevölkerung oder 86,6 Mark gegen 0,93 Tonnen oder 124,5 Mark im Jahre 1910. Also relativ wie absolut ein ganz erhebliches Ansteigen. Die Quantität der Güter= einfuhr im Gesamteigenhandel hat sich seit 1872 verfünf= facht, gemessen an der Bevölkerungszahl verdreifacht. Noch günstiger stellt sich die Ausfuhr dar. Es sei wiederholt, daß die hier gegebenen Zahlen be= rücksichtigt werden müssen, wenn es gilt, die gesteigerte In= tensität der ausländischen Beziehungen Deutschlands voll zum Ausdruck zu bringen. Den Grad der v i t a l e n Be= ziehungen von Einzelwirtschaft zu Einzelwirtschaft zwischen Inland und Ausland zeigen indessen besser die Ergebnisse des S p e z i a l h a n d e l s, wie sie in der obigen Ta= belle niedergelegt sind. Sie stellen sich 1872 und 1910 folgendermaßen dar:

T a b e l l e 21.

D e r   d e u t s c h e   A u ß e n h a n d e l   1872  u n d  1910
(Spezialhandel).

| Jahr | Einfuhr | | | | Ausfuhr | | | |
|---|---|---|---|---|---|---|---|---|
| | 1000 t | pro Kopf t | Mill. M. | pro Kopf M. | 1000 t | pro Kopf t | Mill. M. | pro Kopf M. |
| 1872 | 13 325 | 0,32 | 3464,6 | 83,7 | 10 049,7 | 0,24 | 2492,2 | 60,2 |
| 1910 | 62 995,2 | 0,97 | 8934,1 | 137,7 | 48 765,3 | 0,75 | 7474,7 | 115,2 |

Der Quantität nach hat die Einfuhr sich in dieser Zeit etwa fünffach vermehrt, die Ausfuhr nahezu in dem= selben Tempo, der W e r t der Einfuhr hat sich zweieinhalb= mal gesteigert, derjenige der Ausfuhr dreimal. Auf den Kopf der Bevölkerung hat der Wert der Ausfuhr sich nahezu verdoppelt, während die Einfuhr sich langsamer vermehrt hat.

Treten wir nunmehr in eine Analyse des deutschen

Außenhandels ein, wie er sich uns heute darstellt. Wir
beschränken uns dabei auf den S p e z i a l handel und be=
rücksichtigen die Entwicklung seit 1906, für die einwand=
freies Vergleichsmaterial vorhanden ist[1]).

Tabelle 22.
Der deutsche Außenhandel 1906—1913
(ausschließlich Edelmetallbewegung).

| Jahr | Einfuhr | Ausfuhr | Zusammen | Werte im Vergleich zu 1906 (= 100) | | |
|------|---------|---------|----------|---------|---------|----------|
| | in 1000 Mark | | | Einfuhr | Ausfuhr | Zusammen |
| 1906 | 8 028 836 | 6 361 228 | 14 390 064 | 100 | 100 | 100 |
| 1907 | 8 748 705 | 6 846 190 | 15 594 895 | 109 | 107,6 | 108,4 |
| 1908 | 7 666 553 | 6 399 211 | 14 065 764 | 95,5 | 100,6 | 97,7 |
| 1909 | 8 520 125 | 6 592 242 | 15 112 367 | 106,1 | 103,7 | 105,5 |
| 1910 | 8 934 126 | 7 474 661 | 16 408 787 | 111,3 | 117,5 | 114,0 |
| 1911 | 9 705 661 | 8 106 063 | 17 811 724 | 120,9 | 127,4 | 123,8 |
| 1912 | 10 691 750 | 8 956 800 | 19 648 550 | 133,2 | 140,8 | 136,5 |
| 1913 | 10 770 300 | 10 096 500 | 20 866 800 | 134,1 | 158,7 | 144,9 |

Auch diese Tabelle bestätigt die obigen Darlegungen.
Der deutsche Außenhandel erfreute sich bis zum Kriege

---

[1]) Den Untersuchungen liegt im wesentlichen die „Statistik des
Deutschen Reiches" zugrunde, vielfach sind jedoch die ausländischen
Quellenwerke zur Ergänzung herangezogen. Das „Weltwirtschaft=
liche Archiv", herausgegeben von Professor Dr. B e r n h a r d H a r m s,
veröffentlicht regelmäßig Berichte über den Außenhandel der wich=
tigsten Länder. Unter ihnen sei auf die jährlichen Übersichten über
den gesamten internationalen Güteraustausch von Professor P a u l
A r n d t und auf die gleichfalls jährliche Übersicht über den deut=
schen Außenhandel von Dr. E d u a r d R o s e n b a u m verwiesen.
Eine statistische Analyse des gesamten deutschen Außenhandels im
Jahre 1913 ist außerdem im Juliheft des Archivs von F r i t z
K e r n e r veröffentlicht worden. Dieser Beitrag enthält unter
anderem eine graphische Darstellung über die letzten zehn Jahre.

eines mächtigen Aufschwunges. Bemerkenswert ist hierbei, daß in neuerer Zeit die Ausfuhr schneller gewachsen ist als die Einfuhr, — ein Problem, das uns bei Betrachtung der deutschen Handelsbilanz noch ausführlicher beschäftigen wird. Setzen wir Einfuhr und Ausfuhr des Jahres 1906 gleich 100, so ist die erstere auf 134, die letztere auf 158 gestiegen. Im Jahre 1913 stand die Ausfuhr hinter der Einfuhr nur mehr um 674 Millionen Mark zurück, während es im Jahre 1900 noch 1,3 Milliarden Mark waren. In früheren Jahren (vgl. die Tabelle 20 S. 87) ist die Bilanz allerdings zeitweilig schon aktiv oder noch weniger passiv gewesen.

Nach dem Vorbild der Reichsstatistik sei der gesamte Spezialhandel nunmehr in vier Gruppen zerlegt:

Tabelle 23.
Der deutsche Außenhandel nach vier Gruppen.

| Jahr | Einfuhr | | | | | | | |
|---|---|---|---|---|---|---|---|---|
| | I. Rohstoffe für Industriezwecke einschl. der halbfertigen Waren | | II. Fertigwaren | | III. Nahrungs- und Genußmittel | | IV. Vieh | |
| | Wert in Mill. M. | % der Einf. | Wert in Mill. M. | % der Einf. | Wert in Mill. M. | % der Einf. | Wert in Mill. M. | % der Einf. |
| 1906 | 4407,7 | 54,9 | 1299,2 | 16,2 | 2036,7 | 25,4 | 285,2 | 3,5 |
| 1907 | 4915,1 | 56,2 | 1388,9 | 15,9 | 2217,9 | 25,3 | 226,3 | 2,6 |
| 1908 | 4155,9 | 54,2 | 1243,5 | 16,2 | 2042,6 | 26,7 | 224,6 | 2,9 |
| 1909 | 4695,7 | 55,1 | 1275,8 | 15,0 | 2324,3 | 27,2 | 231,1 | 2,7 |
| 1910 | 5083,3 | 56,9 | 1367,9 | 15,3 | 2215,7 | 24,8 | 267,2 | 3,0 |
| 1911 | 5270,8 | 54,3 | 1442,5 | 14,8 | 2761,1 | 28,4 | 231,6 | 2,5 |
| 1912 | 5882,1 | 55,0 | 1608,8 | 15,0 | 2944,9 | 27,6 | 256,0 | 2,4 |
| 1913 | 6242,3 | 58,0 | 1478,8 | 13,7 | 2759,5 | 25,6 | 289,7 | 2,7 |
| Durchschnitt 1906—1913 | 5081,8 | 55,6 | 1388,2 | 15,2 | 2412,8 | 26,4 | 251,5 | 2,8 |

| Jahr | Ausfuhr | | | | | | | |
|---|---|---|---|---|---|---|---|---|
| | I. Rohstoffe für Jnduſtriezwecke einſchl. der halbfertigen Waren | | II. Fertigwaren | | III. Nahrungs- und Genußmittel | | IV. Vieh | |
| | Wert in Mill. M. | %o der Ausf. | Wert in Mill. M. | %o der Ausf. | Wert in Mill. M. | %o der Ausf. | Wert in Mill. M. | %o der Ausf. |
| 1906 | 1494,3 | 23,5 | 4293,1 | 67,5 | 563,4 | 8,8 | 10,4 | 0,2 |
| 1907 | 1656,4 | 24,2 | 4638,1 | 67,7 | 539,9 | 7,9 | 11,8 | 0,2 |
| 1908 | 1577,8 | 24,7 | 4182,1 | 65,4 | 629,8 | 9,8 | 9,5 | 0,1 |
| 1909 | 1703,9 | 25,8 | 4216,9 | 64,0 | 662,3 | 10,0 | 11,1 | 0,2 |
| 1910 | 1918,2 | 25,7 | 4795,5 | 64,2 | 751,2 | 10,0 | 9,8 | 0,1 |
| 1911 | 2029,7 | 25,0 | 5278,3 | 65,1 | 785,6 | 9,7 | 12,5 | 0,2 |
| 1912 | 2370,1 | 26,5 | 5788,4 | 64,6 | 789,4 | 8,8 | 8,9 | 0,1 |
| 1913 | 2657,4 | 26,3 | 6395,8 | 63,3 | 1035,9 | 10,2 | 7,4 | 0,1 |
| Durchſchnitt 1906—1913 | 1920,3 | 25,2 | 4948,5 | 65,2 | 719,6 | 9,4 | 10,2 | 0,2 |

In der Einfuhr ſtehen weitaus an der Spitze die Rohſtoffe und Halbfabrikate; ſie umfaſſen im Jahre 1913 58 % der geſamten Einfuhr. An zweiter Stelle ſtehen die Nahrungs- und Genußmittel mit 25,6 %, während auf die Einfuhr von Fertigwaren nur 13,7 % entfallen und auf Vieh gar nur 2,7 %. Umgekehrt iſt das Verhältnis in der Ausfuhr. Die Fertigwaren überwiegen hier im Jahre 1913 mit 63,3 % der Geſamtausfuhr. Ihnen folgen die Rohſtoffe und Halbfabrikate mit 26,3 und die Nahrungsmittel mit 10,2 %. Eine nennenswerte Viehausfuhr iſt nicht vorhanden.

In dieſen Zahlen prägt ſich die ſtarke induſtrielle Entwicklung Deutſchlands aus, die einerſeits zur Einfuhr von Rohſtoffen, Nahrungs- und Genußmitteln, anderſeits zur Ausfuhr von Fabrikaten führt. Verfolgen wir dieſe Entwicklung weiter zurück, ſo tritt ſie um ſo deutlicher in die Erſcheinung. Nach Berechnungen, die vom Verfaſſer der vorliegenden Schrift durchgeführt worden ſind, wurden pro Kopf der Bevölkerung Nahrungs= und Genußmittel ſowie Vieh eingeführt:

| 1872 | . . . . . . | 21,1 M. |
| 1890 | . . . . . . | 28,3 „ |
| 1900 | . . . . . . | 31,3 „ |
| 1910 | . . . . . . | 38,3 „ |
| 1913 | . . . . . . | 39,1 „ |

Die Kopfquote in der Ausfuhr von Fabrikaten entwickelte ſich wie folgt:

| 1872 | . . . . . . | 24,8 M. |
| 1890 | . . . . . . | 43,5 „ |
| 1900 | . . . . . . | 52,9 „ |
| 1910 | . . . . . . | 73,9 „ |
| 1913 | . . . . . . | 95,7 „ |

Dieſe Zahlen ſind auch deshalb bedeutſam, weil ſie zeigen, daß die Fabrikatenausfuhr weſentlich ſchneller geſtiegen iſt als die Nahrungs= und Genußmitteleinfuhr. Letztere hat ſich ſeit 1872 annähernd verdoppelt, erſtere hingegen vervierfacht. Hieraus geht deutlich hervor, daß die agra= riſche Abhängigkeit eines Landes mit der induſtriellen Aus= fuhr keineswegs im gleichen Verhältnis zu wachſen braucht, wie dies in England geſchehen iſt. Die in Abſchnitt I. C ſchon beleuchtete Steigerung der landwirtſchaftlichen Rein= erträge hat dafür geſorgt, daß trotz aller induſtriellen Ent= wicklung die Jnanſpruchnahme des agrariſchen Auslandes ſich in mäßigem Umfange hielt, der an ſich, wie zu zeigen ſein wird, freilich doch recht erheblich iſt. Jn Deutſchland hat daneben ſogar eine Vermehrung der A u s f u h r von Nahrungs= und Genußmitteln ſtattgefunden. Hiermit werden wir uns weiter unten zu beſchäftigen haben.

    Auffällig iſt an den obigen Tabellen, daß der verhältnis= mäßige Anteil der Fabrikate an der Geſamtausfuhr in den letzten Jahren geſunken iſt. Das Minus findet ſich jedoch bei den Rohstoffen und Halbfabrikaten wieder; die letzteren haben vor allem in der Schwerindustrie ihre Ausfuhr gesteigert und dadurch das anteilige Verhältnis der Fabrikate gedrückt. Wenn als die volkswirtschaftlich rationellste Form der industriellen Ausfuhr diejenige der Ausfuhr von konsumfähigen Fertigerzeugnissen angesehen wird — im einzelnen läßt sich darüber streiten — so bedeutet die Entwicklung der letzten Jahre einen gewissen Rückschritt. Es handelt sich dabei jedoch um Probleme, die an dieser Stelle nicht erörtert werden können.

Endlich sei noch das Zunahmeverhältnis der drei Positionen des deutschen Außenhandels im Jahre 1912 gegenüber 1872 und 1891 zur Darstellung gebracht. Wir wählen das Jahr 1912, um auch ein „Normaljahr" in die Betrachtung einzuziehen, da 1913 mit gewissem Recht als „Rekordjahr" bezeichnet werden kann.

Tabelle 24.
Zunahme der einzelnen Positionen des deutschen Außenhandels im Jahre 1912 gegen 1872 und 1891.

|  | Zunahme der | | | | | | | |
|---|---|---|---|---|---|---|---|---|
|  | Einfuhr | | | | Ausfuhr | | | |
|  | gegen 1872 | | gegen 1891 | | gegen 1872 | | gegen 1891 | |
|  | abs. | % | abs. | % | abs. | % | abs. | % |
| Nahrungs= u. Genußmittel | 2329,0 | 267,2 | 1687,5 | 111,4 | 294,0 | 58,3 | 359,2 | 81,9 |
| Rohstoffe für Industrie= zwecke usw. | 4207,0 | 251,1 | 4149,8 | 239,4 | 1584,0 | 201,4 | 1683,2 | 244,8 |
| Fabrikate . . . | 898,6 | 126,7 | 704,0 | 37,7 | 4760,4 | 463,5 | 3738,2 | 182,4 |

Die Position Nahrungs= und Genußmittel steht in bezug auf die Steigerung der Einfuhr an der Spitze,

ſo weit es ſich um die Periode 1872—1912 handelt, während
im Hinblick auf die Periode 1891—1912 die Rohſtoffe den
erſten Platz einnehmen. Fabrikate ſtehen in beiden Perioden
an letzter Stelle. In der A u s f u h r ſpielt die Steigerung
der Nahrungs= und Genußmittel die beſcheidenſte Rolle.
Daß ſie in der zweiten Periode ſehr viel beſſer daſteht,
beruht nicht in erſter Linie auf der Zunahme der Ausfuhr
von Getreide, von der noch die Rede ſein wird, ſondern
vor allem auf der Steigerung der Ausfuhr von Zucker, Bier,
Wein, Schokolade und ſonſtigen Erzeugniſſen der Genuß=
mittelinduſtrie. Im übrigen beſtätigen die Zahlen die
ſchon gefundenen Ergebniſſe: die Ausfuhr von Fabrikaten
hat weitaus am meiſten zugenommen: 463% ſeit 1872.

Wie verteilen ſich Einfuhr und Ausfuhr auf die Waren=
gruppen im einzelnen? Dies ſei nunmehr in großen Zügen
dargelegt. Wir beginnen mit den Nahrungsmitteln.
Hierbei iſt allerdings in gegenwärtiger Zeit die größte Vor=
ſicht geboten, denn Deutſchlands Feinde verfolgen alle
ſtatiſtiſchen Analyſen des deutſchen Nahrungsmittelver=
kehrs mit erſtaunlicher Sorgfalt, ſo daß man glauben könnte,
es ſpielten, vor allem in England, die Statiſtiker eine größere
Rolle als die Strategen. Anderſeits widerſteht es dem Ge=
lehrten ſelbſtverſtändlich, ſein Material „zuzuſtutzen“, um
— wie es vielfach üblich geworden iſt — „nachzuweiſen“,
daß Deutſchland ſich ſozuſagen am wohlſten fühlt, wenn
das Ausland ſeine ſämtlichen Nahrungsmittel für ſich be=
hält. Wir müſſen es uns deshalb verſagen, die agrariſchen
Beziehungen Deutſchlands zum Ausland ſo eingehend zu
analyſieren, wie es zur Gewinnung eines Urteils über den
Grad der Verkettung Deutſchlands in die Weltwirtſchaft an ſich
nötig wäre. Alle Berechnungen über Mehr= und Minderaus=
fuhr werden nur bis zum Jahre 1912 durchgeführt werden.

Zunächst eine Übersicht über das G e t r e i d e:

Tabelle 25.

Getreideeinfuhr Deutschlands 1901—1913
in Millionen Mark.

| Art | 1901 | 1905 | 1910 | 1913 | Vom Hundert d. Werte der Gesamteinfuhr | | | |
|---|---|---|---|---|---|---|---|---|
| | | | | | 1901 | 1905 | 1910 | 1913 |
| Weizen . . | 282,7 | 329,4 | 377,3 | 417,3 | 4,9 | 4,1 | 4,2 | 3,9 |
| Roggen . . | 89,5 | 68,0 | 42,5 | 42,2 | 1,6 | 0,9 | 0,5 | 0,4 |
| Gerste . . | 105,4 | 189,5 | 310,0 | 390,4 | 1,8 | 2,6 | 3,5 | 3,6 |
| Hafer . . | 47,3 | 107,1 | 47,2 | 60,4 | 0,8 | 1,4 | 0,5 | 0,6 |
| Zusammen . | 524,9 | 694,0 | 777,0 | 910,3 | 9,1 | 9,0 | 8,7 | 8,5 |

Insgesamt hat sich demnach die deutsche Getreide=
einfuhr von 524 auf 910 Millionen Mark vermehrt. Die
Roggeneinfuhr hat abgenommen, während diejenige von
Hafer eine bestimmte Tendenz nicht aufweist. Die Weizen=
einfuhr hat sich um reichlich ein Drittel vermehrt, die
Gersteneinfuhr fast um das Vierfache. Trotz dieser er=
heblichen absoluten Zunahme der Getreideeinfuhr hat
deren relativer Anteil an der Gesamteinfuhr sich ver=
mindert! Es ist dies eine Folge der schneller gewachsenen
Einfuhr von Rohmaterialien.

Deutschland führt aber nicht nur Getreide ein, sondern
auch aus. In den letzten Jahren hat die Getreideausfuhr
sogar erheblich gesteigert werden können. Der Grund
hierfür liegt teilweise in dem deutschen Einfuhrscheinsystem.
Im übrigen ist die Ausfuhr durch Qualitätsunterschiede,
durch die zeitlich auseinanderfallenden Ernten in den
Getreideländern und durch Verkehrs= und Marktverhält=
nisse bedingt. Die folgende Übersicht zeigt, welche Entwick=
lung die deutsche Getreideausfuhr genommen hat.

Tabelle 26.
Getreideausfuhr Deutschlands 1901—1913
in Millionen Mark.

| Art | 1901 | 1905 | 1910 | 1913 | Vom Hundert d. Werte der Gesamteinfuhr | | | |
|---|---|---|---|---|---|---|---|---|
| | | | | | 1901 | 1905 | 1910 | 1913 |
| Weizen . . | 12,6 | 24,0 | 51,5 | 87,6 | 0,3 | 0,4 | 0,7 | 0,9 |
| Roggen . . | 10,2 | 36,9 | 111,8 | 132,9 | 0,2 | 0,6 | 1,5 | 1,3 |
| Gerste . . | 5,5 | 2,3 | 0,3 | 1,0 | 0,1 | — | — | — |
| Hafer . . | 18,0 | 12,8 | 60,9 | 93,1 | 0,4 | 0,2 | 0,8 | 0,9 |
| Zusammen . | 46,3 | 76,0 | 224,5 | 314,6 | 1,0 | 1,2 | 3,0 | 3,1 |

Verhältnismäßig hat demnach die Getreideausfuhr
sich viel mehr gesteigert als die Einfuhr: von 46 auf 314 Mil=
lionen Mark. Der Hauptanteil fällt dabei auf den Roggen,
dessen Ausfuhr im Jahre 1913 erheblich größer war als
die Einfuhr! Das gleiche gilt für den Hafer. Das eigent=
liche Minussaldo liegt beim Weizen und der Gerste. Die
letztere wird in nennenswerten Mengen überhaupt nicht
mehr ausgeführt. Beachtenswert ist im übrigen, daß die
Getreideausfuhr als Ganzes ihren relativen Anteil an
der Gesamtausfuhr beträchtlich gesteigert hat!

Der reine Ein= bzw. Ausfuhr ü b e r s c h u ß (—)
gestaltete sich in den Jahren 1890, 1900, 1912 wie folgt:

Tabelle 27.

| | 1890 | | 1900 | | 1912 | |
|---|---|---|---|---|---|---|
| | in t | in Mill. M. | in t | in Mill. M. | in t | in Mill. M. |
| Weizen . . | 672 887 | 104,1 | 998 784 | 133,5 | 1 974 833 | 332,4 |
| Roggen . . | 879 784 | 98,1 | 817 241 | 91,6 | — 481 583 | — 81,6 |
| Hafer . . | 187 256 | 21,8 | 356 853 | 36,0 | 280 727 | 29,7 |
| Gerste . . | 728 867 | 96,7 | 751 458 | 88,3 | 2 969 413 | 404,4 |
| Zusammen. | 2 468 794 | 320,7 | 2 924 336 | 349,4 | 4 742 390 | 684,9 |

Aus diesen Zahlen geht eines mit Deutlichkeit hervor: Der Einfuhrüberschuß hat sich im letzten Jahrzehnt stark gesteigert: von 349,4 auf 684,9 Millionen Mark. An der Spitze steht Gerste, der Weizen in nur geringem Abstand folgt, während Hafer bloß einen Einfuhrüberschuß von 29,7 Millionen Mark hat. Eine eigenartige Entwicklung hat, wie schon bemerkt, der Roggenhandel genommen, der früher stets passiv war, jetzt aber schon mit 81,6 Millionen Mark aktiv ist. Die Verschiebung in den letzten Jahren ist geradezu staunenswert. An solche Folgewirkungen des Einfuhrscheinwesens hat bei seiner Einführung kaum jemand gedacht. Man rechnete damals mit einer Zollanrechnung von etwa 1 600 000 Mark, stellte sich also die zu erwartende Ausfuhr sehr gering vor. Statt dessen hat der Ertrag der in Anrechnung genommenen Einfuhrscheine die folgende Entwicklung genommen (in Millionen Mark):

| | | | |
|---|---|---|---|
| 1894: | 7 | 1904: | 31 |
| 1895: | 9 | 1905: | 33 |
| 1896: | 8 | 1906: | 57 |
| 1897: | 14 | 1907: | 54 |
| 1898: | 14 | 1908: | 99 |
| 1899: | 20 | 1909: | 99 |
| 1900: | 22 | 1910: | 122 |
| 1901: | 15 | 1911: | 105 |
| 1902: | 15 | 1912: | 126 |
| 1903: | 21 | | |

Um die G e t r e i d e e i n f u h r in ihrer Bedeutung für die deutsche Volkswirtschaft richtig einschätzen zu können, muß sie der i n l ä n d i s c h e n P r o d u k t i o n gegenübergestellt werden. Dies ist auf der folgenden Tabelle geschehen.

Tabelle 28.

| | Weizen in Mill. t | | | Roggen in Mill. t | | | Hafer in Mill. t | | | Gerste in Mill. t | | |
|---|---|---|---|---|---|---|---|---|---|---|---|---|
| | 1890 | 1900 | 1912 | 1890 | 1900 | 1912 | 1890 | 1900 | 1912 | 1890 | 1900 | 1912 |
| Produktion in Deutschland . . . | 2,83 | 3,84 | 4,36 | 5,87 | 8,55 | 11,60 | 4,91 | 7,09 | 8,52 | 2,28 | 3,00 | 3,48 |
| Nettoeinfuhr bzw. Ausfuhr (−) . . | 0,67 | 0,99 | 1,99 | 0,88 | 0,82 | −0,48 | 0,18 | 0,35 | 0,28 | 0,73 | 0,75 | 2,97 |
| Gesamtbedarf . . . | 3,50 | 4,83 | 6,35 | 6,75 | 9,37 | 11,12 | 5,09 | 7,44 | 8,80 | 3,01 | 3,75 | 6,45 |
| Prozent der Einfuhr bzw. Ausfuhr (−) . . . . | 19,1 | 20,5 | 31,2 | 13,0 | 8,7 | −4,3 | 3,5 | 4,7 | 3,6 | 24,2 | 20,0 | 46,0 |

An dieser Aufstellung ist zunächst zu bemerken, daß
sie auf unbedingte Zuverlässigkeit keinen Anspruch machen
kann. Die Fehlerquelle liegt in der Produktionsstatistik.
Bis zum Jahre 1898 erfolgte die Feststellung der Ernte
durch die Gemeinde= und Gutsvorsteher. Seitdem werden
die Schätzungen von etwa 7000 Sachverständigen vor=
genommen, die jeder über einen Bezirk von 50 bis
100 Quadratkilometer zu berichten haben. Sofort nachdem
diese neue Erhebungsart zur Durchführung gekommen
war, ergab sich eine Erhöhung der Produktionsziffer von
12 bis 19 %. Es ist sehr wahrscheinlich, daß die Sach=
verständigen von ihrer eigenen überdurchschnittlichen
Wirtschaft auf den minder guten Gesamtdurchschnitt
schließen. Vielleicht spielt auch das psychologische Moment,
die Ernte mit Vorliebe hoch einzuschätzen, eine Rolle.
Die Ernte ist deshalb wahrscheinlich geringer, als es nach
der deutschen Erntestatistik den Anschein hat. Demgemäß
vergrößert sich auch der Anteil der Mehreinfuhr, was zu
beachten ist. Immerhin gibt die obige Statistik gewisse
Annäherungswerte, die, unter ausdrücklichem Vorbehalt,
den nachfolgenden Erörterungen zugrunde gelegt werden
sollen. Betrachten wir zunächst das Brotgetreide: Weizen

und Roggen. Die Zahlen bestätigen, was wir früher aus=
geführt haben: Beider Produktion hat seit dem Jahre 1890
beträchtlich gesteigert werden können. Die Roggenpro=
duktion hat sich sogar mehr als verdoppelt. Beim Wei=
zen hat aber trotzdem eine erhebliche Einfuhrsteigerung
stattgefunden; nahezu ein Drittel des deutschen Bedarfs
stammt aus dem Ausland. Die Ausfuhr von 13 % beim
Roggen hat sich hingegen in eine Ausfuhr von 4,3 %
des Gesamtbedarfs umgewandelt. Bei der Würdigung
dieser Zahlen muß aber noch der A u s f u h r ü b e r =
s c h u ß  a n  M e h l  in Betracht gezogen werden. Für
die letzten 25 Jahre ergibt sich dann insgesamt die fol=
gende Entwicklung:

T a b e l l e  29.

M e h r e i n f u h r  b z w.  A u s f u h r  (—)  v o n  B r o t =
g e t r e i d e  u n d  M e h l  1888—1912  i n  M i l l i o n e n
T o n n e n.

| Jahr | Weizen | Roggen | Mehl | Brotgetreide nach Abzug der Mehlausfuhr | Jahr | Weizen | Roggen | Mehl | Brotgetreide nach Abzug der Mehlausfuhr |
|---|---|---|---|---|---|---|---|---|---|
| 1888 | 0,34 | 0,65 | —0,14 | 0,85 | 1901 | 2,04 | 0,77 | —0,07 | 2,81 |
| 1889 | 0,52 | 1,06 | —0,13 | 0,14 | 1902 | 1,99 | 0,87 | —0,09 | 2,77 |
| 1890 | 0,67 | 0,88 | —0,10 | 1,45 | 1903 | 1,75 | 0,61 | —0,12 | 2,24 |
| 1891 | 0,91 | 0,84 | —0,09 | 1,66 | 1904 | 1,86 | 0,12 | —0,16 | 1,81 |
| 1892 | 1,30 | 0,55 | —0,08 | 1,77 | 1905 | 2,12 | 0,25 | —0,18 | 2,19 |
| 1893 | 0,70 | 0,22 | —0,12 | 0,81 | 1906 | 1,81 | 0,41 | —0,11 | 2,10 |
| 1894 | 1,07 | 0,60 | —0,18 | 1,50 | 1907 | 2,36 | 0,38 | —0,12 | 2,61 |
| 1895 | 1,27 | 0,93 | —0,15 | 2,05 | 1908 | 1,83 | —0,25 | —0,20 | 1,38 |
| 1896 | 1,58 | 0,99 | —0,12 | 2,45 | 1909 | 2,22 | —0,38 | —0,26 | 1,59 |
| 1897 | 1,01 | 0,75 | —0,15 | 1,61 | 1910 | 2,07 | —0,44 | —0,34 | 1,33 |
| 1898 | 1,34 | 0,78 | —0,04 | 2,09 | 1911 | 2,18 | —0,15 | —0,40 | 1,62 |
| 1899 | 1,17 | 0,44 | —0,14 | 1,48 | 1912 | 1,99 | —0,47 | —0,37 | 1,14 |
| 1900 | 0,99 | 0,82 | —0,12 | 1,70 | | | | | |

Danach ergibt sich die überraschende Tatsache, daß trotz der gewaltigen Bedarfssteigerung die Mehreinfuhr von Brotgetreide in den letzten Jahren a b g e n o m m e n hat. Es ist dies zweifellos zum erheblichen Teile eine Folge der handelspolitischen Maßnahmen in neuerer Zeit. Nunmehr kommen wir zur Einfuhr von D i e h und S l e i s ch. Wir geben die Nettoeinfuhr und stellen aus besagten Gründen der Vorsicht die Jahre 1905 und 1912 einander gegenüber.

T a b e l l e 30.
Nettoeinfuhr von Dieh und Fleisch 1905 und 1912 in Stück bzw. Doppelzentner.

|  | 1905 | 1912 |
|---|---|---|
| Pferde . . . . . . . . . | 123 835 | 124 963 |
| Ochsen . . . . . . . . . | 71 821 | 39 358 |
| Kühe . . . . . . . . . | 126 100 | 84 360 |
| Jungvieh bis zu 2½ Jahren . . | 104 902 | 67 699 |
| Schweine (außer Spanferkeln) . | 67 389 | 127 159 |
| Stiere . . . . . . . . . | 9 479 | 6 741 |
| Fleisch und Zubereitungen von Fleisch . . . . . . . . . | 523 340 dz | 718 432 dz |

Daraus ergibt sich, daß der Einfuhrüberschuß von Pferden stabil geblieben ist, von Ochsen sich beinahe um die Hälfte, von Kühen um etwa ein Drittel v e r r i n g e r t hat. Verdoppelt hat sich die Einfuhr von Schweinen, während die Einfuhr von Fleisch um etwa 50 % gestiegen ist. Dies sind für die deutsche Viehwirtschaft sehr günstige Zahlen, denn der J n l a n d s k o n s u m ist in der Ver= gleichszeit auch in bezug auf Schweine erheblich schneller gewachsen als die Einfuhr. Die starke Vermehrung der deutschen Viehbestände, von der später noch die Rede sein wird, ist deshalb durchaus auf das Jnland zurück=

zuführen. Allerdings haben dabei ausländische Futter=
mittel eine große Rolle gespielt.

Wenden wir uns, kürzer, einigen anderen Nahrungs=
mitteln zu. Der Raumersparnis halber lassen wir hier
Relativzahlen fort.

Tabelle 31.

Einfuhr wichtiger Nahrungsmittel
im Jahre 1913.

| | in Mill. M. | | in Mill. M. |
|---|---|---|---|
| Eier, Eigelb . . . | 194,1 | Reis . . . . . | 103,9 |
| Schmalz . . . . | 146,7 | Obst und Beeren . | 73,0 |
| Milchbutter und | | Fische, frisch . . . | 59,9 |
| Butterschmalz . . | 118,7 | | |

Insgesamt handelt es sich hier um einen Posten von
fast 700 Millionen Mark, dem eine nennenswerte Ausfuhr
nicht gegenübersteht. Alle hier nicht genannten Posten
sind niedriger als die obige kleinste Summe. Nebenbei
bemerkt, ist es für die deutsche Geflügelzucht kein Ruhmes=
zeugnis, daß Deutschland immer noch eine so große Ein=
fuhr von Eiern hat. Verhältnismäßig niedrig ist in Deutsch=
land der Reiskonsum, denn von dem obigen Betrage
gingen für 43 Millionen Mark polierter Reis wieder
hinaus.

Tabelle 32.

Einfuhr wichtiger Genußmittel im Jahre 1913.

| | in Mill. M. | | in Mill. M. |
|---|---|---|---|
| Kaffee . . . . . | 219,8 | Kakaobohnen . . | 67,1 |
| Tabakblätter . . . | 134,3 | Wein in Fässern . | 53,5 |

Das ist ein Posten von 475 Millionen Mark, für den mit entsprechender Ausfuhr auf anderen Gebieten bezahlt werden muß. Hierfür kommt besonders Zucker in Betracht, von dem Deutschland im Jahre 1913 für 264 Millionen Mark ausführte!

Tabelle 33.

Einfuhr von Produkten, die der Ernährung und der Fütterung oder landwirtschaftlichen und gewerblichen Zwecken dienen (1913).

|  | in Mill. M. |  | in Mill. M. |
|---|---|---|---|
| Chilesalpeter . . | 171,9 | Ölkuchen . . . . | 118,6 |
| Kleie, Reisabfälle . | 149,4 | Palmkerne . . . | 104,0 |
| Leinsaat . . . . | 129,7 | Mais . . . . . | 101,9 |
| Kopra . . . . . | 121,9 |  |  |

Wiederum 937 Millionen Mark! Als Gegenwert kommen vor allem die Kalisalze in Betracht, deren wir im Jahre 1913 für 63 Millionen Mark ausführten. Außerdem etliche andere Düngemittel der chemischen Industrie. Im ganzen aber müssen die Äquivalente auf anderen Gebieten beschafft werden.

Wir kommen nunmehr zu den industriellen Rohstoffen und wollen hier eine Entwicklungsreihe geben.

Tabelle 34.

Einfuhr von Rohmaterial für industrielle Zwecke.

| Warengattung | Wert in Millionen Mark | | | | |
|---|---|---|---|---|---|
|  | 1913 | 1912 | 1911 | 1910 | 1909 |
| Kupfer, roh . . . . . | 335,3 | 313,0 | 231,0 | 216,2 | 189,8 |
| Eisenerze . . . . . . | 227,1 | 201,1 | 178,6 | 161,3 | 126,6 |
| Steinkohlen . . . . . | 204,6 | 191,0 | 179,3 | 157,8 | 166,3 |
| Erdöl, gereinigt . . . . | 69,9 | 62,9 | 46,8 | 55,0 | 63,0 |

| Warengattung | Wert in Millionen Mark | | | | |
|---|---|---|---|---|---|
| | 1913 | 1912 | 1911 | 1910 | 1909 |
| Braunkohlen . . . . . | 69,2 | 69,0 | 70,7 | 70,3 | 77,6 |
| Zinn, roh, Bruchzinn . . | 58,2 | 64,9 | 55,3 | 43,8 | 36,7 |
| Schmieröle, mineralische . | 45,8 | 41,3 | 35,0 | 29,0 | 29,6 |
| Baumwolle, roh . . . | 607,1 | 579,8 | 604,1 | 560,9 | 532,2 |
| Schafwolle, roh . . . . | 412,7 | 405,9 | 371,7 | 398,8 | 356,8 |
| Jute, roh; Jutewerg . . | 94,0 | 74,7 | 62,3 | 42,3 | 51,6 |
| Wolle, gekämmt . . . | 61,4 | 86,1 | 74,5 | 79,6 | 85,7 |
| Flachs, roh, gebrochen ge=schwungen . . . . . | 57,6 | 67,7 | 45,6 | 40,8 | 36,1 |
| Rohseide, ungefärbt . . | 158,0 | 146,9 | 136,4 | 147,5 | 157,8 |
| Rinds= und Büffelhäute . | 321,8 | 250,8 | 207,2 | 206,6 | 168,2 |
| Felle zu Pelzwerk . . . | 187,8 | 194,8 | 161,7 | 210,3 | 217,5 |
| Kalbfelle . . . . . . | 94,7 | 84,2 | 75,4 | 73,3 | 83,9 |
| Lamm=, Schaf=, Ziegen=, Zickelfelle . . . . . | 72,6 | 62,0 | 48,6 | 51,6 | 60,3 |
| Därme, Magen, Blasen . | 59,3 | 55,6 | 55,3 | 53,9 | 51,8 |
| Kautschuk, Guttapercha, Balata . . . . . . | 146,8 | 184,8 | 194,6 | 270,4 | 153,8 |
| Nadelholz, geprägt . . . | 135,3 | 151,2 | 135,4 | 123,2 | 106,3 |
| Nadelholz, roh . . . . | 97,0 | 96,7 | 92,8 | 84,4 | 81,5 |

Diese Tabelle zeigt vor allem das eine: Um seine in=
dustrielle Tätigkeit in dem eingeschlagenen Tempo zu
halten, um ein überwiegender Industriestaat zu sein, muß
Deutschland in wachsendem Umfange Rohmaterialien aus
dem Auslande beziehen. In manchen Fällen ist sogar die
ganze Tätigkeit von vornherein auf das Ausland ange=
wiesen. Man denke an Jute und Baumwolle.

Von den Mineralien steht Rohkupfer an der Spitze,
dessen Einfuhr sich seit 1909 von 189 auf 335 Millionen
Mark vermehrt hat. Mit einem Betrage von 227 Mil=
lionen Mark folgen Eisenerze. Steinkohlen beziehen wir
für 204 Millionen Mark. Doch ist die Ausfuhr mehr als
doppelt so groß. Daß wir sie überhaupt aus dem Auslande
erhalten, hängt mit den günstigen Seefrachtverhältnissen

zuſammen, die es England ermöglichen, an den Küſten=
ſtrichen und den Flußplätzen mit Rheinland=Weſtfalen und
Schleſien zu konkurrieren.

Aus der Gruppe Textilrohmaterialien ſei zunächſt die
Baumwolle genannt. Der dafür bezahlte Betrag betrug
im Jahre 1913 ſchon 607 Millionen Mark. Er geht in der
Hauptſache nach Amerika, demnächſt nach Ägypten und
Indien. Dieſe Abhängigkeit vom Auslande wird immer
beſtehen bleiben. Vielleicht iſt es aber im Laufe der Zeit
möglich, einen größeren Teil des Bedarfs in deutſchen
Kolonien zu decken. Die Abhängigkeit von Amerika kann
dadurch verringert werden, daß in anderen Teilen der
Welt — z. B. in Vorderaſien — in größerem Umfange
Baumwollkulturen ins Leben gerufen werden. Was in
dieſer Beziehung möglich iſt, hat Rußland in Turkeſtan
gezeigt. Im allgemeinen wird man aber gut tun, ſich
keinen zu großen Hoffnungen hinzugeben. Zum mindeſten
muß mit großen Zeitläuften gerechnet werden.

Beträchtlich iſt auch die Einfuhr von Schafwolle: mehr
als 400 Millionen Mark im letzten Jahre. Wie ſchon
bemerkt, hängt dies mit dem infolge intenſiver betriebener
Landwirtſchaft eingetretenen Rückgang der deutſchen Schaf=
zucht zuſammen. Auch der Flachsbau hat in Deutſchland
ſeine frühere Blüte verloren. Für Rohſeide gaben wir
1913 mehr als 150 Millionen Mark ins Ausland.

Die dritte Gruppe der Tabelle umfaßt Häute und Felle
mit einem Betrage von mehr als 700 Millionen Mark.
Die heimiſche Landwirtſchaft vermag auch hier den Bedarf
der Induſtrie nicht zu decken.

In der vierten Gruppe ſticht der große Holzbezug
hervor. Doch hat auch die Einfuhr von Kautſchuk erheb=
lichen Umfang angenommen. Darüber iſt ſchon früher
geſprochen worden.

Deutschland hat, wie wir sahen, auch eine ziemlich er=
hebliche Ausfuhr von Rohmaterial und Halbzeug für
industrielle Zwecke. Die nachstehende Tabelle gibt eine
nähere Übersicht für die Jahre 1909—1913.

Tabelle 35.

Ausfuhr wichtiger industrieller Rohstoffe
und Halbfabrikate.

| Warengattung | Wert in Millionen Mark | | | | |
|---|---|---|---|---|---|
| | 1913 | 1912 | 1911 | 1910 | 1909 |
| Steinkohlen . . . . . | 516,4 | 436,6 | 368,0 | 323,3 | 313,0 |
| Felle zu Pelzwerk . . . | 225,4 | 211,5 | 170,5 | 193,0 | 158,3 |
| Schmiedbares Eisen in Stäben . . . . . . | 204,6 | 166,0 | 124,2 | 113,8 | 96,8 |
| Koks . . . . . . | 146,7 | 126,4 | 96,1 | 84,9 | 70,4 |
| Eisenblech . . . . . | 102,8 | 77,3 | 66,5 | 55,3 | 51,7 |
| Roheisen und andere nicht schmiedbare Eisenlegie= rungen . . . . . | 65,4 | 72,9 | 52,4 | 45,0 | 28,5 |
| Luppeneisen, Rohschienen, Jngots (Stahlblöcke) . . | 65,3 | 62,2 | 53,2 | 45,0 | 41,8 |
| Rindshäute u. Büffelhäute | 81,4 | 70,9 | 58,9 | 66,2 | 56,5 |
| Baumwolle, roh . . . | 56,0 | 52,8 | 49,9 | 61,9 | 54,5 |
| Zink, rohes; Bruchzink . | 54,8 | 52,6 | 39,9 | 40,5 | 36,5 |
| Schafwolle, roh . . . . | 49,6 | 48,0 | 40,4 | 43,3 | 44,0 |
| Wolle aus Tierhaaren, ge= kämmt, gekrempelt . . | 47,6 | 47,5 | 46,3 | 45,0 | 41,1 |
| Preßkohlen aus Stein= kohlen . . . . . . | 44,8 | 37,7 | 34,3 | 27,6 | 22,0 |
| Kautschuk, Guttapercha, Balata . . . . . . | 28,0 | 43,3 | 39,8 | 49,0 | 31,7 |

An der Spitze stehen die Steinkohlen, von denen schon
die Rede war. Auch die Ausfuhr von Koks ist erheblich.
Im übrigen handelt es sich zumeist um Erzeugnisse der
schweren Industrie, oder aber um bloße Wiederausfuhr
bezogener Rohstoffe. Sogenannte ursprüngliche Rohstoffe
sind, von Kohle abgesehen, nicht dabei. Deutschland darf

durchaus als ein Land angesprochen werden, das mit
Ausnahme von Kohle und Salz unveränderte Naturstoffe
in größeren Mengen nicht abzugeben hat. Der Grad der
Verarbeitung auf dem langen Wege bis zum Fertig=
fabrikat ist freilich sehr unterschiedlich und eben deshalb
die trotz aller gewerblichen Entwicklung so erhebliche Aus=
fuhr von „Rohmaterialien und Halbfabrikaten" für in=
dustrielle Zwecke.

Betrachten wir schließlich die Fertigerzeugnisse. Hier
haben wir es mit dem großen Aktivposten des deutschen
Außenhandels zu tun. In ihm findet sich ein erheblicher
Teil der aus dem Auslande bezogenen Rohstoffe in ver=
edelter Form wieder.

Tabelle 36.

Ausfuhr wichtiger Fertigerzeugnisse.

| Warengattung | Wert in Millionen Mark | | | | |
|---|---|---|---|---|---|
| | 1913 | 1912 | 1911 | 1910 | 1909 |
| Maschinen aller Art, auch Teile | 680,3 | 630,3 | 544,4 | 459,9 | 384,4 |
| Eisenwaren, soweit nach= stehend nicht genannt . . | 652,3 | 580,9 | 522,3 | 419,0 | 352,4 |
| Waren aus Kupfer und Kupferlegierung . . . | 130,8 | 108,1 | 94,2 | 84,5 | 68,5 |
| Eiserne Röhren, gewalzt oder gezogen . . . . | 84,2 | 67,1 | 50,8 | 35,4 | 36,2 |
| Eisendraht . . . . . . | 76,2 | 69,6 | 64,1 | 58,9 | 52,1 |
| Eisenbahnschienen, =schwel= len, =laschen, =unterlags= platten . . . . . . | 73,7 | 79,9 | 68,4 | 72,0 | 50,9 |
| Personenmotorwagen . . | 71,0 | 65,1 | 42,3 | 29,1 | 17,0 |
| Elektrische Maschinen . . | 56,5 | 51,3 | 47,0 | 38,7 | 30,2 |
| Glühlampen, elektrische . | 48,1 | 50,4 | 45,8 | 49,5 | 36,4 |
| Kabel zur Leitung elektri= scher Ströme . . . . | 39,3 | 32,3 | 31,4 | 47,4 | 47,0 |
| Elektrische Vorrichtung für Beleuchtung, Kraftüber= tragung . . . . . . | 74,0 | 42,3 | 32,3 | 28,4 | 20,6 |

| Warengattung | Wert in Millionen Mark | | | | |
|---|---|---|---|---|---|
| | 1913 | 1912 | 1911 | 1910 | 1909 |
| Baumwollenwaren . . . | 446,5 | 421,6 | 389,9 | 364,6 | 321,3 |
| Wollenwaren . . . . . | 270,9 | 253,4 | 262,4 | 263,2 | 255,4 |
| Seidenwaren . . . . . | 202,4 | 190,9 | 193,5 | 184,7 | 164,7 |
| Kleider, Putzwaren . . . | 132,0 | 118,3 | 112,5 | 103,8 | 87,7 |
| Wollengarn . . . . . | 90,6 | 84,2 | 88,1 | 77,5 | 60,2 |
| Baumwollengarn, =zwirn . | 61,1 | 64,1 | 59,2 | 54,8 | 48,9 |
| Papier, Pappe und Waren daraus . . . . . . | 262,8 | 232,2 | 225,2 | 215,0 | 198,0 |
| Anilin= und Teerfarbstoffe . | 142,1 | 133,8 | 116,5 | 125,8 | 117,7 |
| Indigo . . . . . . . | 53,3 | 45,2 | 41,8 | 39,6 | 39,5 |
| Waren aus weichem Kaut= schuk ohne Fahrzeugteile . | 57,5 | 47,3 | 43,9 | 41,4 | 32,5 |
| Oberleder . . . . . . | 114,5 | 109,2 | 95,5 | 85,9 | 81,9 |
| Lederwaren . . . . . | 114,2 | 98,1 | 81,6 | 78,5 | 74,3 |
| Kinderspielzeug, Christ= baumschmuck. . . . . | 103,3 | 92,3 | 90,6 | 86,1 | 76,1 |
| Hohlglas . . . . . . | 62,9 | 53,5 | 50,9 | 47,5 | 41,4 |
| Porzellanwaren . . . . | 50,7 | 47,5 | 47,2 | 42,9 | 39,4 |
| Klaviere, Orgeln, Teile da= von . . . . . . . | 55,5 | 53,4 | 51,9 | 44,2 | 38,8 |
| Bücher, Karten, Musikalien | 74,3 | 66,0 | 64,3 | 62,2 | 61,5 |

Die Tabelle umfaßt insgesamt für 4,2 Milliarden Mark Fabrikate. Da deren Gesamtausfuhr im Jahre 1913 6,4 Milliarden Mark betrug, umschließen die Angaben in der Tat nur die wichtigsten Posten. Der niedrigste hier angegebene Ausfuhrwert ist 39 Millionen Mark (1913).

Obenan steht die Metallindustrie. Die aufgezählten Ausfuhrwaren beziffern sich auf fast 2 Milliarden Mark. Es folgen die wichtigeren Warengattungen der Textil= industrie mit 1,2 Milliarden Mark, an deren Spitze die Baumwollwaren mit zuletzt 446 Millionen Mark. In der dritten Gruppe sind Papierindustrie und chemische Industrie vereinigt. Die letztere umfaßt verhältnismäßig viele

Poſten mittlerer Größe, ſo daß ihre Ausfuhrbedeutung
kleiner erſcheint als ſie iſt. Nur die Farbeninduſtrie tritt
ihrer Bedeutung entſprechend hervor. Insgeſamt hatte
die chemiſche Induſtrie (im weiteſten Umfang) im
Jahre 1913 einen Export im Werte von 956 Millionen
Mark! In der vierten Gruppe halten ſich Oberleder und
Lederwaren mit 114 Millionen Mark die Wage. In der
fünften dominiert das Kinderſpielzeug, deſſen Ausfuhrwert
im Jahre 1913 über 100 Millionen Mark betrug. Die
ſechſte Gruppe endlich enthält Bücher, Karten und Muſi=
kalien, deren Ausfuhr in ſtändigem Steigen begriffen iſt;
ſie belief ſich zuletzt auf 74 Millionen Mark.

Im ganzen illuſtrieren dieſe Zahlen unſere Ausfüh=
rungen über die induſtrielle Entwicklung Deutſchlands. Die
dort beſonders hervorgehobenen Gewerbezweige kehren
auch hier wieder.

Deutſchland hat nun aber, wie wir ſahen, auch eine
erhebliche E i n f u h r von Fertigerzeugniſſen. Den wich=
tigſten Anteil daran haben die Garne und Zwirne, im Be=
trage von weit über 200 Millionen Mark. Die Urſachen
dieſer Einfuhr liegen, wie ſchon ausgeführt, hauptſächlich
in techniſchen und klimatiſchen Vorzügen Englands be=
gründet. Aber auch an Baumwollwaren führte Deutſch=
land im Jahre 1913 für 72 Millionen Mark ein, an Woll=
waren für 43 Millionen Mark. Dazu kommen 80 Mil=
lionen für Maſchinen aller Art. Die übrigen Poſten ſind
kleiner. Es iſt eine charakteriſtiſche Begleiterſcheinung der
weltwirtſchaftlichen Entwicklung, daß hochentwickelte In=
duſtrieſtaaten ſich vielfach gegenſeitig mit dem verſorgen,
was ſie auch ſelbſt herſtellen können. Von einem „Auf=
einanderangewieſenſein“ kann dabei oft gar keine Rede
ſein. Es gibt beiſpielsweiſe deutſche Schreibmaſchinen, die
den amerikaniſchen, deutſche Stoffe, die den engliſchen,

deutsche Lampen, die den böhmischen, deutsche Streich=
hölzer, die den schwedischen, deutsche Gummischuhe, die
den russischen, deutsche Teppiche, die den persischen an
Qualität nicht nachstehen. Trotzdem werden diese Güter
in ungeheuren Mengen ausgetauscht. Die Ursache liegt
zum Teil in den billigeren Transportverhältnissen zwischen
Nachbargebieten, zum Teil spielt Mode, Geschmack (viel=
fach auch Einbildung), kaufmännisches Organisations=
talent, Reklame, Auslandsmanie u. dgl. eine Rolle. Das
ökonomische Prinzip kommt dabei für den einzelnen zwar
p s y c h o l o g i s c h in der Regel auf seine Rechnung, in
Wirklichkeit aber höchst selten. Noch weniger ist dies der
Fall, wenn Fabrikate zunächst in ein anderes Land gehen,
um dann von dort als „Originalprodukt" zurückzukehren.
So z. B. wenn deutsche Zylinderhüte nach Wien gebracht,
dort etikettiert werden und dann als „echte" Wiener
Zylinderhüte den Weg nach Berlin zurückfinden und der
„Kenner" sie hier allen „deutschen Fabrikaten" vorzieht.
Es ließe sich mit Leichtigkeit eine große Anzahl von Bei=
spielen hinzufügen.

Zum Schluß dieser Übersicht sei in Anlehnung an die
Wareneinteilung der deutschen Reichsstatistik der gesamte
Außenhandel in seiner wichtigsten Gliederung übersicht=
lich zusammengestellt.

Tabelle 37.
Die Gesamtgliederung des deutschen Außen=
handels im Jahre 1913 (in Millionen Mark).

| | Einfuhr | Ausfuhr |
|---|---|---|
| 1. Erzeugnisse der Land= und Forstwirtschaft und andere tierische und pflanzliche Natur= erzeugnisse; Nahrungs= und Genußmittel | 7040,786 | 1728,993 |
| A. Erzeugnisse des Acker=, Garten= und Wiesenbaues . . . . . . . . | 3463,268 | 572,040 |

|  | Einfuhr | Ausfuhr |
|---|---|---|
| B. Erzeugnisse der Forstwirtschaft . . | 635,840 | 87,812 |
| C. Tiere und tierische Erzeugnisse . . | 2380,812 | 339,732 |
| D. Erzeugnisse landwirtschaftlicher Nebengewerbe . . . . . . . . . . | 514,997 | 623,876 |
| E. Erzeugnisse der Nahrungs= und Genußmittelgewerbe, in den Unterabschnitten A bis D nicht inbegriffen . . | 45,869 | 105,533 |
| 2. Mineralische und fossile Rohstoffe; Mineralöle . . . . . . . . . . | 1110,541 | 884,573 |
| A. Erden und Steine . . . . . . | 169,941 | 73,319 |
| B. Erze, Schlacken, Aschen . . . . | 457,583 | 24,675 |
| C. Fossile Brennstoffe . . . . . | 289,561 | 722,562 |
| D. Mineralöle und sonstige fossile Rohstoffe . . . . . . . . . . | 186,281 | 20,652 |
| E. Steinkohlenteer, Steinkohlenteeröle und Steinkohlenteerstoffe . . . . . | 7,175 | 43,365 |
| 3. Zubereitetes Wachs, feste Fettsäuren, Paraffin und ähnliche Kerzenstoffe, Lichte, Wachswaren, Seifen u. a. unter Verwendung von Fetten, Ölen oder Wachs hergestellte Waren . . . . . . . . . | 27,478 | 52,166 |
| 4. Chemische und pharmazeutische Erzeugnisse, Farben und Farbwaren . . . | 441,690 | 956,111 |
| A. Chemische Grundstoffe, Säuren, Salze und sonstige Verbindungen chemischer Grundstoffe, anderweit nicht genannt | 280,719 | 377,097 |
| B. Farben und Farbwaren . . . . | 21,043 | 298,109 |
| C. Firnisse, Lacke, Kitte . . . . . | 3,800 | 7,357 |
| D. Äther; Alkohole, a. n. g. oder inbegriffen; flüchtige (ätherische) Öle, künstliche Riechstoffe, Riech= und Schönheitsmittel (Parfümerien und kosmetische Mittel) . . . . . . . | 61,486 | 44,429 |
| E. Künstliche Düngemittel . . . . | 32,215 | 54,201 |
| F. Sprengstoffe, Schießbedarf und Zündwaren . . . . . . . . . . | 1,507 | 74,058 |
| G. Chemische und pharmazeutische Erzeugnisse, a. n. g. . . . . . . | 40,920 | 100,860 |
| 5. Bearbeitete tierische und pflanzliche Spinnstoffe und Waren daraus; Menschenhaare; zugerichtete Schmuckfedern; Fächer und Hüte . . . . . . . . . . . . . | 863,841 | 1560,630 |

| | Einfuhr | Ausfuhr |
|---|---|---|
| A. Seide . . . . . . . . . . | 264,055 | 256,190 |
| B. Wolle u. a. Tierhaare (mit Ausnahme der Pferdehaare aus der Mähne und dem Schweife) . . . . . . . | 240,956 | 444,362 |
| C. Baumwolle . . . . . . . | 224,101 | 535,410 |
| D. Andere pflanzliche Spinnstoffe . . | 66,398 | 53,308 |
| E. Buchbinderzeugstoffe, Pausleinwand, wasserdichte Gewebe, Gewebe mit aufgetragenen Schleif- oder Poliermitteln; Linoleum und ähnliche Stoffe . . . | 1,477 | 25,473 |
| F. Watte, Filze u. nicht genähte Filzwaren | 2,919 | 12,604 |
| G. Pferdehaare (aus der Mähne oder dem Schweife) und Waren daraus . . . | 3,098 | 4,252 |
| H. Kleider, Putzwaren und sonstige genähte Gegenstände aus Gespinstwaren oder Filzen, a. n. g. . . . . . . | 10,072 | 131,964 |
| J. Künstliche Blumen aus Gespinstwaren, Regen- und Sonnenschirme, Schuhe aus Gespinstwaren oder Filzen . . | 1,150 | 19,370 |
| K. Menschenhaare und Waren daraus, zugerichtete Schmuckfedern, Fächer und Hüte . . . . . . . . . . | 32,181 | 29,178 |
| L. Abfälle von Gespinstwaren u. dgl. . | 17,434 | 37,748 |
| 6. Leder und Lederwaren, Kürschnerwaren, Waren aus Därmen . . . . . . | 167,085 | 553,335 |
| A. Leder . . . . . . . . . . | 73,413 | 243,382 |
| B. Lederwaren . . . . . . . | 20,203 | 114,229 |
| C. Kürschnerwaren . . . . . . | 72,582 | 193,784 |
| D. Waren aus Därmen . . . . . | 0,020 | 0,333 |
| E. Abfälle . . . . . . . | 0,867 | 1,607 |
| 7. Kautschukwaren . . . . . . . | 24,241 | 128,286 |
| A. Waren aus weichem Kautschuk . . | 23,466 | 115,161 |
| B. Hartkautschuk und Hartkautschukwaren | 0,775 | 11,921 |
| 8. Geflechte und Flechtwaren aus pflanzlichen Stoffen mit Ausnahme der Gespinstfasern | 6,814 | 8,344 |
| A. Geflechte (mit Ausnahme der Sparterie) | 4,705 | 1,903 |
| B. Flechtwaren (mit Ausnahme der Hüte und der Sparteriewaren) . . . . | 2,057 | 6,355 |
| C. Sparterie und Sparteriewaren . . | 0,052 | 0,019 |
| 9. Besen, Bürsten, Pinsel und Siebwaren . | 2,147 | 12,395 |
| 10. Waren aus tierischen oder pflanzlichen Schnitz- oder Formerstoffen . . . . . | 70,382 | 164,439 |

| | Einfuhr | Ausfuhr |
|---|---|---|
| A. Waren aus tieriſchen Schnitzſtoffen . | 14,644 | 12,536 |
| B. Holzwaren . . . . . . . . | 24,649 | 73,004 |
| C. Korkwaren . . . . . . . . | 4,897 | 4,729 |
| D. Waren aus anderen pflanzlichen Schnitzſtoffen als Holz und Kork oder aus a. n. g. Formerſtoffen . . . | 26,192 | 74,170 |
| 11. Papier, Pappe und Waren daraus . . | 31,175 | 262,767 |
| 12. Bücher, Bilder, Gemälde . . . . . | 45,892 | 104,807 |
| 13. Waren aus Steinen oder anderen mineraliſchen Stoffen (mit Ausnahme der Tonwaren) ſowie aus foſſilen Stoffen . . | 32,827 | 34,107 |
| 14. Tonwaren . . . . . . . . . . | 7,029 | 112,802 |
| 15. Glas und Glaswaren . . . . . . . | 17,131 | 146,124 |
| 16. Edle Metalle und Waren daraus. . . | 29,139 | 73,698 |
|    A. Gold . . . . . . . . . . | 21,769 | 49,094 |
|    B. Silber . . . . . . . . . . | 7,370 | 22,628 |
| 17. Unedle Metalle und Waren daraus . . | 672,901 | 1904,506 |
|    A. Eiſen und Eiſenlegierungen . . . | 105,048 | 1337,574 |
|    B. Aluminium u. Aluminiumlegierungen | 25,243 | 23,213 |
|    C. Blei und Bleilegierungen . . . . | 31,065 | 31,877 |
|    D. Zink und Zinklegierungen . . . . | 27,338 | 74,806 |
|    E. Zinn und Zinnlegierungen . . . . | 59,021 | 39,926 |
|    F. Nickel und Nickellegierungen . . . | 11,728 | 9,051 |
|    G. Kupfer und Kupferlegierungen . . | 395,432 | 267,971 |
|    H. Waren, nicht unter die Unterabſchnitte A bis G fallend, aus unedlen Metallen oder aus Legierungen unedler Metalle | 18,026 | 114,757 |
| 18. Maſchinen, elektrotechniſche Erzeugniſſe, Fahrzeuge | 140,415 | 1145,730 |
|    A. Maſchinen . . . . . . . . . | 80,426 | 680,268 |
|    B. Elektrotechniſche Erzeugniſſe . . . | 12,825 | 290,262 |
|    C. Fahrzeuge . . . . . . . . . | 47,164 | 175,200 |
| 19. Feuerwaffen, Uhren, Tonwerkzeuge, Kinderſpielzeug . . . . . . . . . | 36,750 | 233,267 |
|    A. Feuerwaffen . . . . . . . . | 1,682 | 15,794 |
|    B. Uhren . . . . . . . . . . | 29,584 | 30,146 |
|    C. Tonwerkzeuge . . . . . . . . | 4,324 | 83,992 |
|    D. Kinderſpielzeug . . . . . . . | 1,160 | 103,335 |
| — Unvollſtändig angemeldete Waren . . . | 2,130 | 30,864 |

**Insgeſamt: Einfuhr 10 770, Ausfuhr 10 098 Mill. Mark.**

# B. Die territoriale Differenzierung.

## a) Allgemeine Übersicht.

Für eine Darlegung der territorialen Differenzie=
rung des deutschen Außenhandels versagt die Statistik für
die ältere Zeit leider vollständig. Erst von 1889 ab sind die
Grundlagen einigermaßen zuverlässig. Dies ist bedauerlich,
weil die Veränderung der Dinge naturgemäß gerade gegen=
über der älteren Zeit besonders deutlich in die Erscheinung
tritt, während Ende der achtziger Jahre die Weltverkehrs=
beziehungen schon verhältnismäßig stark ausgebildet waren.
Immerhin mögen ein paar Zahlen zeigen, daß auch seitdem
der Auslandsverkehr Deutschlands sich in seiner geographi=
schen Verbreitung gewaltig differenziert hat. Der Außenhan=
del Deutschlands belief sich im Jahre 1889 im Spezialhandel
auf 7343,5 Millionen Mark, wovon auf die Einfuhr 4087,1,
auf die Ausfuhr 3250,4 Millionen Mark fielen. Dieser Handel
hat in seiner territorialen Differenzierung die folgende Ent=
wicklung genommen.

Tabelle 38. Die territoriale Differenzierung
des deutschen Außenhandels.

| | 1889 | | | | 1913 | | | |
|---|---|---|---|---|---|---|---|---|
| | Einfuhr | | Ausfuhr | | Einfuhr | | Ausfuhr | |
| Erdteil | Total in Mill. M. | in Prozent der Gesamteinfuhr | Total in Mill. M. | in Prozent der Gesamtausfuhr | Total in Mill. M. | in Prozent der Gesamteinfuhr | Total in Mill. M. | in Prozent der Gesamtausfuhr |
| 1. Europa . | 3239,9 | 79,5 | 2509,7 | 77,1 | 5888,0 | 54,7 | 7677,5 | 76,1 |
| 2. Afrika . . | 39,6 | 0,9 | 22,1 | 0,7 | 496,8 | 4,6 | 210,8 | 2,1 |
| 3. Asien . . | 128,2 | 3,1 | 84,3 | 2,6 | 1049,8 | 9,8 | 548,0 | 5,5 |
| 4. Amerika . | 635,4 | 15,6 | 613,6 | 18,9 | 2994,6 | 27,8 | 1546,7 | 15,3 |
| 5. Australien u. Polynesien | 35,1 | 0,9 | 23,5 | 0,7 | 327,8 | 3,0 | 103,6 | 1,0 |
| 2–5 zusammen | 838,3 | 20,5 | 743,5 | 22,9 | 4869,0 | 45,2 | 2409,1 | 23,9 |

Harms, Deutschlands Anteil an Welthandel u. Weltschiffahrt. 8

Dieſe Zahlen ſind ſehr lehrreich. Weitaus an der Spitze ſteht in beiden Jahren E u r o p a. Das Verhältnis zwiſchen ihm und den anderen Erdteilen hat ſich aber doch erheb= lich verſchoben. Es hatte im Jahre 1889 mit 79,5, im Jahre 1913 aber nur noch mit 54,7% Anteil an der deutſchen Einfuhr! An der Ausfuhr war Europa im Jahre 1889 mit 77,1, im Jahre 1913 mit 76,0 % beteiligt.

Daraus geht hervor, daß für die deutſche Ausfuhr die Stellung Europas ſich nicht weſentlich verſchoben hat, während die Paſſivbeziehungen Deutſchlands eine un= gewöhnlich ſtark geſtiegene Abhängigkeit vom nicht= europäiſchen Ausland gezeitigt haben. Die deutſche Ein= fuhr aus Europa ſtieg von 3239,9 auf 5888 Millionen Mark = 81,7%. Die Einfuhr aus nichteuropäiſchen Ländern hin= gegen ſtieg von 838,3 auf 4869 Millionen Mark = 480,8%.

In dieſen Zahlen prägt ſich der vermehrte Bezug von Nahrungs= und Genußmitteln und Rohſtoffen deutlich aus. Man muß ſich vergegenwärtigen, was es für die Erweiterung der weltwirtſchaftlichen Beziehungen Deutſch= lands heißt, daß in dem kurzen Zeitraum von 24 Jahren ſein Bezug aus dem nichteuropäiſchen Ausland von 20,5 auf 45,2 % der geſamten Einfuhr geſtiegen iſt. Das iſt eine Verſchiebung, auf die nicht deutlich genug hingewieſen werden kann, denn durch ſie wird offenbar: d e r  e u r o= p ä i ſ c h e  A b ſ a t z  D e u t ſ c h l a n d s  b e r u h t  j e  l ä n g e r d e ſ t o  m e h r  a u f  a u ß e r e u r o p ä i ſ c h e r  E i n f u h r.

Es iſt nun freilich anzunehmen, daß in den obigen Zahlen die Wirklichkeit ſich nicht ganz konkret wider= ſpiegelt, denn manches, was wir nach England ausführen, findet zweifellos von dort ſeinen Weg nach Überſee, ſo daß beſagte Erſcheinung ſich für den Umfang dieſes Ver= kehrs auf ein handelstechniſches Problem reduziert. Ins= geſamt wird jene Entwicklungstendenz durch die in=

direkte Überseeausfuhr aber nicht beeinflußt, so daß sie faktisch und prinzipiell mit allen Konsequenzen bestehen bleibt. Diese aber gehen unter anderem dahin, daß Deutsch= land es nicht verstanden hat, die Ausfuhr nach wirtschaft= lichen Neuländern entsprechend seiner Einfuhr von dort zu steigern. Soweit hierfür die objektive geringere Aufnahme= fähigkeit jener Gebiete der Grund ist, wird der Zustand sich allmählich ändern. Wenn aber, wie es vielfach der Fall ist, die gestiegene Einfuhr der wirtschaftlichen Neu= länder hauptsächlich aus anderen europäischen (oder über= seeischen) Staaten kommt, so liegt für Deutschland ein volkswirtschaftliches Problem vor, das stark in die Handels= politik und auch in die Weltpolitik hinüberspielt. Dies wird noch deutlicher zum Ausdruck kommen, wenn wir nunmehr die wichtigsten Länder des deutschen Außenhandels betrachten.

Tabelle 39.
Die wichtigsten Länder des deutschen Außen= handels im Jahre 1913.

| Länder der Herkunft und Bestimmung | Einfuhr von | | | Ausfuhr nach | | |
|---|---|---|---|---|---|---|
| | in Mill. M. | %0 der Ge= samt=Einf. | Werte im Vergl. z.1907. Dieses = 100 | in Mill. M. | %0 der Ge= samt=Ausf. | Werte im Vergl. z.1907. Dieses = 100 |
| 1. Europa. | | | | | | |
| Rußland . . . . . | 1424,6 | 13,2 | 129 | 880,1 | 8,7 | 201 |
| England . . . . . | 875,9 | 8,1 | 90 | 1438,2 | 14,2 | 136 |
| Österreich=Ungarn . . | 827,5 | 7,7 | 102 | 1104,8 | 10,9 | 154 |
| Frankreich . . . . . | 583,2 | 5,4 | 129 | 789,9 | 7,8 | 176 |
| Belgien . . . . . . | 344,4 | 3,2 | 116 | 551,0 | 5,5 | 161 |
| Niederlande . . . | 333,0 | 3,1 | 146 | 693,7 | 6,9 | 153 |
| Italien . . . . . . | 317,6 | 3,0 | 111 | 393,4 | 3,9 | 130 |
| Schweden . . . . . | 224,2 | 2,1 | 130 | 229,8 | 2,3 | 123 |
| Schweiz . . . . . . | 213,3 | 2,0 | 101 | 536,1 | 5,3 | 120 |
| Spanien . . . . . | 198,7 | 1,8 | 142 | 143,0 | 1,4 | 218 |
| Dänemark . . . . . | 191,8 | 1,8 | 156 | 283,9 | 2,8 | 137 |

| Länder der Herkunft und Bestimmung | Einfuhr von | | | Ausfuhr nach | | |
|---|---|---|---|---|---|---|
| | in Mill. M. | % der Ge= samt=Einf. | Werte im Vergl. 3.1907. Dieses = 100 | in Mill. M. | % der Ge= samt=Ausf. | Werte im Vergl. 3.1907. Dieses = 100 |
| Norwegen . . . . . | 82,0 | 0,8 | 262 | 161,7 | 1,6 | 189 |
| Rumänien . . . . . | 79,7 | 0,7 | 53 | 140,0 | 1,4 | 204 |
| Türkei . . . . . . | 74,0 | 0,7 | 134 | 98,4 | 1,0 | 121 |
| 2. Afrika. | | | | | | |
| Britisch=Westafrika . . | 134,5 | 1,3 | 184 | 16,7 | 0,2 | 121 |
| Ägypten . . . . . | 118,4 | 1,1 | 147 | 43,4 | 0,4 | 110 |
| Britisch=Südafrika . . | 69,6 | 0,6 | 152 | 46,9 | 0,5 | 162 |
| Algerien . . . . . | 34,6 | 0,3 | 155 | 6,2 | 0,1 | 407 |
| Französisch=Westafrika . | 19,3 | 0,2 | 262 | 3,7 | — | — |
| Portugiesisch=Westafrika . | 18,1 | 0,2 | 121 | 5,5 | 0,1 | 105 |
| Deutsch=Ostafrika . . . | 14,6 | 0,1 | 259 | 16,5 | 0,2 | 136 |
| Kamerun . . . . . | 13,1 | 0,1 | 124 | 12,0 | 0,1 | 188 |
| Belgisch=Kongo . . . | 10,7 | 0,1 | 79 | 2,6 | — | 167 |
| Marokko . . . . . | 9,7 | — | — | 13,0 | — | — |
| 3. Asien. | | | | | | |
| Britisch=Indien . . | 541,8 | 5,0 | 153 | 150,7 | 1,5 | 147 |
| Niederl.=Indien usw. . | 227,6 | 2,1 | 123 | 98,7 | 1,0 | 231 |
| China . . . . . . | 130,5 | 1,2 | 230 | 122,9 | 1,2 | 194 |
| Japan . . . . . . | 46,6 | 0,4 | 160 | 122,7 | 1,2 | 120 |
| Ceylon . . . . . . | 41,9 | 0,4 | 277 | 5,0 | 0,1 | 234 |
| Britisch=Malakka usw. . | 24,3 | 0,2 | 103 | 14,7 | 0,1 | 123 |
| Siam . . . . . . | 14,1 | 0,1 | 212 | 8,5 | 0,1 | 130 |
| 4. Amerika. | | | | | | |
| Vereinigte Staaten von Amerika . . . . . | 1711,1 | 15,9 | 130 | 713,0 | 7,1 | 109 |
| Argentinien . . . . | 494,6 | 4,6 | 112 | 265,9 | 2,6 | 148 |
| Brasilien . . . . . | 247,9 | 2,3 | 126 | 199,8 | 2,0 | 192 |
| Chile . . . . . . | 199,8 | 1,9 | 139 | 97,9 | 1,0 | 115 |
| Kanada . . . . . . | 64,3 | 0,6 | 652 | 60,5 | 0,6 | 209 |
| Uruguay . . . . . | 43,2 | 0,4 | 191 | 35,8 | 0,4 | 107 |
| Bolivia . . . . . . | 40,7 | 0,4 | 189 | 12,0 | 2,6 | 136 |
| Guatemala . . . . . | 34,9 | 0,3 | 142 | 4,7 | — | 151 |
| Mexiko . . . . . . | 25,0 | 0,2 | 116 | 48,0 | — | 82 |
| 5. Australien u. Poly= nesien. | | | | | | |
| Australischer Bund . . | 296,8 | 2,8 | 130 | 103,6 | 0,9 | 145 |
| Neuseeland . . . . . | 10,1 | 0,1 | 524 | 10,7 | 0,1 | 200 |
| Deutsch=Neuguinea . . | 7,0 | — | 3603 | 1,9 | — | 296 |

Die auf dieser Tabelle nicht genannten Staaten sind am deutschen Außenhandel mit geringeren Werten beteiligt als der bei jedem Erdteil angeführte kleinste Betrag.

Die Tabelle bietet die Unterlagen für eine Fülle von Betrachtungen. Wir beschränken uns jedoch darauf, das Wichtigste kurz hervorzuheben.

## b) Europa.

Den größten Anteil an der deutschen E i n f u h r aus e u r o p ä i s c h e n Ländern hat R u ß l a n d. Dies wird zwar von den Russen lebhaft bestritten, weil die russische Statistik ein wesentlich anderes Bild ergibt. Nach ihr ist für das Jahr 1912 die Bilanz des russischen Handels mit Deutschland eine passive mit einem Minus von 65,4 Millionen Rubel, nach der deutschen Statistik aber eine aktive mit einem Plus von 848 Millionen Mark! Man sollte solche Unterschiede nicht für möglich halten. Sie bestehen aber, wenn auch nicht so stark, zwischen fast allen Statistiken der einzelnen Länder und hängen mit den verschiedenen Methoden der Anschreibung zusammen. Es wird allerdings behauptet, daß in Rußland die Statistik ein Verwaltungsinstrument sei, das im Interesse der jeweiligen politischen Absichten gehandhabt werde. Der Gelehrte vermag sich solchem Vorwurf nicht anzuschließen, weil jeglicher Beweis fehlt. Die Differenz beruht wohl in erster Linie darauf, daß Rußland auch alles, was im Wege der bloßen Durchfuhr über Deutschland zu ihm hereinkommt, als „Einfuhr aus Deutschland" anschreibt. Man möchte wünschen, daß nach dem Kriege auch der Vereinheitlichung der internationalen Statistik Aufmerksamkeit geschenkt wird.

Rußland bietet dem deutschen Wirtschaftsleben hauptsächlich agrarische Produkte. Den größten Betrag erreicht Futtergerste mit 325 Millionen Mark. Es folgen Holz 105,

Weizen 81, Eier 80, Butter 62, Kleie 59, Flachs 52, Öl=
kuchen 41, Roggen 35, Hafer 32, Gänſe 31, Pferde 25 Mil=
lionen Mark. Alle anderen Poſten ſind geringer. Die
Ausfuhr Deutſchlands nach Rußland umfaßt vornehmlich
Induſtrieerzeugniſſe, darunter an erſter Stelle Maſchinen
und Erzeugniſſe der Elektrizitätsinduſtrie für etwa 175 Mil=
lionen Mark. Weiter ſind von Bedeutung Fahrzeuge,
Steinkohle, Leder, Pflüge, chemiſche Produkte, Halbzeug
der Schwerinduſtrie uſw. Auffällig iſt, daß Deutſchland
im Jahre 1913 für 36 Millionen Mark Roggen nach Ruß=
land ausgeführt hat, alſo mehr, als es von dorther erhielt!
Dies „Phänomen" iſt an anderer Stelle ſchon beſprochen
worden. Ein lebhafter Austauſchverkehr beſteht zwiſchen
Deutſchland und Finnland, der in den obigen Zahlen nicht
eingeſchloſſen iſt. Die Einfuhr aus Finnland betrug 45,
die Ausfuhr dorthin 97 Millionen Mark. Erſtere umfaßt
Holz (30 Millionen Mark), Butter, Felle, Beeren, Holz=
ſtoff uſw., letztere Roggen, Mühlenerzeugniſſe, Maſchinen,
Textilprodukte, Chemikalien u. dgl.
    Das zweitbedeutſamſte Land für die deutſche Einfuhr
iſt E n g l a n d , während es von der deutſchen Ausfuhr
den größten verhältnismäßigen Anteil aufnimmt, nämlich
14,2 %. England iſt demnach Deutſchlands beſter Kunde,
deſſen Bedeutung in den letzten Jahren ſtändig größer
geworden iſt, während die engliſche Ausfuhr nach Deutſch=
land ſeit 1907 abgenommen hat. Nach der engliſchen
Statiſtik ſtellt ſich die Sache etwas anders dar: Die Einfuhr
aus Deutſchland iſt erheblich geringer. Dies hängt damit
zuſammen, daß die deutſche Durchfuhr durch Belgien und
Holland, bei der die deutſche Statiſtik das Beſtimmungs=
land anſchreibt, in England als von Belgien und Holland
kommend angeſchrieben wird. Deutſchland bezieht aus Eng=
land Steinkohlen: 180 Millionen Mark, Baumwollgarne:

91 Millionen Mark (darunter 81 Millionen Mark über Nr. 47 engl.), Wollengarne: 82 Millionen Mark. Weitere größere Posten sind Heringe, Kammzeug, Kleiderstoffe, Maschinen, Gewebe, Weißblech, Felle, Films, Kleie usw. Auch der Bezug von Roheisen spielt eine Rolle (1913: 5 Millionen Mark). Der größte Posten der deutschen A u s f u h r nach England ist Rübenzucker mit 191 Millionen Mark. Es mag bei dieser Gelegenheit erwähnt werden, daß es England gelungen ist, diesen Bezug nebst demjenigen aus Rußland und Österreich=Ungarn schon wenige Monate nach dem Kriege, wenn auch zu erheblich höheren Preisen, durch Rohrzucker aus den tropischen Gebieten zu ersetzen. Hinter dem Zucker stehen alle anderen deutschen Ausfuhr= artikel nach England weit zurück. Es folgen nämlich: Schienen usw. 44, Seidengewebe 37, Maschinen 32, wollene Kleiderstoffe 29, Pelzwerkfelle 26, Kinderspielzeug 25, elektrotechnische Erzeugnisse 25, Teerfarben 22, Hafer 22, schmiedbares Stabeisen, Bandeisen 20, Eisenblech, Baum= wollgewebe, Oberleder je 18, baumwollene Unterkleider 17, Täschnerwaren 16, Handschuhe 15, Klaviere 13 Millionen Mark usw. Die deutsche Ausfuhr nach England ist ganz außergewöhnlich mannigfaltig. Es gibt sozusagen nichts, was der englische Markt verweigert. Selbstverständ= lich hängt dies mit dem englischen Freihandelssystem zu= sammen, unter dessen Fittigen England der beliebteste Ablagerungsplatz für die europäischen Industrieprodukte geworden ist. Der englische H a n d e l hat hierdurch eine geradezu einzigartige Stellung erhalten, weil er Angebot und Nachfrage in günstigster Weise konzentrieren kann. Der englischen I n d u s t r i e ist damit freilich weniger ge= dient, vor allem insoweit, als es sich um Fertigerzeugnisse handelt.

Bei der Wichtigkeit der deutsch=englischen Wirtschafts=

beziehungen sei die Differenzierung des gegenseitigen Güteraustausches noch nach dem internationalen Ver= zeichnis der Brüsseler Konferenz vorgelegt.

Tabelle 40.

Der deutsch=englische Güteraustausch 1913 nach dem internationalen Verzeichnis der Brüsseler Konferenz (in Millionen Mark).

| 1. Lebende Tiere | | 2. Lebensmittel u. Getränke | | 3. Rohstoffe | | 4. Halb= fabrikate | | 5. Fertige Waren | |
|---|---|---|---|---|---|---|---|---|---|
| Einf. | Ausf. | Einf. | Ausf. | Einf. | Ausf. | Einf. | Ausf. | Einf. | Ausf. |
| 8,2 | 0,3 | 61,3 | 302,0 | 274,9 | 72,9 | 97,4 | 121,4 | 434,1 | 941,4 |

Beide Länder tauschen demnach in der Hauptsache Fabrikate aus und sind somit das beste Zeugnis für die schon erörterte Eigenart des Verkehrs moderner Industrieländer. Abgesehen von den fertigen Waren spielt im Bezug aus England als wichtiger „Rohstoff" die Kohle eine Rolle, während in der Ausfuhr das „Lebensmittel" Zucker do= miniert.

Die drittgrößte Quote seiner Einfuhr erhält Deutschland aus Österreich=Ungarn, das die Ausfuhr Englands nach Deutschland annähernd erreicht, sie in früheren Jahren (1901—1905) sogar überschritt. Die Austauschbeziehungen zwischen Deutschland und der Donaumonarchie haben sich in den letzten Jahren zugunsten Deutschlands entwickelt. Noch im Jahre 1900 waren sie mit mehr als 200 Millionen Mark für Österreich=Ungarn aktiv und blieben es mit kleiner werdenden Beträgen bis zum Jahre 1908. Von da ab wird der Ausfuhrüberschuß Deutschlands ständig größer und erreichte im Jahre 1913 die bedeutende Summe von 277 Millionen Mark. Die Gründe mögen zum Teil in dem letzten Handelsvertrag liegen, über=

wiegend find fie jedoch darin zu fuchen, daß Österreich infolge eigenen Bedarfs mehr und mehr aufhörte, Agrar= produkte auszuführen, Ungarn aber einen erheblichen Teil feines Überfchuffes nach Österreich fchickte. Im Aus= taufch von Induftrieerzeugniffen hat Deutfchland auf vielen Gebieten ein natürliches Übergewicht (auf manchen frei= lich auch Österreich). Deutfchland bezieht aus Österreich= Ungarn in der Hauptfache Rohftoffe: 318 Millionen Mark (darunter Holz, Braunkohle, Häute, Flachs, Erden, Öle). An zweiter Stelle ftanden im Jahre 1913 fertige Waren: 184 Millionen Mark, an dritter Stelle Lebensmittel: 171 Millionen Mark (darunter für 76 Millionen Mark Bier). Halbfertige Waren erreichten den Betrag von 102 Millionen Mark. Lebendes Vieh ift im Betrage von 50 Millionen Mark hereingekommen. In der Ausfuhr Deutfchlands nach Österreich=Ungarn erreichten die Fabri= kate die Rekordziffer von 567 Millionen Mark. Rohftoffe nahm es für 314, halbfertige Waren für 178 Millionen Mark auf. Der größte Poften ift die Steinkohle: 159 Mil= lionen Mark. Es folgen: Mafchinen 81, Merinokamm= zeug 30, Felle 26, Bücher 26, Koks 22, elektrifche Erzeug= niffe 21,8, Oberleder 20 ufw.

Der Krieg hat in den verbündeten Zentralmächten die alte Idee eines engeren handelspolitifchen Zufammen= fchluffes wieder aufleben laffen. Wir werden darauf im Schlußkapitel kurz zurückkommen.

Als nächfter Staat folgt auf unferer Tabelle 39 Frank= reich, mit dem wir uns noch etwas ausführlicher be= fchäftigen wollen, während dann die übrigen europäifchen Staaten mehr fummarifch abgehandelt werden follen. Mit den Franzofen fteht Deutfchland in ftark aktiverHandelsbilanz. Sie nehmen 7,8 % der deutfchen Ausfuhr, während die Ein= fuhr aus Frankreich nur 5,4% beträgt: 789 gegen 583 Mil=

lionen Mark. Dies iſt nicht immer ſo geweſen, ſondern
hat ſich erſt in den letzten Jahren ſo ſtark ausgeprägt.
Von 1900 bis 1905, und ſpäter öfters, lag die Aktivität
bei Frankreich. Der ſtarke Umſchwung hat erſt ſeit 1911
eingeſetzt. Kein Wunder, daß ſeitdem in Frankreich leb=
hafte Beſtrebungen gegen die „deutſche Invaſion" ein=
geſetzt haben, die allerdings die Urſache ſolcher Entwicklung
nicht ſelten an falſcher Stelle geſucht haben.

Frankreich liefert dem deutſchen Wirtſchaftsleben in
etwa gleichen Wertbeträgen Rohſtoffe und fertige Waren:
183 und 190 Millionen Mark. Daneben für je 100 Mil=
lionen Mark Lebensmittel und Getränke ſowie halbfertige
Waren. Mit den größten Wertbeträgen ſind die folgenden
Artikel vertreten: Felle 60, Eiſenerze 25, Rohſeide 22,
Faßwein 21, Kammzeug 20, Äpfel 19, Rindshäute 16,3,
Wolle 14,8, Schafleder 8, dichte Seidengewebe 7, Pferde 7,
Florettſeidengeſpinſte 7, Films 7, Schaumwein 6 Mil=
lionen Mark. Alle anderen Poſten ſind kleiner. Die Aus=
fuhr Deutſchlands umfaßt in ihrem vornehmſten Poſten
Maſchinen: 70 Millionen Mark. Es folgen Felle 69,
Koks 58, Steinkohlen 53, Weizen 40, Hafer 18, Holzſtoff 9,
Roheiſen 8, Chlorkalium und Benzol uſw. 8, elektriſche
Beleuchtungsvorrichtungen 8, Kinderſpielzeug 7, Woll=
gewebe 7 Millionen Mark. Es folgen in beinahe un=
endlicher Differenziertheit die mannigfachſten Induſtrie=
artikel, bei denen vielfach ſelbſt die Spur einer Ausfuhr=
bedingtheit nicht zu erkennen iſt. Man hat den Eindruck,
daß hier in erſter Linie die Erfolge der deutſchen Hand=
lungsreiſenden ſich widerſpiegeln.

Deutſchland und Frankreich ſtehen durch den § 11
des Frankfurter Friedensvertrages bekanntlich für „ewige
Zeiten" im Verhältnis der Meiſtbegünſtigung. Der Krieg
hat dieſe Klauſel aufgehoben. Auf die Neuregelung des

handelspolitischen Verhältnisses darf man einigermaßen gespannt sein.

Von den übrigen europäischen Staaten sind hervorragend gute Kunden Deutschlands B e l g i e n und die N i e d e r = l a n d e, die 5,5 und 6,9% der Ausfuhr aufnehmen. Stein= kohlen und Rohstoffe sowie Halbfabrikate der schweren In= dustrie nehmen den Einzelwerten nach den Hauptplatz ein. Doch überwiegen insgesamt die Fabrikate, unter denen die= jenigen der Metall= und Textilindustrie obenan stehen. In der Einfuhr aus jenen Ländern, die 3,2 und 3,1 % der Ge= samteinfuhr betragen, überwiegen bei Holland die Lebens= mittel, bei Belgien die halbfertigen Waren. Bedeutsam ist auch die belgische Pferdeausfuhr. Von Wolle abgesehen, steht sie an der Spitze aller nach Deutschland geschickten Güter. Der größte Posten des Bezuges aus Holland ist Milchbutter: 42,4 Millionen Mark. Es folgen Hartkäse 22, Heringe · 17, Pferde 12, frisches Rindfleisch 11, frisches Schweinefleisch 11, Steinkohlen (!) 10, Kartoffeln 10, Eier 9, Rindshäute 8 Millionen Mark usw. Erwähnt werden mögen noch die Blumenzwiebeln, deren Deutsch= land für nahezu 5 Millionen aus Holland bezieht.

Besondere wirtschaftliche Bedeutung haben, wie früher schon erwähnt, Holland und Belgien für Deutschland da= durch, daß sie wichtige Aus= und Einfallstore seines Handels sind. Die Blüte von Rotterdam beruht zum größten Teile hierauf. Doch auch Antwerpen profitiert vom „deutschen Hinterland" außerordentlich. Wie die Dinge liegen, ist das künftige Schicksal Belgiens für Deutsch= land von großer Tragweite. Infolge der wirtschafts= geographischen Verhältnisse dürften die intensiven Wirt= schaftsbeziehungen auf jeden Fall alsbald wieder aufleben, möge politisch aus dem Lande werden was da wolle.

Die Handelsbeziehungen zwischen Deutschland und

Italien waren bis 1906 für Deutschland passiv, haben sich
dann aber zugunsten Deutschlands verändert. Die Differenz
ist jedoch nicht sehr erheblich. Im Jahre 1913: 317 zu 393.
Den Hauptposten der Einfuhr, 111 Millionen Mark, bildet
Rohseide. Sie umfaßt 35 % der gesamten italienischen
Ausfuhr nach Deutschland. Weiter sind von Bedeutung
Südfrüchte, Trauben, Beeren, Äpfel, Gemüse, Marmor,
Häute, Schwefel, Nüsse, Blumen u. dgl. Von Deutschland
bezieht Italien in der Hauptsache Industrieerzeugnisse,
unter ihnen mit dem größten Betrage Maschinen: 37 Mil=
lionen Mark. Steinkohlen erhält Italien für 15 Millionen
Mark. Den Löwenanteil seines Bedarfs bezieht es aus
England, das im Kohlengeschäft infolge günstigerer
Transportverhältnisse die Überlegenheit besitzt. Im
übrigen bezieht Italien von Deutschland: Wolltuche, Ober=
leder, Produkte der Metallindustrie, Teerfarbenstoffe,
Holzstoffe, elektrische Artikel, Roheisen und in bunter
Menge minderwertige Industriewaren, für die Italien
allem Anschein nach einer der aufnahmefähigsten Märkte ist.

Ungemein günstig ist für Deutschland der Handels=
verkehr mit der Schweiz, die von Deutschland für über
eine halbe Milliarde Waren bezieht, während Deutschland
von ihr nur für reichlich 200 Millionen Mark erhält. An
der Spitze des deutschen Bezuges aus der Schweiz stehen
Uhren im Betrage von 27 Millionen Mark. Es folgen
Florettseidengespinste 14, Rohseide 11, Hartkäse 11, rohes
Aluminium 10, Rindshäute 8, Maschinen 6, Stickereien 11,
Schokolade 5, Garne, Farben und elektrische Erzeugnisse
je 4 Millionen Mark. Die deutsche Ausfuhr sieht ihren
Hauptposten in Steinkohle, Preßkohle und Koks: 70 Mil=
lionen Mark. Bedeutungsvoll sind ferner: Maschinen 22,
wollene Kleiderstoffe 16, Hafer 10, Weizenmehl 10, elek=
trische Erzeugnisse 10, Stabeisen, Bandeisen 9, Zucker 9,

Seidengewebe 8, Bücher 7, Rohseide 7, Kleider 6, Schuhe 5, Baumwollgewebe 5, rohes Blech, Milchkannen, Lampen, Badewannen, Öfen, Fahrzeuge, Weizen je 5 Millionen Mark. Am deutsch=schweizerischen Verkehr ist charakteristisch, daß beide Länder einander sowohl Industrie= als auch Agrarprodukte liefern. Unter den letzteren dominieren in der Schweiz die Produkte der hochentwickelten Milch= wirtschaft, in Deutschland Weizen und Weizenmehl, welche Produkte aber Deutschland, wie wir sahen, nicht aus eigenem Überschuß abgibt. Deutschland und die Schweiz gleichen sich insofern, als beide Länder neben der Industrie eine ungemein leistungsfähige Landwirtschaft besitzen. Die Schweiz steht allerdings deshalb anders da, weil sie infolge wirtschaftsgeographischer Verhältnisse in beiden Gewerbezweigen für wichtige Produkte: Getreide, Roh= stoffe einschließlich Kohle, stark auf das Ausland angewiesen ist und dadurch ihre landwirtschaftliche wie industrielle Tätigkeit in die Richtung der Qualitätsarbeit gedrängt wird. Dies hat Vorzüge und Nachteile. Einstweilen über= wiegen noch die letzteren.

Mit S p a n i e n ist das Verhältnis für Deutschland passiv, was in der Hauptsache auf die großen Erzbezüge zurück= zuführen ist. Von der etwa 200 Millionen Mark be= tragenden Einfuhr aus Spanien fallen allein annähernd 95 Millionen Mark auf Eisenerze und Schwefelkies! Dazu kommen noch 15 Millionen Mark für Rohblei. Der Rest umfaßt hauptsächlich: Apfelsinen 20, Faßweine 17, Ba= nanen 7, Weinmaische 5, Mandeln 4, Korkstopfen 3, Trauben 3, Lammfelle 3 Millionen Mark. Produkte der eigentlichen weiterverarbeitenden Industrie spielen in der spanischen Ausfuhr fast gar keine Rolle. Spanien ist ein typisches Beispiel dafür, daß die Verfügungsmöglichkeit über wichtige industrielle Rohstoffe allein noch nicht ge=

nügt, um eine Industrie entstehen zu lassen. Hierzu be=
darf es außer dem Kapital vor allem der Initiative weit=
blickender und organisatorisch leistungsfähiger Unternehmer,
sowie einer großzügigen inneren und äußeren Wirtschafts=
politik des Staates. Auch geschulte Arbeitermassen gehören
zu den unerläßlichen Voraussetzungen. An alledem scheint
es in Spanien zu fehlen, so daß den Versuchen, die großen
Erzvorräte des Landes im eigenen Lande zu verarbeiten,
größerer Erfolg versagt geblieben ist. Spanien ist im
ganzen auf der vom industriellen Standpunkt primitiven
Stufe des Erzausfuhrlandes stehen geblieben. Dement=
sprechend umfaßt die deutsche Ausfuhr nach Spanien vor=
nehmlich Industrieerzeugnisse, unter denen Maschinen mit
25 Millionen Mark obenan stehen. Es folgen: elektrische
Erzeugnisse 13, Steinkohlen 4, Kupferdraht 4, Teerfarben 2,
Eisenwaren 2, Fahrzeuge 2 Millionen Mark. Insgesamt
nahm Spanien im Jahre 1913 für nur 143 Millionen
Mark von Deutschland und steht damit im Verhältnis zu
seiner Bevölkerungszahl an letzter Stelle von allen euro=
päischen Staaten. Immerhin hat die deutsche Ausfuhr
nach Spanien sich verhältnismäßig schnell vorwärts ent=
wickelt, denn im Jahre 1900 betrug sie erst 54 Millionen
Mark. Seit 1907 hat sie sich mehr als verdoppelt, mit
welchem Relativtempo sie an der S p i ß e aller Staaten
Europas steht. Sachverständige behaupten, daß die
deutsche Ausfuhr nach Spanien auch künftig ungemein ent=
wicklungsfähig sei.
        Eine eigenartige Stellung nehmen im deutschen Außen=
handel mit den europäischen Ländern die s k a n d i n a v i =
s c h e n Staaten ein. Dänemark und Norwegen beziehen
mehr als Deutschland von ihnen erhält, während die Bilanz
mit Schweden seit dem Jahre 1907 für Deutschland passiv
geworden ist. Von Dänemark bezieht Deutschland in der

Hauptsache agrarische Produkte. Von der Einfuhr des Jahres 1913 in Höhe von 191 Millionen Mark fielen nicht weniger als 150 Millionen Mark auf „lebende Tiere und Lebensmittel"! Fertige Waren exportierte Dänemark nur im Betrage von 7 Millionen Mark nach Deutschland. Umgekehrt liegen die Verhältnisse für die deutsche Ausfuhr. Am Gesamtbetrage in Höhe von 284 Millionen Mark sind die Fertigerzeugnisse mit 171, Rohstoffe, darunter Steinkohlen, mit 31 Millionen Mark beteiligt. Allerdings lieferte Deutschland auch für 67 Millionen Mark Lebensmittel an Dänemark. Hier handelt es sich hauptsächlich um Getreide, Mehl und Zucker: Roggen 23, Weizen 9, Hafer 9, Weizenmehl 6, Roggenmehl 3 Millionen Mark. Dahingegen liefert Dänemark an Deutschland überwiegend Produkte der Viehwirtschaft: Pferde 48, Rindvieh 44, Rahm 28, Rindfleisch 13,6, Milchbutter 5 Millionen Mark.

Im deutschen Bezuge aus Schweden nehmen die erste Stelle die Eisenerze ein: 87 Millionen Mark. Mit einem gleichfalls vereinzelt dastehenden Posten folgt Bau- und Nutzholz: 35 Millionen Mark. Das dritte Nationalprodukt sind Pflastersteine und Granit: 14 Millionen Mark. Was dann folgt, setzt sich zum Teil aus den Erzeugnissen der ersten Stadien der Erzverarbeitung und der Landwirtschaft zusammen. Eine auch nur nennenswerte Bedeutung für die agrarische Versorgung Deutschlands besitzt Schweden nicht. Mit gewissem Recht kann aber das Umgekehrte behauptet werden, denn Deutschland lieferte 1913 an Schweden für 32 Millionen Mark Nahrungsmittel, darunter Roggen und Hafer 13 Millionen Mark. Im übrigen sind für die deutsche Ausfuhr nach Schweden durchaus die Industrieerzeugnisse entscheidend: Maschinen 11, elektrische Erzeugnisse 10, wollene Kleiderstoffe 6, Kalidünger 6, Schienen 6,

rohes Kammgarn 5, Pflanzentalg 5, Koks 4 Millionen
Mark. Außerdem verhältnismäßig viel induſtrieller
„Kleinkram“.

Recht lebhaft hat ſich in den letzten Jahren der Handel
zwiſchen Deutſchland und Norwegen entwickelt. Die Aus=
fuhr nach Norwegen hat ſich ſeit 1907 faſt, die Einfuhr
mehr als verdoppelt. Allerdings ſind die Summen noch
klein: Einfuhr 82, Ausfuhr 161 Millionen Mark. Immerhin
nimmt Norwegen erheblich mehr Waren von Deutſchland
als Spanien. Unter den Gütern der deutſchen Ausfuhr
nehmen Fertigwaren mit 100 Millionen Mark den erſten
Platz ein: hauptſächlich Produkte der Metall= und Textil=
induſtrie. Daneben ſind Nahrungsmittel von Bedeutung:
Roggen 15, Zucker 12, Roggenmehl 10 Millionen Mark.
Der Import aus Norwegen ſetzt ſich in ſeinen größten
Poſten wie folgt zuſammen: Fiſchtran 15, Heringe 11,
Eiſenerze 7, Kalkſalpeter und Kalkſtickſtoff 7, Nitrite 3,
Fiſchmehl und Rohzink je 3, Rindshäute $2^1/_2$, Ammoniak $2^1/_2$,
Kabeljau uſw. $1^1/_2$, Nadelholz $1^1/_2$, Hummern $1^1/_2$ Mil=
lionen Mark.

Endlich noch zwei B a l k a n ſtaaten: Rumänien und die
Türkei. Die Ausfuhr nach Rumänien hat ſich im Jahre 1913
auf 140 Millionen Mark gehoben, gegen 1907 eine Ver=
dopplung. Die Einfuhr von dort betrug 80 Millionen Mark,
gegen 1907 eine Steigerung um 50%. Rumänien liefert
an Deutſchland agrariſche Produkte und Erzeugniſſe ſeiner
Ölquellen. Die wichtigſten Poſten im Jahre 1913 waren:
Weizen 16, Rohbenzin 11, Futtergerſte 10, Mais 8, Eier 6,
Raps, Rübſen 6, Schwerbenzin 4, gereinigtes Erdöl 3,
Bohnen 2, Holz 2, Roggen $1^3/_4$, Schmieröle $1^1/_2$ Millionen
Mark. Die Geſamtausfuhr Deutſchlands beſteht aus In=
duſtrieprodukten: 130 von 140 Millionen Ausfuhr. Ma=
ſchinen ſtehen mit $17^1/_2$ Millionen Mark an der Spitze.

Bemerkenswert ist die Ausfuhr von gefüllten Waffen=
patronen im Betrage von 8 Millionen Mark. Im übrigen
handelt es sich zumeist um Produkte der Eisen= und
Stahlindustrie, sowie um elektrische Erzeugnisse.

Bescheiden ist der deutsch=türkische Güteraustausch:
Einfuhr 74, Ausfuhr 98 Millionen Mark. Im Jahre 1900
waren die Zahlen 30 und 34 Millionen Mark. Die Türkei
liefert dem deutschen Wirtschaftsleben hauptsächlich die
folgenden Produkte: Rohtabak 20, Rosinen $9^1/_2$, Teppiche 9,
Valonea (Gerbstoffe) 3, Nüsse und Opium je $2^1/_2$, Feigen 2,
Baumwolle 2 Millionen Mark. Deutschland hingegen führt
vor allem Textilprodukte aus: 20 Millionen Mark. Gefüllte
Waffenpatronen erhielt die Türkei für 7 Millionen Mark,
Schienen 6, Maschinen 4, Mehl 3, Laternen, Lampen usw. 3,
Eisenbahnschwellen 2, Oberleder 2, Pulver 1, Farben
1 Million Mark. Bekanntlich gibt es in Deutschland gar
viele Menschen, die der künftigen Entwicklung der deutsch=
türkischen Wirtschaftsbeziehungen mit größter Hoffnung
und Begeisterung entgegenblicken. In diesen Wein wird
noch viel Wasser fließen, denn wer die Türkei kennt,
weiß, daß deren wirtschaftliche Erschließung nur langsam
und unter Überwindung großer Schwierigkeiten erfolgen
kann. Darauf wird an anderer Stelle zurückzukommen
sein.

### c) Die nichteuropäischen Erdteile.

Wenden wir uns nunmehr, in summarischer Betrach=
tung, den nichteuropäischen Erdteilen zu. Wir hatten ge=
sehen, daß sie hinter Europa weit zurückstehen. Die fol=
gende kleine Übersicht für 1913 soll dies nochmals deutlich
machen.

**Tabelle 41.** Deutschlands Außenhandel mit europäi=
schen und außereuropäischen Ländern im Jahre 1913.

| | Gesamt= handel Mill. M. | %/o des Gesamt= handels | Einfuhr Mill. M. | %/o der Gesamt= einfuhr | Ausfuhr Mill. M. | %/o der Gesamt= ausfuhr |
|---|---|---|---|---|---|---|
| Europäische Länder | 13 565,5 | 65,1 | 5888,0 | 54,7 | 7677,5 | 76,1 |
| Nichteurop. Länder | 7 278,1 | 34,9 | 4869,0 | 45,3 | 2409,1 | 23,9 |

Dom Gesamtaußenhandel Deutschlands fallen demnach
auf Europa 65,1 %. Es ist schon ausgeführt worden, daß,
nach Ein= und Ausfuhr getrennt, das Bild wesentlich
anders aussieht. An der Ausfuhr ist Europa mit 76,1,
Nichteuropa mit 23,9 %, an der Einfuhr ersteres mit 54,7,
letzteres mit 45,3 % beteiligt. Charakteristisch für den ge=
samten außereuropäischen Derkehr ist nun, daß er auf der
ganzen Linie p a s s i v ist. Während Deutschland im Der=
kehr mit den europäischen Staaten einen Ausfuhrüberschuß
von 1789 Millionen Mark hat, ergibt sich für den außer=
europäischen Derkehr eine Unterbilanz von 2460 Mil=
lionen Mark! Und zwar ist die Passivität bei jedem ein=
zelnen Erdteil vorhanden.

**Tabelle 42.** Bilanz des deutschen Derkehrs mit
außereuropäischen Erdteilen im Jahre 1913.

| | Gesamt= handel in Mill. M. | %/o des nicht= europäischen Handels | Einfuhr Mill. M. | %/o der nicht= europäischen Einfuhr | Ausfuhr Mill. M. | %/o der nicht= europäischen Ausfuhr | Einfuhr= über= schuß Mill. M. | Die Einfuhr übersteigt die Ausfuhr um %/o |
|---|---|---|---|---|---|---|---|---|
| Afrika . . | 707,6 | 9,7 | 496,8 | 10,2 | 210,8 | 8,8 | 286,0 | 135,0 |
| Asien . . | 1597,8 | 21,8 | 1049,8 | 21,7 | 548,0 | 22,7 | 501,8 | 91,0 |
| Amerika . | 4541,3 | 62,6 | 2994,6 | 61,5 | 1546,7 | 64,2 | 1447,9 | 94,0 |
| Australien u. Poly= nesien . | 431,4 | 5,9 | 327,8 | 6,6 | 103,6 | 4,3 | 224,2 | 226,0 |
| | 7278,1 | 100,0 | 4869,0 | 100,0 | 2409,1 | 100,0 | 2460,0 | 121,0 |

Die Zahlen dieser Übersicht sind ungemein lehrreich.
Am Gesamthandel Deutschlands mit den nichteuropäischen
Erdteilen nimmt Amerika mit 62,6 % teil. Es folgen
Asien 21,8, Afrika 9,7, Australien 5,9 %. Überraschender=
weise findet sich annähernd dieses Verhältnis auch im An=
teil an Einfuhr und Ausfuhr. Nur Amerika steht auf
Kosten Australiens und Afrikas mit seiner Aufnahme
deutscher Waren etwas günstiger da. Im ganzen genommen
sind, so betrachtet, alle nichteuropäischen Erdteile für
Deutschland verhältnismäßig gleichwertig: ihr relativer An=
teil an seinem Verkehr mit den nichteuropäischen Erdteilen
ist in Einfuhr und Ausfuhr annähernd derselbe. Anders
aber vom Standpunkt der isolierten Handelsbilanz zwischen
Deutschland und jedem einzelnen Erdteil. Hier kommen
ganz erhebliche Unterschiede zum Ausdruck. Die Einfuhr=
werte übersteigen die Summe der Ausfuhr

| | | | | | |
|---|---|---|---|---|---|
| im Verkehr mit | Afrika | . . | um | 136 % | |
| " | " | " Asien | . . . | " | 91 % |
| " | " | " Amerika | . . | " | 94 % |
| " | " | " Australien | . | " | 226 % |

Durchschnitt 137 %

Die Differenz zwischen Einfuhr und Ausfuhr ist demnach
am größten im Verkehr mit Australien, am zweitgrößten
mit Afrika, am geringsten mit Asien und Amerika. Immer=
hin ist auch bei diesen Ländern die Einfuhr fast doppelt
so groß als die Ausfuhr.

**Amerika.** Auf den amerikanischen Kontinenten
haben den lebhaftesten Verkehr mit Deutschland die Ver=
einigten Staaten von Amerika. Sie sind dasjenige Land
auf der Erde, auf welches die größte prozentuale Quote
der deutschen Einfuhr fällt. Deutschland bezog von ihnen
im Jahre 1913 für 1,7 Milliarden Mark = 15,9 % der
gesamten Einfuhr. Die Vereinigten Staaten nahmen

hingegen nur für 713 Millionen Mark = 7,1 % der deut=
schen Ausfuhr. Daraus erhellt, daß der Einfuhrüberschuß
im Verkehr mit dem amerikanischen Erdteil als Ganzem
(94 %) im Verkehr mit den Vereinigten Staaten erheblich
überschritten wird. Die Einfuhr überstieg die Ausfuhr im
Jahre 1913 um 139 %. Die Vereinigten Staaten sind dem=
nach für Deutschland ein recht schlechter Kunde. Dies ist
schon seit langem der Fall, obwohl sich die Bilanz in den
letzten Jahren weiter verschlechtert hat. Die Entwicklung
des deutsch=amerikanischen Verkehrs ging wie folgt:

Tabelle 43.

Der Warenaustausch zwischen Deutschland und
den Vereinigten Staaten von Amerika.

| | Ausfuhr in Mill. M. | Einfuhr in Mill. M. | | Ausfuhr in Mill. M. | Einfuhr in Mill. M. |
|---|---|---|---|---|---|
| 1900 | 440 | 1004 | 1907 | 653 | 1320 |
| 1901 | 385 | 986 | 1908 | 508 | 1284 |
| 1902 | 449 | 893 | 1909 | 606 | 1263 |
| 1903 | 469 | 934 | 1910 | 633 | 1188 |
| 1904 | 495 | 943 | 1911 | 640 | 1343 |
| 1905 | 542 | 991 | 1912 | 698 | 1586 |
| 1906 | 637 | 1237 | 1913 | 713 | 1711 |

Der größte Posten der Einfuhr aus den Vereinigten
Staaten ist die Baumwolle. Wir haben schon bei Be=
sprechung der wichtigsten Einfuhrgüter Deutschlands dar=
auf hingewiesen, daß die Gesamteinfuhr an Baumwolle
sich im Jahre 1913 auf mehr als 700 Millionen Mark
belief. Davon entfielen 461 Millionen auf die Vereinigten
Staaten. Die nächstwichtigen Posten sind: Kupfer 294,
Weizen 164, Schweineschmalz 112, rohe Felle 66, Leucht=
öl 53, Maschinen 32, Ölkuchen 32, Nadelholz 27, Futter=
gerste 23, Rohphosphat 21, Oleomargarin 21, Schmier=

öle 20, Mais und Terpentinharze je 19, Terpentinöl 16, Zwetschen 16, Kleie 15, Rohbenzin 9, Ringäpfel 9, Premier Jus 9 Millionen Mark. Sodann mit kleineren Beträgen: Rindshäute, Ziegenleder, Kontrollkassen, Schreibmaschinen, Motorwagen, Schuhe, Holzgeist usw. In der Hauptsache handelt es sich demnach um Rohmaterialien, deren Deutsch= land zur Befriedigung seines eigenen Bedarfs und als Basis für den Export von Industrieerzeugnissen bedarf. Einen erheblichen Platz nehmen innerhalb der Einfuhr aus Amerika freilich auch gewisse Nahrungs= und Futter= mittel ein. Die deutsche A u s f u h r nach den Vereinigten Staaten weist Posten mit so ausgesprochenem Schwer= gewicht nicht auf. Sie setzt sich aus einer großen Anzahl mittlerer und kleiner Posten zusammen. Es sind zumeist Erzeugnisse der Fertigindustrie, auf welche viel menschliche Arbeitsleistung verwendet worden ist. Liefert Amerika die Güter im wesentlichen im Naturzustand, so wird Deutschland erst exportfähig, wenn es verstanden hat, den Rohstoffen die Anpassung an menschliche Bedürfnisse zu geben. Es bedarf einer Unsumme von menschlichem Arbeits= aufwand, um beispielsweise für 1 Million Mark Rohkupfer den Gegenwert in Fertigerzeugnissen zu schaffen. Man denke dabei an den Artikel, der in der deutschen Ausfuhr nach Amerika eine so große Rolle spielt: an Kinderspielzeug. Wie viele Familien Thüringens müssen fleißig sein, um für 1 Million Mark Puppen herzustellen oder Tiere für die auch in Amerika so beliebte „Arche Noahs". Ganze Dörfer und Gegenden haben zu tun, bevor dieser Betrag auf der Aktivseite Deutschlands gebucht werden kann. Wie leicht läßt sich dagegen für 1 Million Mark Rohkupfer beschaffen!

Welches sind nun die hauptsächlichsten Posten der deutschen Ausfuhr nach Amerika? Obenan stehen chemische Erzeugnisse, darunter Chlorkalium und Teerfarben im Be=

trage von 70 Millionen Mark. An zweiter Stelle folgt Kinder=
spielzeug mit 32 Millionen Mark. Dann hat's mit den großen
Summen schon aufgehört. Es folgen: rohe Felle zu Pelz=
werk 26, Maschinen 15, rohe Kalbfelle und Glacéhandschuhe
je 15, Kalirohsalze 10, Porzellan 11, Kautschuk, baumwollene
Handschuhe, Strümpfe, Socken je 11, Baumwollspitzen und
Kalidüngesalze 10, schwefelsaures Kali 9, Wollkleiderstoffe 8,
Papierlumpen 7, feine Schneiderwaren 7,1, Natriumver=
bindungen usw. 7, Holzstoff 7, Glacéleder 6, elektrische
Artikel 6, Zwirn 6, Baumwollgewebe 6, Leinengewebe 6,
Posamentierwaren und künstliche Blumen je 5 Millionen
Mark. Der amerikanische Bedarf an deutschen Büchern be=
schränkt sich auf 4 Millionen Mark, etwa derselbe Betrag,
den die Amerikaner für deutsche Parfüme anlegen.

Es ist kaum anzunehmen, daß die Bilanz des deutschen
Handels mit den Vereinigten Staaten sich in absehbarer
Zeit bessert. Nur wenn es dort zu einem radikalen Abbau
des Schutzollsystems käme, wäre dies möglich. Die Aus=
sichten sind dafür einstweilen jedoch nicht günstig.

Wesentlich anders sieht's auf weiten Gebieten des
sonstigen amerikanischen Erdteils aus. Es gibt freilich
keinen Staat, mit dem Deutschland in a k t i v e r Handels=
bilanz stünde, aber das Verhältnis ist teilweise erheblich
günstiger. Die drei hauptsächlich in Betracht kommenden
Staaten sind: Argentinien, Brasilien und Chile. Alle drei
Länder haben ganz spezielle Ausfuhrartikel: Brasilien den
Kaffee, Chile den Salpeter, Argentinien Weizen und Mais.
Aber nur die beiden erstgenannten Länder sehen diesen
Spezialartikel an der Spitze ihrer Ausfuhr nach Deutschland.
Von der Gesamteinfuhr Deutschlands aus B r a s i l i e n im
Betrage von 248 Millionen Mark entfielen auf Kaffee
141 Millionen Mark, also weit mehr als die Hälfte. Mit
dem ansehnlichen Betrage von 39 Millionen Mark folgt

ein anderes Landesprodukt: Kautschuk. Die nächsten Posten
sind Rindshäute 27, Rohtabak 12, Kakaobohnen 8, Kleie 3,
Pflanzenwachs 3, Halbedelsteine 2, rohe Baumwolle
1½ Millionen Mark. Entscheidend für das ganze brasi=
lianische Wirtschaftsleben ist die Kaffeeausfuhr. Von der
deutschen Einfuhr aus C h i l e im Betrage von 200 Mil=
lionen Mark fielen 171 Millionen Mark auf Salpeter, also
85,6 %! Daneben sind nur noch von Bedeutung: Wolle,
Jod, Borarkalk, Häute, Kleie, Zinnerze und Sohlleder mit
insgesamt etwa 23 Millionen Mark. Wenn etwa, wie
schon ausgeführt, infolge der Entwicklung einer deutschen
Stickstoffindustrie die Einfuhr von Chilesalpeter in Deutsch=
land aufhören sollte, so bedeutete dies für die deutsch=chileni=
schen Handelsbeziehungen eine furchtbare Katastrophe. Auf
breiterer Basis steht die deutsche Einfuhr aus A r g e n =
t i n i e n. Vom Gesamtbetrage von 494 Millionen Mark
kommen auf Leinsaat 99, rohe Schafwolle 90, Weizen 75,
Rindshäute 71, Mais 62, Kleie 22, Hafer 19, Quebracho=
holz 10, Premier Jus 7½ Millionen Mark. Also eine regel=
rechte Ausfuhr der Produkte von Ackerbau und Viehzucht.

Die Ausfuhr nach den drei Ländern ist ihrer Struktur nach
völlig gleich. An der Spitze Maschinen, dann Textilprodukte,
Erzeugnisse der schweren, der Kleineisen=, sowie der elektri=
schen Industrie. Es sind die typischen deutschen Ausfuhrartikel.

Hinter diesen drei Ländern stehen, wie unsere Tabelle
(Seite 115/116) zeigt, alle anderen Staaten Süd= und Mittel=
amerikas weit zurück. Sie bieten im Verkehr mit Deutsch=
land keine Besonderheiten. Zumeist nehmen einzelne Lan=
desprodukte in der Summe der Ausfuhrgüter den ersten
Rang ein: so in Uruguay Wolle, Fleischextrakt und Häute,
in Guatemala Kaffee, Costarica und Salvador desgleichen,
Ecuador Kakaobohnen und Steinnüsse, Peru natürlicher
Guano usw. Dafür erhalten diese Länder die üblichen deut=

ſchen Ausfuhrgüter, in deren Zuſammenſetzung ab und zu
Waffen und Patronen eine Abwechſlung bringen. Darauf
braucht im einzelnen nicht eingegangen zu werden.
Wohl aber mögen noch einige allgemeine Betrachtungen
über den ſüd= und mittelamerikaniſchen Markt folgen. Es
ſtehen ſich auf ihm in ſcharfer Konkurrenz gegenüber: Deutſch=
land, England, Vereinigte Staaten und Frankreich. Die Ent=
wicklung dieſes Verhältniſſes zu verfolgen, iſt intereſſant ge=
nug. Wir wollen deshalb kurz unterſuchen, welches der Anteil
der genannten Länder am Handel des lateiniſchen Amerika iſt.
Die Entwicklung kann allerdings nur bis zum Jahre 1912
verfolgt werden, da neuere ſüdamerikaniſche Statiſtiken nicht
vorliegen.

Tabelle 44. Beteiligung der wichtigſten Länder
am Außenhandel Süd= und Mittelamerikas.

| Jahr | Einfuhr | | | | Ausfuhr | | | |
|---|---|---|---|---|---|---|---|---|
| | Deutſch-land | Groß-britan-nien | Ver-einigte Staaten | Frank-reich | Deutſch-land | Groß-britan-nien | Ver-einigte Staaten | Frank-reich |
| | Prozentualer Anteil | | | | Prozentualer Anteil | | | |
| | Südamerika. | | | | | | | |
| | Wert 1912: 960,5 Mill. Doll. | | | | Wert 1912: 1177,0 Mill. Doll. | | | |
| 1909 | 16,6 | 30,7 | 14,0 | 9,2 | 13,0 | 20,7 | 20,8 | 9,5 |
| 1910 | 17,7 | 30,1 | 13,9 | 8,9 | 12,8 | 25,0 | 20,2 | 10,1 |
| 1911 | 18,7 | 29,6 | 14,6 | 8,7 | 14,8 | 25,1 | 20,7 | 10,4 |
| 1912 | 18,6 | 28,4 | 16,2 | 8,7 | 13,3 | 22,0 | 20,6 | 8,7 |
| | Mittelamerika. | | | | | | | |
| | Wert 1912: 281,3 Mill. Doll. | | | | Wert 1912: 393,4 Mill. Doll. | | | |
| 1909 | 9,7 | 13,4 | 52,7 | 7,7 | 7,1 | 7,6 | 69,8 | 3,6 |
| 1910 | 8,6 | 12,6 | 54,9 | 6,5 | 6,4 | 9,3 | 74,7 | 4,6 |
| 1911 | 10,3 | 13,3 | 53,7 | 6,7 | 7,2 | 9,3 | 71,9 | 5,7 |
| 1912 | 10,3 | 13,0 | 53,7 | 6,8 | 7,7 | 10,4 | 72,2 | 4,7 |
| | Süd= und Mittelamerika. | | | | | | | |
| | Wert 1912: 1241,8 Mill. Doll. | | | | Wert 1912: 1570,3 Mill. Doll. | | | |
| 1909 | 15,0 | 26,9 | 23,1 | 8,9 | 11,7 | 17,7 | 32,7 | 8,6 |
| 1910 | 15,6 | 26,0 | 23,5 | 8,4 | 11,1 | 20,9 | 34,5 | 8,6 |
| 1911 | 16,7 | 25,7 | 23,8 | 8,3 | 12,9 | 20,9 | 34,3 | 9,2 |
| 1912 | 16,7 | 24,9 | 24,5 | 8,3 | 11,9 | 19,7 | 33,5 | 7,8 |

Den Hauptanteil an der E i n f u h r Süd= und Mittel=
amerikas haben England und die Vereinigten Staaten.
Den dritten Platz nimmt Deutschland ein, während Frank=
reich in erheblichem Abstand an vierter Stelle folgt. Die
erstgenannten Staaten verfügen zusammen beinahe über
die Hälfte der Einfuhr. Englands Anteil hat sich jedoch in
den letzten Jahren verringert, desgleichen der französische,
während der deutsche und nordamerikanische gestiegen sind.
In der Ausfuhr im wesentlichen dasselbe Bild, nur daß
Nordamerika ein Drittel der gesamten Ausfuhr von Süd=
und Mittelamerika allein aufnimmt. England erhält ein
Fünftel, Deutschland ein Achtel bis ein Neuntel, Frankreich
ein Zwölftel.

Betrachten wir die Verhältnisse je für Mittel= und Süd=
amerika, so verschiebt sich das Resultat. An der E i n f u h r
M i t t e l a m e r i k a s sind die Vereinigten Staaten mit
fast 54% beteiligt! England folgt mit 13, Deutschland mit
10,3, Frankreich mit 6,8 %. Von der Ausfuhr erhielten
die Vereinigten Staaten im Jahre 1912 sogar 72,2 %,
England 10,4, Deutschland 7,7, Frankreich 4,7 %. Hier
kann man demnach beinahe schon von einer Monopol=
stellung der Vereinigten Staaten reden.

Anders in S ü d a m e r i k a. An dessen Einfuhr sind
die Engländer im Jahre 1912 mit 28,4, die Deutschen mit
18,6, die Nordamerikaner mit 16,2, die Franzosen mit
8,7 % beteiligt gewesen. Hier haben die Vereinigten
Staaten demnach eine untergeordnete Stellung. Charak=
teristisch ist weiter, daß der englische Anteil seit 1909 ge=
sunken ist, der deutsche und nordamerikanische hingegen
gestiegen sind. Ersterer am meisten. Auch Frankreichs An=
teil ist zurückgegangen. Von der südamerikanischen A u s=
f u h r erhält England die größte Quote, doch sind ihm die
Vereinigten Staaten hart auf den Fersen. Deutschland steht

mit ſeinem Anteil von 13,3 % dahinter zurück, obwohl
ſtarke Entwicklungstendenzen unverkennbar vorhanden ſind.

Unter den ſüdamerikaniſchen Staaten nehmen Argen=
tinien, Chile und Braſilien das größte Intereſſe in Anſpruch.
Deutſchland iſt mit dem erheblichſten Anteil, 27,2 %, an
der Einfuhr Chiles beteiligt. In Braſilien beträgt ſeine
Quote 17,2, in Argentinien 16,9. In beiden Ländern trotz
gelegentlicher Rückſchläge eine ſtarke Zunahme. Im Jahre
1900 betrug der Anteil Deutſchlands in Argentinien erſt
14,6, in Braſilien (1903) 12,3 %. Der Anteil Englands
an der Einfuhr aller drei Länder iſt zurückgegangen, des=
gleichen der franzöſiſche. Der deutſchen Entwicklung gleich
ging die nordamerikaniſche. Am ſtetigſten war die Zu=
nahme des deutſchen Anteils an der Einfuhr Braſiliens.

Nicht ſo einheitlich iſt die A u s f u h r der drei Länder
verteilt. Den größten Anteil hat Deutſchland an der Aus=
fuhr Chiles: 20 %. In Braſilien ſind es 14,3, in Argen=
tinien 12 %. Im übrigen lagen die Verhältniſſe im
Jahre 1912 ſo:

### Tabelle 45.

| Es erhielten von der Ausfuhr | Deutſch= land % | England % | Vereinigte Staaten % | Frankreich % |
|---|---|---|---|---|
| Argentiniens . . . | 12,0 | 24,9 | 4,7 | 7,8 |
| Braſiliens . . . . | 14,3 | 13,0 | 39,1 | 10,3 |
| Chiles . . . . . | 20,1 | 39,4 | 17,5 | 3,3 |

Auffällig iſt, daß von der argentiniſchen Ausfuhr nur
4,7 % nach den Vereinigten Staaten gehen. Die ſtarke Be=
teiligung an der Ausfuhr Braſiliens beruht vor allem auf
dem Bezug von Kaffee. England iſt in ſteigendem Umfange
an der Ausfuhr Argentiniens beteiligt, was auf den Import
von Weizen zurückzuführen iſt. Von der Ausfuhr Braſiliens

nimmt es einen ständig kleiner werdenden prozentualen
Anteil auf. Am Export Chiles ist es heute noch mit 39 %
beteiligt; im Jahre 1900 waren es 71 %. Frankreichs An=
teil ist in zwei Ländern gesunken: seit 1903 in Argentinien
von 15,5 auf 7,8 %, in Chile von 14,1 auf 3,3 %. Seine
Quote an der Ausfuhr Brasiliens ist im ganzen gleich ge=
blieben. Der relative Anteil Deutschlands an der Ausfuhr
ist seit 1903 in Argentinien trotz starker Schwankungen etwa
gleich geblieben, in Brasilien ist er bis 1909 gewachsen,
dann zurückgegangen und allmählich wieder gestiegen,
ohne bis jetzt die Rekordziffer des Jahres 1906 (17,6 %)
wieder erreicht zu haben. Der deutsche Anteil an Chiles
Ausfuhr ist seit 1896 von 13,3 auf 20 % angewachsen, zeit=
weilig war er sogar schon höher.

Zweifellos darf in den süd= und mittelamerikanischen
Gebieten mit ausgeprägter wirtschaftlicher Entwicklung
gerechnet werden, wenn auch nicht gerade mit „unbe=
grenzten Möglichkeiten". Die Erschließung aller dieser
Länder steht erst am Anfang; sie wird bei einigermaßen
flüssigem internationalen Geldmarkt nach dem Kriege den
jetzigen Stillstand bald überwinden und zur Erweiterung
der weltwirtschaftlichen Beziehungen führen. Hierhin
drängen schon die starken Ausfuhrinteressen jener Länder.
Ebenso sicher ist aber, daß der Konkurrenzkampf dort nach
dem Kriege mit erneuter Heftigkeit einsetzen wird. Eng=
land und vor allem die Vereinigten Staaten versuchen die
jetzige Sperrung der Weltmeere für Deutschland in ihrem
Interesse auszunutzen. Ob sie damit großen Erfolg haben
werden, bleibt abzuwarten.

**Asien.** In bezug auf die Größe des Handelsverkehrs
steht von den nichteuropäischen Erdteilen Asien an zweiter
Stelle. Der Erdteil hat im Jahre 1913 von Deutschland

insgesamt für 548 Millionen Mark Waren erhalten,
während Deutschland von ihm für 1049 Millionen Mark
kaufte. Man sieht hier deutlich, daß die Zahl der Ein=
wohner eines Gebietes für dessen internationalen Handels=
verkehr allein nicht maßgebend ist.

Wir sahen, daß Deutschland mit Asien im ganzen eine
passive Bilanz hat. Dies gilt jedoch nicht für alle Länder,
denn mit Japan ist der Verkehr stark aktiv. Eine nur ge=
ringe Differenz besteht zwischen Einfuhr und Ausfuhr im
Verkehr mit China. Mit fast allen anderen Gebieten ist
die Bilanz allerdings außerordentlich ungünstig.

Die größte Einfuhr erhält Deutschland aus Indien.
Es bezog von dort im Jahre 1913 für 541,8 Millionen Mark,
während Indien von Deutschland für nur 150,7 Millionen
Mark Waren kaufte. Das ist angesichts der immerhin be=
trächtlichen Aufnahmefähigkeit Indiens sehr wenig. Eng=
land bezieht aus Indien etwa den doppelten Betrag
Deutschlands, führt dorthin aber mehr als das Siebenfache
aus! Hierin zeigt sich deutlich die Überlegenheit des
Mutterlandes einer Kolonie, auch dann, wenn es handels=
politisch mit den fremden Konkurrenten auf gleichem Fuß
behandelt wird. Schon daß der ganze öffentliche Bedarf
durch das Mutterland gedeckt wird, gibt diesem eine Vor=
zugsstellung von großer Bedeutung.

Der hauptsächlichste Bezug Deutschlands aus Indien
umfaßt Rohstoffe. Unter ihnen nimmt die Jute den
Hauptplatz ein: 92 Millionen Mark. Es handelt sich hier
um einen Faserstoff, für den Indien eine absolute Monopol=
stellung besitzt. Die Einfuhr dieses Produkts betrug in
Deutschland im Jahre 1910 erst 42 Millionen Mark. Mit
der sehr beträchtlichen Summe von mehr als 80 Millionen
Mark folgen Reis und Reisabfälle. Liefergebiet ist ganz
überwiegend Hinterindien. Weitere Posten sind:

rohe Rindshäute 48, Kopra 33, Kautschuk 30, Raps, Rübsen 30, Leinsaat 17, Sesam 12, Ziegenfelle 12, Weizen 10, Manganerze 9, Schellack 7, Erdnüsse 6 Millionen Mark. Eine besonders schnelle Entwicklung hat die Einfuhr von Kautschuk genommen, der, wie früher schon dargelegt, aus Hinterindien kommt. Im Jahre 1910 bezog Deutsch= land von dort erst für 5¹⁄₂ Millionen Mark. Es ist an= zunehmen, daß dieser Bezug weiter ansteigen wird. Auch die Einfuhr von indischem Weizen ist seit 1910 um das Fünffache emporgeschnellt. Der Bezug von Kopra hat sich verdoppelt, während die Baumwolleinfuhr 1901 schon die Summe von 84 Millionen Mark erreicht hatte. Die ge= samte Einfuhr Deutschlands aus Indien ist seit 1900 um mehr als das Zweieinhalbfache gestiegen: 205 = 541 Mil= lionen Mark. Die Ausfuhr hatte sich bis zum Jahre 1912 etwa verdoppelt: 56 = 108 Millionen Mark. Den Rekord brachte dann das Jahr 1913 mit 150 Millionen Mark. Das eine Jahr hat demnach fast den Fortschritt der letzten 10 Jahre erreicht.

Die deutsche **Ausfuhr** nach Indien weist typische Be= sonderheiten nicht auf. Es sind die üblichen deutschen Fabrikate und Halbfabrikate der Metall= und Textilindustrie, der chemischen und der elektrischen Industrie, die dorthin ihren Weg nehmen. Erwähnt werden mag, daß Indien für fast 2 Millionen Mark Bier von Deutschland erhielt. Im übrigen zeigt die deutsche Ausfuhr nach Indien eine riesige Differenziertheit, die sich mit den wuchtigen Gütern der Einfuhr nicht messen kann. Es gilt hier das über Amerika Gesagte.

An zweiter Stelle im Verkehr mit Asien steht die Einfuhr nach Niederländisch=Indien. Der Bezug erreichte 1913 den Betrag von 227 Millionen Mark, die Ausfuhr dorthin 98 Millionen Mark. Auch hier wieder ganz spezielle Güter

der **E i n f u h r**. An der Spitze ſteht Rohtabaf, der aus Java
und, hauptſächlich, aus Sumatra kommt: 78 Millionen
Marf. Ein zweites Tropenproduft, die Kopra, erreichte
den Betrag von 49 Millionen Marf. An dritter Stelle ſteht
ein Bergwerfsproduft: rohes Zinn im Betrage von 26 Mil=
lionen Marf. Die Erdölquellen machen ſich für Deutſch=
land im Bezuge von Benzin geltend: 10 Millionen Marf.
Es folgen: Kaffee 8, Guttapercha 6, Kautſchuf, Rinds=
häute, Harze je $4^1/_2$ Millionen Marf. An der großen
Rohrzuckerausfuhr Javas iſt Deutſchland nicht beteiligt.
Die deutſche **A u s f u h r** nach Niederländiſch=Jndien zeigt
im letzten Jahre in ihrem vornehmſten Poſten Eiſenbahn=
ſchienen: 5 Millionen Marf. Es folgten Eiſenröhren $4^1/_2$,
ſchmiedbares Eiſen 4, Ammoniaf 4, Eiſenbahngüter=
wagen 3, Weichen uſw. 2, Zement 2, Kabel 2, Lofomotiven,
Jndigo, Träger, Herde, Achſen und Räder je $1^1/_2$ Mil=
lionen Marf. Deutſchland iſt demnach am Ausbau des
Derfehrsweſens in Niederländiſch=Jndien ſtarf beteiligt.
Darauf iſt es in erſter Linie zurückzuführen, daß die Aus=
fuhr ſeit 1910 von 50 auf 98 Millionen Marf geſtiegen iſt.
Jm übrigen ſpielen Textilprodufte, Farbſtoffe und Erzeug=
niſſe der Kleineiſeninduſtrie eine nennenswerte Rolle.
Bier in Flaſchen erhielt Niederländiſch=Jndien für 2 Mil=
lionen Marf. Zur Beurteilung der deutſchen Ausfuhr nach
Niederländiſch=Jndien iſt in Betracht zu ziehen, daß ſie
infolge des indireften Weges über das Mutterland zweifel=
los größer iſt, als es nach der deutſchen Statiſtif den
Anſchein hat.

Den dritten Platz in Aſien nimmt **C h i n a** ein. Das
vielgerühmte Land unterhält freilich mit Deutſchland einen
nur beſcheidenen Derfehr, der ſich aber als recht entwick=
lungsfähig gezeigt hat.

Tabelle 46.
Der deutsche Außenhandel mit China
(in Millionen Mark).

| | Einfuhr | Ausfuhr | | Einfuhr | Ausfuhr |
|---|---|---|---|---|---|
| 1900 | 23 | 44 | 1907 | 57 | 63 |
| 1901 | 23 | 38 | 1908 | 71 | 51 |
| 1902 | 29 | 38 | 1909 | 65 | 57 |
| 1903 | 33 | 45 | 1910 | 95 | 67 |
| 1904 | 34 | 53 | 1911 | 103 | 72 |
| 1905 | 35 | 76 | 1912 | 116 | 82 |
| 1906 | 57 | 68 | 1913 | 130 | 122 |

Bemerkenswert ist, daß der Handel bis 1907 für Deutschland aktiv gewesen ist. Es hängt dies damit zusammen, daß in den letzten Jahren die Ausfuhr von Massengütern aus China erheblich zugenommen hat. Hierher gehören vor allem Sojabohnen, Öl, Erdnüsse, Sesam, Strohborten und Eigelb. An der Spitze der deutschen Einfuhr aus China steht Sesam mit einem Betrage von 30 Millionen Mark im Jahre 1913. An zweiter Stelle stehen Sojabohnen mit 18, an dritter Rindshäute mit 17 Millionen Mark. Alle anderen Posten sind erheblich niedriger: Bettfedern 6, Eigelb 5½, Baumwolle 4, Teer 4, Borsten, Erdnüsse je 3½, Holzöl 3, Strohgeflechte, Eiweiß, Rohseide, Galläpfel, Ziegenfelle, Pflanzentalg je 2—2⅓ Millionen Mark.

Die deutsche Ausfuhr nach China charakterisiert sich durch eine recht bemerkenswerte Erscheinung: China bezog im Jahre 1913 allein für 46 Millionen Mark Indigo und Anilin-Teerfarbstoffe! Also mehr als ein Drittel des gesamten Wertes der Einfuhr aus Deutschland. Die Vorliebe der Chinesen für das Blau hat zu vor etlichen Jahren noch ungeahnten Möglichkeiten geführt. Nachdem die Abneigung der Chinesen gegen den künstlichen Indigo zu

weichen begann — hierbei spielte der andere Geruch eine
Rolle — schnellte die Einfuhr äußerst rasch in die Höhe. Im
Jahre 1908 bezog China erst für 7,3 Millionen Mark In=
digo und für 5,1 Millionen Mark Teerfarben. Mithin eine
Zunahme von 12,4 auf 46 Millionen Mark in 5 Jahren!
Zieht man diesen Betrag von der deutschen Ausfuhr nach
China ab, so vermindert sich diese im Jahre 1913 auf
76 Millionen Mark — etwas mehr als die Hälfte dessen,
was das kleine Norwegen von Deutschland erhielt!

In der übrigen Ausfuhr nach China stehen 1913 ge=
füllte Waffenpatronen im Betrage von 6,5 Millionen Mark
obenan. 1910 waren es sogar 10,3 Millionen Mark. In
den vorhergehenden Jahren allerdings nur 2—2½ Mil=
lionen Mark. Es folgen: Eisenbahngeleise, Laternen und
bearbeitete Waren aus Schmiedeeisen 5, Maschinen 4,
Posamentierwaren 3, Wasserfahrzeuge 3, elektrische Er=
zeugnisse 3, wollene Kleiderstoffe, Nähnadeln, Kamm=
garne je 2¾, schmiedbares Stabeisen, Bandeisen 2½,
Strümpfe 2¼, Handfeuerwaffen 1¾, Eisendraht, Baum=
wollgewebe je 1½ Millionen Mark. Daneben Industrie=
waren minderer und minderster Qualität in kleineren
Posten.

An der Gesamt a u s f u h r Chinas ist Deutschland mit
etwa 6,5, an der Einfuhr mit 5 % beteiligt. Es steht
damit weit hinter allen Welthandelsvölkern zurück. Nur
die Franzosen folgen mit ihrer Ausfuhr nach China er=
heblich hinter Deutschland, während ihre Einfuhr von dort
größer ist. Den Löwenanteil am chinesischen Außenhandel
haben heute schon die Japaner, denen die Engländer
und Amerikaner folgen. Nach dem Kriege wird der inter=
nationale Wettbewerb in China scharfe Formen annehmen.
Anderseits ist damit zu rechnen, daß gerade das Land der
Mitte am ehesten wieder in den allgemeinen internationalen

Verkehr einbezogen wird und hier — ruhige innerpolitische Verhältnisse vorausgesetzt — die Beziehungen zum Aus= land alsbald die frühere Intensität überschreiten werden. China gehört wirtschaftlich fraglos zu den sogenannten „Zukunftsländern". Diejenigen Völker, die in der Er= schließung seiner heute noch gebundenen wirtschaftlichen Kräfte die Führung übernehmen und insonderheit den Ausbau des Verkehrswesens in die Hand bekommen, werden daraus große Vorteile ziehen. Man versteht, daß Japan den europäischen Krieg benutzt, um sich beizeiten diejenige Stellung zu sichern, die es kraft innerer Lebensbedingungen glaubt einnehmen zu müssen.

Die deutsch=japanischen Handelsbeziehungen haben sich in den letzten Jahren recht lebhaft entwickelt. Wie schon bemerkt, ist die Bilanz für Deutschland stark aktiv.

Tabelle 47.
Der deutsche Außenhandel mit Japan
(in Millionen Mark).

| | Einfuhr | Ausfuhr | | Einfuhr | Ausfuhr |
|---|---|---|---|---|---|
| 1900 | 14 | 70 | 1907 | 29 | 103 |
| 1901 | 17 | 46 | 1908 | 19 | 95 |
| 1902 | 18 | 50 | 1909 | 29 | 78 |
| 1903 | 22 | 46 | 1910 | 37 | 89 |
| 1904 | 21 | 58 | 1911 | 38 | 113 |
| 1905 | 20 | 85 | 1912 | 43 | 111 |
| 1906 | 26 | 88 | 1913 | 46 | 122 |

Während demnach die Einfuhr sich stetig entwickelte und nur im Jahre 1908 einen Rückschlag brachte, war die Ausfuhr sprunghaft mit zeitweise erheblichen Niedergängen. Weder in der Ausfuhr noch in der Einfuhr gibt es einen Artikel, der etwa nach chinesischem oder indischem Vorbild vorherrschte. Japan bezieht von Deutschland in den vor=

nehmſten Poſten: ſchmiedbares Eiſen in Stäben 11, Kammgarn 9, Teerfarbſtoffe 8, Eiſendraht 6, Jndigo 6, Eiſenblech 5, Wollgewebe, Kabel, Dynamomaſchinen, Schienen je 3, Eiſenbahnbauteile 1³/₄ Millionen Mark. Daneben kleinere Poſten der Metall=, Elektrizitäts= und Papierinduſtrie. Textilprodukte ſpielen eine nur geringe Rolle. An erſter Stelle der japaniſchen A u s f u h r ſtand 1913 Kampferöl, das vor allem aus Formoſa kommt, daneben Kampfer, insgeſamt im Betrage von 7¹/₂ Mil= lionen Mark. Es folgen Rohkupfer 2¹/₂, Tran 2¹/₄, Eichen= holz 1³/₄, Felle zu Pelzwerk 1¹/₂, Poſamentierwaren und Rindshäute je 1 Million Mark. Alle anderen Poſten bleiben hinter 1 Million Mark zurück. Für japaniſche Seide iſt Deutſchland ein ſehr beſcheidener Abnehmer. Es ſteht jedoch feſt, daß indirekt, z. B. über Frankreich, erhebliche Mengen, zumeiſt bearbeitet, hereinkommen.

Der geſamte japaniſche Außenhandel hat in den letzten drei Jahrzehnten eine gewaltige Entwicklung genommen. Er betrug nach der japaniſchen Statiſtik im Jahre 1882 erſt 67, im Jahre 1912 aber 1146 Millionen Yen (1 Yen = etwa Mark 2.10), davon entfielen zuletzt auf die Ver= einigten Staaten 296, China 224, Britiſch = Jndien 159, Großbritannien 146 und Deutſchland 74 Millionen Yen. Deutſchland ſteht mithin an fünfter Stelle. Für Japan teilen dieſe Länder ſich in zwei Gruppen: die Vereinigten Staaten und China auf der einen, Britiſch=Jndien, Eng= land und Deutſchland auf der anderen Seite. Die erſt= genannten haben einen Einfuhrüberſchuß aufzuweiſen, der ſich auf 42 bzw. 62 Millionen Yen beläuft, die letztgenannten einen Ausfuhrüberſchuß. Dieſer betrug 1912 bei Britiſch=Jndien 111, Großbritannien 86, Deutſch= land 48 Millionen Yen. Letzterer iſt nach der japaniſchen Statiſtik ſomit geringer als nach der deutſchen. Die Zu=

nahme des Ausfuhrüberschusses nach Japan betrug seit 1902 in Britisch=Indien 152, England 161, Deutschland 129 %. Das bedeutendste Ausfuhrland Japans ist schon heute China. Im übrigen exportiert „Japan nach Europa und Amerika vor allem Rohmaterialien und halbfertige Industrie= produkte, importiert dagegen fertige Industrieprodukte. Nach den asiatischen und ozeanischen Ländern sendet Japan in erster Linie fertige Industrieprodukte und empfängt da= gegen Rohmaterialien und Nahrungs= und Genußmittel. Der Grund hierfür liegt darin, daß die japanische Volks= wirtschaft sich mit der Agrikultur nicht mehr behelfen kann und immer mehr zur Industrie gedrängt wird. Die zu= nehmende Industrialisierung Japans, das mehr und mehr in die Weltwirtschaft verflochten wird, dürfte auch die Richtung seiner zukünftigen Entwicklung sein" (Professor Masao Kambe, Kyoto).

Von den übrigen asiatischen Ländern und Gebieten unterhält Deutschland den größten Einfuhrverkehr mit C e y l o n, von dem es 1913 für 42 Millionen Mark bezog, darunter vornehmlich Kopra, Kautschuk, Graphit, Kokos= nüsse, Ölkuchen und Tee. An der Spitze der 5 Millionen Mark betragenden A u s f u h r dorthin steht Kali mit 1 Million Mark. „Britisch=Malakka" (Straits=Settlements usw.) lie= ferte 1913 an Deutschland für 24 Millionen Mark Waren, darunter für 5¹/₂ Millionen Mark Stuhlrohr, 5 Millionen Mark Kautschuk, 4 Millionen Mark Zinn, 2¹/₃ Millionen Mark Kopra, je 2 Millionen Mark Pfeffer und Guttapercha. An der Spitze der A u s f u h r dorthin stehen baumwollene Unterkleider und — Flaschenbier im Betrage von 2 Mil= lionen Mark. Im übrigen führt Deutschland die üblichen Industrieartikel aus. Von der deutschen Einfuhr aus S i a m im Betrage von 14 Millionen Mark kommen 12,6 Mil= lionen Mark auf Reis = 89,8 %. In der Ausfuhr nach

Siam (8,5 Millionen Mark) standen 1913 Eisenbahn= und Straßenbahnschienen mit $1\frac{1}{2}$ Millionen Mark an der Spitze. Es folgen: Baumwollgewebe 0,8, Alkoholika 0,5, Metallwaren 0,3, Eisenbahnbauteile, Drahtstifte je 0,2 Millionen Mark.

**Australien.** Der Erdteil Australien spielt, wie wir sahen, im deutschen Außenhandel eine geringe Rolle: Einfuhr 327, Ausfuhr 103 Millionen Mark im Jahre 1913. Davon entfallen über 85 % auf den Australischen Bund. Die deutsche Ausfuhr nach Australien hat sich seit 1900 verdoppelt, die Einfuhr verdreifacht. In der Ausfuhr Australiens herrscht durchaus die Wolle vor. Auf sie entfielen im Jahre 1913: 165 Millionen Mark! Den zweit= größten Betrag erreichten Bleierze mit 32 Millionen Mark, während an dritter und vierter Stelle Zinkerze und Kupfer mit je 20 Millionen Mark folgten. Erhebliche Posten waren weiter: Weizen $15\frac{1}{2}$, Zinn 7, Talg 6, Därme 5, Rinds= häute 5, Zinkerze $2\frac{1}{3}$ Millionen Mark. Hier haben wir es mit einem ausgesprochenen Rohstoffland zu tun, auf das Deutschland auch dann angewiesen wäre, wenn es für keinen Pfennig von ihm einführte. Im übrigen sind die Gegenwerte, die wir schicken, eigenartig genug. Australien ist nämlich das einzige Land, in dessen Bezug aus Deutsch= land die K l a v i e r e den Hauptplatz einnehmen. Im Jahre 1913 bezog der Australische Bund davon für $5\frac{1}{2}$ Mil= lionen Mark. 1912 und 1911 sogar für $7\frac{1}{3}$ und $7\frac{3}{4}$ Mil= lionen Mark. Man bedenke den Arbeitsaufwand, der in je 7 Millionen Mark Schafwolle und Klavieren steckt! In der Ausfuhr folgen sodann: Eisenbahnschienen, Räder usw., Kautschukreifen, schmiedbares Eisen in Stäben je 3 Mil= lionen Mark, Strümpfe $2\frac{3}{4}$, Eisenröhren $2\frac{1}{2}$, Bier in Flaschen $2\frac{1}{4}$, Geflechte aus Eisendraht, Zement, Kinder=

spielzeug je 2 Millionen Mark, baumwollene Hand=
schuhe 1¹/₂, Täschnerwaren 1¹/₂, baumwollene Gewebe
1¹/₃ Millionen Mark. Die Struktur des Außenhandels mit
Neuseeland ist derjenigen mit dem Australischen Bunde
ähnlich. Auch hier nimmt Wolle den ersten Platz ein. In
der Einfuhr aus Deutschland stehen aber die Klaviere mit
einem Betrage von 800 000 Mark erst an zweiter Stelle,
während Kraftwagenlaufdecken mit 1 Million Mark den
Vorrang haben. Kinderspielzeug steht mit 400 000 Mark
an dritter Stelle.

Alle anderen Gebiete Australiens und Polynesiens
haben für Deutschland keine erhebliche Bedeutung. Er=
wähnt werden mag, daß Deutschland von Christmaß, den
Salomons= und anderen britischen Inseln in der Südsee im
Jahre 1913 für 3,5 Millionen Mark natürlichen phosphor=
sauren Kalk bezog. Aus den französischen Besitzungen kamen
unter anderem für 1 Million Mark Nickelerze, für 800 000
Mark Vanille und für 700 000 Mark Chromerz. Die
deutsche Ausfuhr in diese Gebiete ist kaum nennenswert.

**Afrika.** Der afrikanische Erdteil lieferte im Jahre 1913
an Deutschland für 497 Millionen Mark Waren, während
Deutschland ihm für 211 Millionen Mark zuführte. In
der Einfuhr überwiegen weitaus die Rohstoffe, auf
welche von der Gesamteinfuhr 426 Millionen Mark fielen.
Halbfertige Waren ergaben 6³/₄ und fertige Waren
4³/₄ Millionen Mark, während lebende Tiere den Wert
von 100 000 Mark erreichten und ziemlich restlos ihren
Weg in die zoologischen Gärten gefunden haben dürften.
Lebensmittel kamen aus Afrika für etwa 60 Millionen
Mark. In der Ausfuhr hingegen standen fertige Waren
mit 164 Millionen Mark an der Spitze, woneben nur noch
Lebensmittel im Betrage von 35 Millionen nennenswert

sind. Die Passivität des deutschen Handels erstreckt sich auf
alle Gebiete Afrikas mit Ausnahme der deutschen Ko=
lonien. Den größten Gesamthandel unterhält Deutsch=
land mit Ägypten, den zweitgrößten mit Britisch=West=
afrika. Es folgen Britisch=Südafrika, Algerien, Französisch=
Westafrika, Portugiesisch=Westafrika und Tunis.
Ägypten nimmt von vornherein eine Sonderstellung
durch seine Baumwollieferungen ein. Deutschland bezog
(1913) insgesamt aus diesem Lande für 118 Millionen Mark,
davon entfielen auf rohe Baumwolle 73 Millionen Mark =
61,7 %. Dazu kommt Baumwollsamen im Betrage von
35 Millionen Mark. Der Rest von 10 Millionen Mark ver=
teilt sich in der Hauptsache auf arabisches Gummi $2^3/_4$,
Zigaretten $2^1/_2$, Zwiebeln $1^3/_4$ Millionen Mark. Viel
mannigfaltiger ist die deutsche Ausfuhr (43 Millionen
Mark) verteilt. Maschinen einschließlich Lokomotiven er=
reichen den höchsten Betrag: 4 Millionen Mark. Daneben
spielen die verschiedenartigsten Textilprodukte im Betrage
von 1 bis 3 Millionen Mark die wichtigste Rolle. Mit
2 Millionen Mark figuriert Weizenmehl. Halbfabrikate
der Metallindustrie erreichen 1 Million Mark. Alle anderen
Posten sind niedriger. Schon daraus geht hervor, daß
Deutschlands Ausfuhr nach Ägypten sich stark spezialisiert.
    Für die übrigen afrikanischen Länder ist die Struktur
des Außenhandels mit Deutschland annähernd gleichartig.
Geliefert werden Palmkerne, Kakaobohnen, Palmöl,
Kopra, Erdnüsse, Häute, Kautschuk, Hölzer, Gewürze,
Gerbrinden, Hanf, und was sonst der tropische Boden
hervorbringt. Der zumeist bescheidene Gegenwert an
Gütern besteht in Transportmaterialien, Maschinen, Erzeug=
nissen der Kleineisenindustrie und der Textilindustrie, Haus=
rat, Lebensmitteln, Spirituosen u. dgl. Darauf im einzelnen
einzugehen, ist nicht nötig.

Eine Ausnahmestellung unter den afrikanischen Ländern nehmen außer Ägypten im Grunde nur Britisch=Südafrika, sowie Algerien und Tunis ein. Der deutsche Handel mit Britisch=Südafrika ist verhältnismäßig klein, da Eng= land hier die absolute Vorhand hat. In der Einfuhr von dort herrscht e i n Artikel durchaus vor: die rohe Schafwolle. Sie umfaßt 72 % des deutschen Bezuges: 45 Millionen Mark. Nehmen wir dazu noch die Einfuhr von Straußenfedern: 9 Millionen Mark, so bleiben nur noch 15 Millionen Mark übrig. Sie verteilen sich in ihren wichtigsten Posten wie folgt: Gerbrinde $4^3/_4$, Merinowolle $4^1/_2$, Rindshäute $1^1/_2$, Kautschuk 0,9 Millionen Mark. Alles andere bleibt hinter der Summe von 500 000 Mark zurück. Die deutsche Ausfuhr nach Britisch=Südafrika in Höhe von 47 Millionen Mark setzt sich wesentlich bunter zusammen. Baumwollene Ge= webe erreichen den höchsten Betrag von $3^1/_3$ Millionen Mark. Bemerkenswert ist, daß an zweiter Stelle Zyankalium mit mehr als 2 Millionen Mark steht. Was dann folgt, ist die übliche deutsche Ausfuhr.

Auch A l g e r i e n hat ganz bestimmte Ausfuhrprodukte, mit denen es Deutschland versorgt. Von der deutschen Einfuhr in Höhe von 34,6 Millionen Mark entfallen auf Eisenerze 10, auf phosphorsauren Kalk $9^1/_2$, auf Kork= holz 3, auf Pflanzenhaar 2 Millionen Mark. In der Aus= fuhr dorthin erreichen Steinkohlen, Steinpreßkohlen und Maschinen den Betrag von je 1 Million Mark. Schwefel= saures Kali folgt mit 600 000 Mark.

In der deutschen Einfuhr aus T u n i s im Betrage von 10,5 Millionen Mark erreichen natürlicher phosphorsaurer Kalk $5^1/_2$, Eisenerze 2,9, Bleierze 0,9, Zinkerze $1/_2$ Million Mark. Die Ausfuhr (2,4 Millionen Mark) beginnt mit Strümpfen und Goldwaren: je 100 000 Mark und macht von da einen Sprung zu eisernen Pflügen im Be=

trage von 70 000 Mark.  Alles andere ſteht niedriger im
Wert.

Algerien und Tunis ſind zwei Gebiete, die ſich über=
aus günſtig entwickelt haben und für das franzöſiſche Wirt=
ſchaftsleben' große Bedeutung beſitzen.  Dies geht unter
anderem aus den Zahlen des Außenhandels hervor.

Von Intereſſe mag es ſchließlich noch ſein, einen Blick
auf das vielbegehrte Marokko zu werfen.  Es iſt, mit
Ausnahme der Kolonien, das einzige Land Afrikas, dem
gegenüber Deutſchland eine aktive Handelsbilanz hat.
Allerdings erſt ſeit dem Jahre 1913.  In den letzten fünf
Jahren ging der Handel wie folgt:

Tabelle 48.

Der deutſche Außenhandel mit Marokko.

| | Einfuhr aus Marokko Mill. M. | Ausfuhr nach Marokko Mill. M. |
|---|---|---|
| 1909 | 7,8 | 3,5 |
| 1910 | 9,1 | 4,9 |
| 1911 | 12,5 | 5,5 |
| 1912 | 19,1 | 7,9 |
| 1913 | 9,7 | 13,2 |

In der Ausfuhr dorthin mithin eine faſt ſprunghafte
Aufwärtsbewegung.  In der Einfuhr im Jahre 1913 ein
Rückſchlag, der die Paſſivität der Handelsbilanz beſeitigte.
Deutſchland bezieht aus Marokko an erſter Stelle Mandeln:
im Jahre 1913 3¹/₂ Millionen Mark.  Es folgen Wolle 2¹/₂,
Ziegenfelle 1,2, Schaffelle ¹/₂ Million Mark, Heilpflanzen,
darunter das berühmte Feldkümmelkraut, 400 000 Mark.  In
der Ausfuhr dominiert Zucker mit 3,7 Millionen Mark.
Weiter ſind von Bedeutung: Kleiderſtoffe 1, Güterbetrieb=
wagen, Weizenmehl, Reis je 600 000 Mark, Stabeiſen, Band=

eisen 400 000 Mark. Weingeist, Schienen, Bier, Grieß, Motorschiffe, Küchengeschirr $1/3$—$1/5$ Millionen Mark. Von etwaigen Wirkungen des sogenannten Marokkovertrages, der Deutschland die Gleichberechtigung bei der Vergebung öffentlicher Arbeiten zusicherte, ist in den Ausfuhrzahlen wenig zu merken. Es ist ja auch bekannt, daß Frankreich sich darum nicht gekümmert hat. Allem Anschein nach ist Marokko ein recht entwicklungsfähiges Land, dessen Erz= reichtum für Europa ständig größer werdende Bedeutung erhalten wird.

### d) Zusammenfassung.

Fassen wir das Ergebnis dieser Untersuchungen kurz zusammen, so ergibt sich das folgende: Bis um die Mitte des 19. Jahrhunderts war Deutschland ein „Agrarstaat", der nicht nur sich selbst versorgte, sondern noch erhebliche Mengen von Nahrungsmitteln ausführte. Die h i e r = d u r ch bedingten ausländischen Beziehungen hielten sich in engen Grenzen, sie beschränkten sich auf Europa und führten vornehmlich nach England, das damals erhebliche Teile des Überschusses der landwirtschaftlichen Produktion Deutschlands aufnahm. Im Laufe der folgenden Jahr= zehnte hat dieser Zustand sich grundlegend geändert. Die agrarischen Produktivkräfte sind gewaltig gesteigert wor= den, doch hat trotzdem nicht nur die durch Überschüsse bedingte Ausfuhr landwirtschaftlicher Erzeugnisse (mit Ausnahme des Zuckers) aufgehört, sondern infolge der großen Bevölkerungszunahme eine nennenswerte Einfuhr sich nötig gemacht. Hierbei ist zu beachten, daß die in= ländische Viehzucht nur deshalb einen so hohen Stand er= reichen konnte, weil ihr die Futtermittel des Auslandes zur Verfügung standen. Durch diese Einfuhrbeziehungen

hat Deutſchland ſeine Auslandsintereſſen territorial weſent=
lich verbreitet, weil je länger deſto mehr nichteuropäiſche
Länder ſeine Lieferanten wurden. In derſelben Richtung
wirkt der ſteigende Bedarf an Genußmitteln.

Da Deutſchland mit Ausnahme von Kohlen und Salzen
nennenswerte Naturprodukte, die es als ausreichenden
Gegenwert hinausgeben könnte, nicht beſitzt, ſo muß es
dieſen wachſenden Bezug von Nahrungs= und Genußmitteln
mit Erzeugniſſen ſeines Gewerbefleißes bezahlen. Dem=
entſprechend hat die Ausfuhr von Induſtrieprodukten im
letzten halben Jahrhundert ungewöhnlich ſtark zugenommen.
Der Schwerpunkt dieſer Beziehungen liegt in Europa, das
mehr als drei Viertel der geſamten deutſchen Ausfuhr
aufnimmt.

Um die Ausfuhr von Induſtrieerzeugniſſen zu ermög=
lichen, muß Deutſchland Rohmaterialien aus dem Aus=
lande beziehen. Aber auch wenn letzteres zum Zwecke der
Wiederausfuhr in veredelter Form nicht nötig wäre, würde
allein ſchon die gewerbliche Produktion für den Inlands=
markt zum Bezug von ausländiſchen Rohſtoffen nötigen,
denn Deutſchland beſitzt wichtige Ausgangsmaterialien ent=
weder überhaupt nicht (z. B. Baumwolle) oder nicht in
genügender Menge (z. B. Kupfer). Durch dieſen doppelt
bedingten Bezug von Rohſtoffen hat die Abhängigkeit
Deutſchlands von nichteuropäiſchen Ländern erheblich zu=
genommen. Gleichzeitig wurde er Veranlaſſung für die
Pflege der aktiven Beziehungen zu überſeeiſchen Ländern.
Trotz anſehnlicher Erfolge hat dies jedoch bisher zu einer
der Einfuhr gleichkommenden Ausfuhr nicht geführt, ſo daß
die Einfuhr aus nichteuropäiſchen Ländern zu erheblichem
Teile durch die Ausfuhr nach europäiſchen Ländern bezahlt
werden muß.

Die kriegerischen Ereignisse haben den Anteil Deutsch=
lands am internationalen Güterverkehr auf ein Mini=
mum reduziert. Was in Jahrzehnten aufgebaut wurde,
ist in Tagen zerstört worden. Von der praktischen
und grundsätzlichen Bedeutung dieser Tatsache wird im
Schlußabschnitt des vorliegenden Büchleins zu reden
sein.

# III. Deutſchlands Anteil an der Welt=
handelsflotte.

Den Stand und die Entwicklung der Welthandelsflotte
zu ermitteln, ist nicht einfach. Vor allem ſtehen einem
exakten Vergleich der einzelnen Länder erhebliche Schwierig=
keiten im Wege, weil die nationalen Meßbriefe ſtark von=
einander abweichen und ein einſeitiges internationales
Schiffsvermeſſungsverfahren leider noch nicht beſteht. So=
dann ſtimmen auch die Angaben der beiden hauptſäch=
lichſten ſtatiſtiſchen Quellen „Bureau Veritas" und „Cloyds
Regiſter" nicht miteinander überein. Immerhin liegen die
Verhältniſſe nicht ſo, daß eine vergleichende Darſtellung völlig
ausgeſchloſſen wäre. Ein annähernd richtiges Bild iſt auf
jeden Fall zu gewinnen. Den nachfolgenden Angaben iſt
die Statiſtik des „Bureau Veritas" und, wo dieſe nicht aus=
reicht, „Cloyds Regiſter" zugrunde gelegt. Die Ziffern geben
den Geſamtraumgehalt der jeweiligen Schiffsbeſtände in
Regiſtertons an. Es ſind nur Dampfer von 100 Brutto=
und Segler von 50 Netto=Regiſter=Tonnen aufwärts ge=
zählt worden. Aus triftigen Gründen wird der Vergleich
zunächſt bis zum Jahre 1911 durchgeführt:

Tabelle 49. Entwicklung der Welthandelsflotte.

|  | 1901 Mill. R.T. | 1910 Mill. R.T. | 1911 Mill. R.T. |
|---|---|---|---|
| Seglertonnage . . | 8,1 | 6,4 | 6,1 |
| Dampfertonnage . | 14,6 | 21,6 | 22,3 |
| Geſamttonnage . . | 22,7 | 28,0 | 28,4 |

Die Zahlen zeigen demnach auch im angeführten Jahr=
zehnt eine Verkleinerung der Seglertonnage, während die
Dampfertonnage ſich einer ſtarken Entwicklung erfreute,
die auch ſeit 1911 kräftig angehalten hat. In Verhältnis=
zahlen ausgedrückt, vermehrte die Dampfertonnage ſich
von 1901 bis 1911 um etwa 53 %.

Die einzelnen Nationen ſind freilich an dieſer Entwick=
lung ſehr verſchieden beteiligt, was in der nachſtehenden
Überſicht näher dargelegt iſt:

Tabelle 50.
Die Verteilung der Dampfer=Handelsflotte
auf die verſchiedenen Länder.

| | 1901 | | 1911 | | Zunahme der Tonnage 1901—11 % |
|---|---|---|---|---|---|
| | Abſolut inMill. N.R.T. | Anteil an der Welt= handels= flotte % | Abſolut inMill. N.R.T. | Anteil an der Welt= handels= flotte % | |
| England (einſchl. Kolonien) . . | 7,8 | 53,3 | 11,1 | 49,8 | 42 |
| Deutſchland . . | 1,5 | 10,6 | 2,4 | 11,0 | 60 |
| Verein. Staaten von Amerika . | 0,9 | 6,2 | 1,3 | 5,9 | 44 |
| Norwegen . . | 0,5 | 3,4 | 0,9 | 4,2 | 80 |
| Frankreich . . . | 0,5 | 3,6 | 0,8 | 3,8 | 60 |
| Japan . . . . | 0,3 | 2,2 | 0,7 | 3,4 | 133 |
| Italien . . . . | 0,4 | 2,1 | 0,6 | 2,8 | 50 |
| Rußland . . . | 0,3 | 2,3 | 0,5 | 2,3 | 70 |
| Niederlande . . | 0,3 | 2,3 | 0,6 | 2,8 | 100 |
| Schweden . . . | 0,3 | 2,1 | 0,5 | 2,5 | 70 |
| Spanien . . . | 0,4 | 3,1 | 0,4 | 2,1 | — |
| Übrige Länder . | 1,1 | 8,8 | 2,0 | 9,4 | 82 |

England ſteht mit ſeinem Anteil an der Welthandels=
flotte weitaus an der Spitze. Es hat auch ſeinen abſoluten
Beſtand an Schiffstonnage am ſtärkſten vermehrt: von
7,8 auf 11,1 Millionen Tonnen. Im Verhältnis zur Ge=

ſamthandelsflotte hat ſein Anteil ſich zwar vermindert von 53,3 auf 49,8 %, wie auch die prozentuale Zunahme ſeiner Dampfertonnage hinter allen anderen genannten Ländern mit Ausnahme von Spanien zurückbleibt. Man wird aber gut tun, dieſe Verhältniszahlen nicht zu über= ſchätzen, denn je größer eine abſolute Zahl iſt, um ſo kleiner erſcheint die Zunahme in Prozenten. Eine Million ver= mehrter Tonnage bedeutet gegenüber dem Stand von 1901 beiſpielsweiſe in Deutſchland 50 % Zunahme, in England aber nur 12,8 %. Es iſt nun freilich zu berückſichtigen, daß in den angegebenen Zahlen die in den engliſchen Kolonien beheimateten Schiffe einbegriffen ſind, indeſſen iſt ihr Anteil geringer, als ſchlechthin angenommen wird. Nach Lloyds Regiſter betrug nämlich die Tonnage der eng= liſchen Dampferflotte im Jahre 1912 (über 100 R.T.) 11,6 Millionen N.R.T., wovon nur 0,8 Millionen auf die Kolonien fallen. Alles in allem darf England ſich auch hinſichtlich ſeiner Handelsmarine immer noch als das „die Meere beherrſchende Albion" bezeichnen. Dies freilich nur unter dem Geſichtswinkel der Geſamtweltſchiffahrt, denn auf einzelnen Linien, ſo z. B. zwiſchen Europa und den Vereinigten Staaten von Amerika, hat es keineswegs eine abſolut domierende Stellung, ſondern ſieht ſich höch= ſtens, aber auch dies nur bedingt, als Primus inter pares.

Von allen anderen Staaten ſteht mit ſeiner Dampfer= tonnage Deutſchland an der Spitze; ſeinen Beſtand hat es im letzten Jahrzehnt um 0,9 Millionen N.T., ſeinen An= teil an der Weltdampferflotte von 10,6 auf 11 % ſteigern können. Verhältnismäßig ſchlecht ſchneiden die Amerikaner ab, deren Anteil von 6,2 auf 5,9 % zurückgegangen iſt, womit eine langſame Vermehrung des Beſtandes korre= ſpondiert: 0,4 Millionen Tonnen gleich 44 %. Bei allen anderen Nationen hingegen ſehen wir ein mehr oder weniger ſtarkes Anſteigen, das bei Japan ſogar 133 % erreicht — eine Folge der energiſchen, im einzelnen frei= lich nicht unbedenklichen Subventionspolitik der japaniſchen Regierung. Bei dieſer Gelegenheit mag ganz allgemein bemerkt werden, daß die angegebenen Zahlen keineswegs ohne weiteres auf ein geſundes Wachstum ſchließen laſſen, denn außer in Japan ſehen wir beiſpielsweiſe auch in Frankreich ein Anſteigen der Handelsflotte, das keineswegs durch wirtſchaftliche Notwendigkeit bedingt wird, ſondern gleichfalls in ausgeſprochen merkantiliſtiſcher Schiffahrts= politik ſeine Urſachen findet.

Von Bedeutung für den Weltverkehr iſt nun aber nicht nur die Tonnage, ſondern auch die Zahl der Schiffe, denn erſt ſo zeigt ſich, mit welchen Größenklaſſen die einzelnen Nationen an der Weltſchiffahrt beteiligt ſind. Wir beſchränken uns hier wieder auf die Dampferflotte und wählen als Vergleichsbaſis das Jahr 1913.

Tabelle 51.
Zahl und Tonnage der Weltdampferflotte
im Jahre 1913.

| Länder | (Schiffe von 100 R.T. aufwärts) | | |
|---|---|---|---|
| | Zahl | N.R.T. | Durchſchnittstonnage eines Schiffes |
| | | | 1912 |
| England einſchl. Ko= lonien . . . . | 10 009 | 12 025 510 | 1201 (1160) |
| Deutſchland . . . | 2 019 | 2 877 887 | 1425 (1365) |
| Norwegen . . . | 1 597 | 1 122 577 | 709 (682) |
| Frankreich . . . | 987 | 1 029 113 | 1043 (1011) |
| Japan . . . . . | 1 037 | 956 702 | 923 (892) |
| Italien . . . . | 591 | 773 848 | 1309 (1263) |
| Rußland . . . . | 716 | 463 022 | 646 (639) |
| Niederlande . . . | 662 | 794 840 | 1201 (1131) |
| Schweden . . . | 1 043 | 551 964 | 529 (506) |
| Spanien . . . . | 547 | 506 073 | 907 (879) |

In dieser Tabelle fehlen die Vereinigten Staaten von
Amerika, weil sich für deren Handelsflotte die N.R.=
Tonnage in Beziehung zur Schiffszahl nach der Statistik
nicht einwandfrei darstellen läßt. Es mag dafür jedoch
eine andere Rechnung aufgestellt werden. Im Jahre 1910
hatten die Vereinigten Staaten für den Verkehr mit dem
Ausland registrierte Dampfschiffe: 494 mit 554 393 R.T.,
so daß sich ein Durchschnittsraumgehalt von 1142 Tonnen
ergibt; die Gesamtdurchschnittstonnage ist selbstverständ=
lich wesentlich geringer.

Im übrigen zeigt die Tabelle, daß Deutschlands
Dampferflottille die größte Durchschnittstonnage hat. An
zweiter Stelle steht Italien, an dritter England, an vierter
Holland. Die eingeklammerten Zahlen zeigen die Durch=
schnittstonnage des Jahres 1912. Sie zeigen, daß die
Größe der Schiffe sich in einem einzigen Jahre erheblich
vermehrt hat. Das Bestreben, große Schiffe zu bauen, ist
ganz allgemein — bis zu jenen Riesendampfern, die
neuerdings in Deutschland und England gebaut worden
sind.

Ziehen wir die Handelsdampfer aller Nationen mit
mehr als 10 000 R.T. in Betracht, so zeigt sich, daß nächst
England Deutschland über deren größte Zahl verfügt.
England hatte im Jahre 1913: 122, Deutschland 33 Dampfer
genannter Größe, Amerika hingegen nur 11, Frankreich 10,
Holland 5. Hinsichtlich der Riesendampfer steht Deutsch=
land heute an der Spitze. Die Schiffe der Hamburg=
Amerika=Linie mit etwa 50 000 Tonnen (brutto): „Im=
perator" und „Vaterland" haben selbst die englischen
Schiffe „Olympic" der White=Star=Line, und die „Lusi=
tania" (inzwischen versenkt), sowie deren Schwesterschiff
die „Mauretania" der Cunard=Line geschlagen. Schon
heute dürfte übrigens feststehen, daß der Bau solcher

Rieſendampfer (die Hamburg-Amerika-Linie hat zwei weitere im Bau) ein ökonomiſches Wagnis war.

In dieſem Zuſammenhang ſei noch erwähnt, daß die größten R e e d e r e i e n der Welt Deutſchland beſitzt. An der Spitze aller Reedereien der Erde ſteht die Hamburg-Amerika-Linie mit 192 Seeſchiffen: 1,2 Millionen Br.R.T. Es folgt der Norddeutſche Lloyd mit 133 Seeſchiffen und 821 000 Br.R.T. Erſt an dritter Stelle ſteht die Ellermann Lines in London mit 127 Schiffen und 536 000 Br.R.T., der die Britiſh India Steam Nav. Co. und die Peninſular and Oriental Steam Nav. Co. mit etwa derſelben Tonnage ſich anreihen. Alle anderen Reedereien der Welt hatten im Jahre 1913 einen geringeren Schiffspark als 500 000 Br.R.T. Wenn man allerdings nicht die einzelnen Reedereien betrachtet, ſondern die Truſtbildung berückſichtigt, ſo ſteht an der Spitze der Royal-Mail-Konzern, der 1,4 Millionen Tonnen umfaßt, und an zweiter Stelle die International Mercantile Marine Co. (Morgantruſt), die im Juni 1913 1,2 Millionen Br.R.T. kontrollierte.

Führen wir uns die Schiffe nunmehr in B e w e g u n g vor.

**Tabelle 52. S e e v e r k e h r  w i c h t i g e r  L ä n d e r (Dampfer).**

| In den Häfen der nachſtehenden Länder | im Jahre | angekommene Schiffe in 1000 N.R.T. | | abgegangene Schiffe in 1000 N.R.T. | |
|---|---|---|---|---|---|
| | | eigene | fremde | eigene | fremde |
| England . . . | 1912 | 43 872 | 30 343 | 44 010 | 30 315 |
| Deutſchland . . | 1913 | 13 625 | 12 169 | 13 665 | 12 136 |
| Verein. Staaten von Amerika . | 1912 | 11 649 | 36 301 | 12 435 | 35 905 |
| Frankreich . . | 1912 | 7 287 | 23 327 | 7 468 | 23 300 |
| Japan . . . | 1912 | 10 220 | 11 414 | 10 352 | 11 370 |
| Rußland . . . | 1912 | 2 427 | 10 801 | 2 319 | 10 789 |
| Niederlande . . | 1913 | 4 542 | 13 279 | 4 539 | 13 152 |
| Schweden . . | 1912 | 5 667 | 6 061 | 5 695 | 6 156 |
| Spanien . . . | 1913 | 9 073 | 16 503 | 8 691 | 15 132 |

Weitaus an der Spitze steht wieder England, das in seinen Häfen 74 Millionen N.R.T. Dampferschiffsraum einkommen sah. Im Jahre 1900 waren es erst 49 Millionen Tonnen. Von der einkommenden Dampfertonnage gehörten 1913: 59,2 % der eigenen Flotte an; im Jahre 1900 waren es noch 67 %. England hat demnach den fremden Schiffsverkehr in seinen Häfen schneller wachsen sehen als den eigenen. In Deutschlands Häfen gehen fremde und eigene Schiffe in gleichem Verhältnis aus und ein. Dies war auch im Jahre 1900 schon so. In den Seehäfen der Vereinigten Staaten verkehren (Eingang und Ausgang) nur etwa 22 % Schiffe der eigenen Flagge, in Frankreich 23 %, in Japan etwa 46 % (gegen 35 % 1900), in Rußland 23 %, Niederlande 27 %, Schweden 48 %, Spanien 37 %. Alles in allem steht England mit dem Verkehr der eigenen Schiffe in seinen Häfen immer noch am günstigsten da, wenngleich die Tendenz des Rückgangs, bedingt durch die Zunahme anderer Flotten, erheblich ist.

Auch in bezug auf die gesamte Tonnage, die in den einzelnen Ländern einläuft und ausläuft, steht England an der Spitze. Für die bisher genannten Länder ergibt sich die folgende, recht instruktive Übersicht:

| | | |
|---|---|---|
| England . . . . . . . . . . | 148 Mill. | N.R.T. |
| Vereinigte Staaten von Amerika . . | 96 | " " |
| Frankreich . . . . . . . . . . | 61 | " " |
| Deutschland . . . . . . . . | 51 | " " |
| Rußland . . . . . . . . . . | 49 | " " |
| Spanien . . . . . . . . . | 49 | " " |
| Japan . . . . . . . . . . | 43 | " " |
| Niederlande . . . . . . . . | 35 | " " |
| Schweden . . . . . . . . . | 23 | " " |

Von Interesse ist es schließlich noch, den Schiffsverkehr in den wichtigeren H ä f e n kennen zu lernen.

Tabelle 53.
Schiffsverkehr in wichtigen europäischen Häfen.

| | in Mill. N.R.T. | | Zu= bzw. Ab= |
|---|---|---|---|
| | 1910 | 1912 | nahme in % |
| Hamburg . . . . | 12,6 | 13,6 | + 7,2 |
| Bremen . . . . | 3,5 | 4,2 | + 21,4 |
| Amsterdam . . . | 2,6 | 2,8 | + 10,8 |
| Rotterdam . . . | 10,7 | 12,1 | + 13,5 |
| Antwerpen . . . | 10,8 | 11,7 | + 8,8 |
| London[1]) . . . . | 19,7 | 18,7 | — 5,0 |
| Cardiff[1]) . . . . | 11,1 | 14,4 | + 3,9 |
| Liverpool[1]) . . . | 14,3 | 15,1 | + 5,8 |
| Marseille . . . . | 9,4 | 9,6 | + 2,5 |
| Genua . . . . | 7,5 | 7,1 | — 6,3 |
| Triest . . . . | 4,2 | 4,6 | + 8,9 |

Die verkehrsreichsten Häfen besitzt demnach England in London und Liverpool. Von allen kontinentalen Häfen aber steht Hamburg an der Spitze — in scharfer Konkurrenz mit Ant= werpen und Rotterdam. Man darf neugierig sein, wie sich gerade diese Verhältnisse nach dem Kriege entwickeln werden.

Als Gradmesser für die Intensität des Weltverkehrs mögen schließlich noch einige Angaben über den Verkehr im Suezkanal folgen:

Tabelle 54. Anteil am Suezkanalverkehr in 1000 N.R.T.

| | 1910 | % | 1913 | % |
|---|---|---|---|---|
| England . . . . | 10 423,6 | 62,9 | 12 052,5 | 60,2 |
| Deutschland . . . | 2 563,7 | 15,5 | 3 352,3 | 16,7 |
| Holland . . . . | 854,5 | 5,1 | 1 287,4 | 6,4 |
| Frankreich . . . | 833,0 | 5,0 | 927,8 | 4,7 |
| Österreich=Ungarn . | 642,8 | 3,9 | 845,8 | 4,2 |
| Japan . . . . . | 350,9 | 2,1 | 343,7 | 1,7 |
| Rußland . . . . | 288,1 | 1,7 | 340,6 | 1,7 |
| Italien . . . . | 218,3 | 1,3 | 290,6 | 1,5 |
| Sonstige . . . . | 406,6 | 2,5 | 598,2 | 3,0 |
| Zusammen . . . | 16 581,5 | 100,0 | 20 033,9 | 100,0 |

[1]) Einschließlich Küstenschiffahrt.

Daß England hier weitaus an erster Stelle steht, ist schon dadurch bedingt, daß durch den Suezkanal der Weg zu seinen wichtigen Kolonien Indien und Australien führt. Wenn man bedenkt, daß Deutschland sich derlei Vorzuges nicht erfreut, so ist sein Anteil von rund 15 % recht be= achtenswert, zumal es die nächstfolgenden Flaggen um das Dreifache überragt. Schließlich seien noch die Zahlen über den Verkehr im Kaiser=Wilhelm=Kanal hierher ge= setzt:

Tabelle 55.

Der Verkehr im Kaiser=Wilhelm=Kanal 1896—1913.

| Jahr (April bis März) | Gesamtverkehr an abgabepflichtigen Schiffen | | Davon entfielen in Prozent der Tonnage auf: | | | | | | |
|---|---|---|---|---|---|---|---|---|---|
| | Schiffe | N.R.T. (in 1000 T.) | Deutsch= land | Däne= mark | Schweden | England | Nor= wegen | Frank= reich | Rußland |
| 1896/97 | 19 960 | 1 848 | 68,2 | 10,1 | 5,6 | 7,8 | 2,6 | 10,1 | 2,6 |
| 1905/06 | 33 147 | 5 796 | 58,3 | 10,3 | 7,0 | 9,3 | 3,5 | 10,3 | 6,7 |
| 1913/14 | 53 382 | 10 349 | 57,2 | 9,2 | 7,3 | 4,9 | 8,8 | 0,4 | 6,5 |

Außer diesen Schiffen haben noch zahlreiche nicht abgabe= pflichtige Schiffe den Kanal passiert, darunter im Jahre 1913/14 1739 Schiffe der Kaiserlichen Marine. Im ganzen zeigt die Entwicklung eine die Erwartungen der ersten Zeit übersteigende Wachstumstendenz. Der Kanal wird je länger desto mehr ein Verkehrsweg für den Handel, wenngleich naturgemäß die Länder der Ostsee ihn haupt= sächlich benutzen und er infolgedessen niemals ein so be= deutender Gradmesser für die Intensität des Weltverkehrs werden wird, wie etwa der Suezkanal oder künftig der Panamakanal.    Bemerkenswert ist das Mißverhältnis zwischen Tonnage und Schiffszahl; der Kanal wird un= gemein viel von kleinen und kleinsten Schiffen benutzt.

Schließlich noch einige Angaben über den Schiff b a u. Vorausgeschickt werden muß da wieder, daß die statistischen Grundlagen für die Erfassung des Schiffbaues in den einzelnen Ländern, vor allem, soweit es sich um die Mög= lichkeit des Vergleichs handelt, äußerst mangelhaft sind. Es können die nachfolgenden Ziffern deshalb auch nur Anspruch auf ungefähre Richtigkeit machen. Im Gegensatz zu den bisherigen Angaben gebe ich hier die Bruttoziffern, da dies für den Schiffbau richtiger ist, während für die Beurteilung der Schiffahrt der Nettoraumgehalt die Grundlage zu bilden hat. Nach Cloyds Register, das Segler und Dampfer über 100 Br.R.T. berücksichtigt, sind insgesamt gebaut worden:

**Tabelle 56.**
Die Entwicklung des Weltschiffbaus.

| Jahr | Schiffe | Tonnage |
|------|---------|---------|
| 1889 | 1090 | 1 502 629 |
| 1895 | 794 | 1 211 615 |
| 1900 | 1285 | 2 268 938 |
| 1901 | 1321 | 2 435 892 |
| 1902 | 1336 | 2 346 315 |
| 1903 | 1251 | 1 979 575 |
| 1904 | 1313 | 1 898 529 |
| 1905 | 1181 | 2 302 467 |
| 1906 | 1375 | 2 697 004 |
| 1907 | 1382 | 2 784 639 |
| 1908 | 993 | 1 761 585 |
| 1909 | 899 | 1 551 532 |
| 1910 | 899 | 1 816 189 |
| 1911 | 1189 | 2 405 681 |
| 1912 | 1719 | 2 901 769 |

In diesen Zahlen spiegelt sich die Konjunktur der Welt= wirtschaft deutlich wieder. Die Rekordsätze des inter= nationalen Güteraustausches im Jahre 1907 sind stark erkennbar, desgleichen der rapide Umschlag im Jahre 1908,

der im nächſten Jahre noch deutlicher zum Ausdruck kommt.
Das Jahr 1910 bringt dann einen leiſen Aufſtieg, der im
Jahre 1911 ſchneller vorwärts eilt und im Jahre 1912
das Rekordjahr 1907 in der Tonnage erheblich überholte.
Die oben dargeſtellte Tonnage verteilt ſich auf Segler
und Dampfer ſehr ungleich:

**Tabelle 57.**
**Die neugebauten Segler und Dampfſchiffe.**

| Jahr | 1900 | | 1905 | | 1912 | |
|---|---|---|---|---|---|---|
| | Schiffe | Tonnage | Schiffe | Tonnage | Schiffe | Tonnage |
| Segler . | 319 | 222 599 | 130 | 49 435 | 356 | 105 901 |
| Dampfer | 966 | 2 046 339 | 1051 | 2 253 032 | 1363 | 2 795 868 |

Hierbei iſt zu beachten, daß es ſich nur um Schiffe von
100 Tons aufwärts handelt. Der Bau von Segelſchiffen
iſt im letzten Jahrzehnt ſehr ſchnell zurückgegangen, eine
Entwicklung, die allem Anſchein nach auch nicht mehr auf=
zuhalten iſt. Immerhin möchte ich auch hier nicht ſchon
das letzte Wort ſprechen. Ganz neuerdings iſt nun frei=
lich ein Umſtand hinzugekommen, der den großen Segel=
ſchiffen einen künftigen erneuten Aufſchwung ſtark er=
ſchweren wird: das Motorſchiff. Sollte wirklich einmal der
Dieſelmotor die Kolbenmaſchine und die Turbine ver=
drängen, ſo würden die Raumerſparniſſe, die billigeren
Koſten für Bedienungsmannſchaft und für Feuerung den
Segelſchiffen ihre beſonderen Vorzüge rauben, die bekannt=
lich allein darin beſtehen, daß ſie mit geringeren Koſten
arbeiten, wofür freilich die Beſchaffung der Mannſchaft
um ſo ſchwieriger iſt. Erfüllen die überſchwenglichen Hoff=
nungen, die man jetzt auf das Motorſchiff ſetzt, ſich auch
nur einigermaßen, ſo darf mit einem weſentlich billigeren

Betrieb der Schiffahrt und damit wohl auch auf ein Herab=
gehen der Frachten gerechnet werden. Unter Umſtänden
eröffnen ſich hierdurch dem Welthandel ganz neue Aus=
ſichten. Doch es wäre voreilig, darüber ſchon jetzt ein
Urteil zu fällen, zumal der Krieg zu völlig anderen Ge=
ſichtspunkten für die Beurteilung dieſer Dinge geführt hat.

Am Weltſchiffbau ſind die einzelnen Länder ſehr ver=
ſchieden beteiligt. Die folgende Tabelle gibt hierüber Aus=
kunft.

### Tabelle 58.
### Der Weltſchiffbau nach Ländern.
(Es ſind nur Dampfer und Segler von 100 Br.R.T. an aufwärts
berückſichtigt worden.)

| | 1901 | | 1906 | | 1912 | |
|---|---|---|---|---|---|---|
| | Raum=gehalt in Br.R.T. | %₀ des Ge=ſamtwelt=ſchiffbaus | Raum=gehalt in Br.R.T. | %₀ des Ge=ſamtwelt=ſchiffbaus | Raum=gehalt in Br.R.T. | %₀ des Ge=ſamtwelt=ſchiffbaus |
| England . . . | 1 524 739 | 58,3 | 1 828 343 | 62,6 | 1 738 514 | 59,9 |
| Verein. Staaten von Amerika . | 433 235 | 16,6 | 441 087 | 15,1 | 284 223 | 9,8 |
| Deutſchland . . | 217 593 | 8,3 | 318 230 | 10,9 | 375 317 | 13,0 |
| Frankreich . . | 177 543 | 6,8 | 35 214 | 1,2 | 110 735 | 3,8 |
| Holland . . . | 29 927 | 1,1 | 66 809 | 2,3 | 99 439 | 3,4 |
| Norwegen . . | 36 875 | 1,4 | 60 774 | 2,1 | 50 255 | 1,7 |
| Japan . . . | 37 208 | 1,4 | 42 489 | 1,5 | 57 755 | 2,0 |
| Italien . . . | 60 526 | 2,3 | 30 560 | 1,1 | 25 196 | 0,9 |
| Öſterr.=Ungarn . | 20 013 | 0,8 | 18 590 | 0,6 | 38 821 | 1,3 |
| Brit. Kolonien . | 28 134 | 1,0 | 26 042 | 0,9 | 34 790 | 1,2 |
| Dänemark . . | 22 856 | 0,9 | 24 712 | 0,8 | 26 103 | 0,9 |
| Schweden . . | 8 241 | 0,3 | 11 579 | 0,4 | 13 968 | 0.5 |
| Rußland . . . | 9 358 | 0,4 | 1 256 | 0,04 | 15 171 | 0,5 |
| Andere Länder . | 11 291 | 0,4 | 14 078 | 0,5 | 31 483 | 1,1 |
| Zuſammen . . | 2 617 539 | 100 | 2 919 763 | 100 | 2 901 769 | 100 |

An dieſen Zahlen fällt eines vor allem auf: England
iſt immer noch der Schiffbauer der Welt! Seinen Anteil

am Bau der Welthandelsflotte hat es ſogar von 58,3 %
im Jahre 1901 auf 59,9 % im Jahre 1912 vermehrt. Die
Entwicklung ſeit dem Jahre 1901 iſt zwar nicht ſo einheit=
lich wie ſie in den obigen drei Jahreszahlen zum Ausdruck
kommt, denn die wirtſchaftlichen Zeitläufte haben ſich auch
in England ſehr bemerkbar gemacht. Das Rekordjahr
hatten die Engländer im Jahre 1906 mit 1,8 Millionen R.T.
Die niedrigſte Ziffer weiſt das Jahr 1908 mit 0,9 Mil=
lionen Tons auf. Bedeutſam iſt es, daß England zwar
mit ſeinem Anteil an der Welthandelsflotte und auch am
Weltſchiffsverkehr zurückgegangen, daß aber ſeine Quote
am Weltſchiffbau noch im Steigen begriffen iſt.

Auffällig erſcheint der ſtarke Rückgang im Schiffbau der
Vereinigten Staaten von Amerika, aus dem ſich manches
erklärt, was neuerdings verſucht wird, um dieſem Zuſtand
abzuhelfen. Der Anteil der Amerikaner am Weltſchiffbau
iſt im letzten Jahrzehnt von 16,6 auf 9,8 % zurückge=
gangen. Deutſchland hat ſeinen Anteil nicht unerheblich
ſteigern können: von 8,3 auf 13,0 %. Das Rekordjahr 1906
(0,3 Millionen Tons) iſt im Jahre 1912 überſchritten wor=
den. Frankreich hat ſeine Maximaltonnage im Jahre 1901
(177 543 Tons), erlebte aber im Jahre 1906 einen Tiefſtand
von 35 214 Tons; im Jahre 1910 waren es 63 487 Tons,
während das Jahr 1912 eine Vermehrung von ungefähr
100 % brachte. Für Holland und Belgien zeigt ſich ſeit
1900 als das Rekordjahr 1912. Das gleiche gilt für Japan,
von dem man im übrigen ſagen darf, daß es zwar das
Seefahren gelernt hat, für den Bezug ſeiner Schiffe aber
immer noch ſehr ſtark auf die Werften des Auslandes an=
gewieſen iſt. Erheblich zurückgegangen iſt der Schiffbau in
Italien, das nicht einmal an dem Aufſchwung von 1912
teilgenommen hat. Bemerkenswert iſt weiter, daß die
engliſchen Kolonien während des letzten Jahrzehnts im

Schiffbau keine weſentlichen Fortſchritte gemacht haben,
ihr Anteil am Bau der Welthandelsflotte iſt nur wenig
geſtiegen. ¶ Auffällig iſt ſchließlich noch die geringe Bedeu=
tung des ruſſiſchen Schiffbaues: 15171 R.T. im Jahre
1912!

Der Krieg iſt für den Beſtand der Welthandelsflotte
von verhängnisvoller Bedeutung geworden. Man darf
annehmen, daß ſchon heute anderthalb Millionen Schiffs=
tonnage zerſtört worden iſt. Außerdem muß mit er=
heblicher Abnutzung beſonders leiſtungsfähiger Schiffe durch
deren Verwendung als Hilfskreuzer und für Truppentrans=
porte gerechnet werden. Es ſteht deshalb außer Zweifel,
daß nach beendigtem Kriege ein empfindlicher Mangel an
Schiffsräumte eintreten wird und für längere Zeit mit
ungewöhnlich hohen Frachtraten gerechnet werden muß.

# IV. Zur neueren Handels- und Wirtschaftspolitik des Deutschen Reiches.

## A. Die Caprivische Handelspolitik (1890 – 1906).

Das Deutsche Reich hat in handelspolitischer Beziehung bekanntlich eine wechselreiche Geschichte. Unmittelbar nach Gründung des Reichs machte die seit den sechziger Jahren schon im Zollverein stark zur Geltung gekommene freihändlerische Strömung solche Fortschritte, daß nach dem am 1. Januar 1877 erfolgten restlosen Inkrafttreten des Zolltarifs von 1873 Deutschland ein Freihandelsland genannt werden konnte. Durch den im Jahre 1879 zur Einführung gelangenden Zolltarif wurde jedoch grundsätzlich und tatsächlich der Umschwung in der Richtung des Schutzzolles herbeigeführt. Charakteristisch für die nun einsetzende Handelspolitik war einmal der umfassende Zollschutz der „nationalen Produktivkräfte" in Landwirtschaft und Industrie, sowie zum anderen die möglichst konsequente Durchführung der „autonomen" Handhabung des Zolltarifs und dementsprechend die bewußte Fernhaltung von differenzierter Vertragspolitik. Die Zollsätze an sich waren zunächst von geringer Bedeutung, gemessen an heutigen Verhältnissen sogar ohne Bedeutung. Weizen, Roggen und Hafer z. B. bezahlten nach dem Tarif von 1879 nur 1 Mark für 100 Kilogramm. Auch die Zölle auf Eisen und Textilwaren hielten sich auf bescheidener Höhe. Die Steigerung ließ indessen nicht lange auf sich warten. Der Tarif von 1887 belegte Roggen und Weizen schon mit einem Zoll von 5 Mark und brachte überdies eine Steigerung der Zölle auf andere agrarische Produkte, vornehmlich auf Vieh und Holz. Auch die Industriezölle wurden seit 1879 sehr erheb=lich und in rascher Folge gesteigert. Den Höhepunkt bildete der Tarif von 1887.

Zu Anfang der neunziger Jahre setzt eine neue han=delspolitische Ära ein: die C a p r i v i s c h e  H a n d e l s = p o l i t i k, die hier etwas eingehender behandelt sein möge.

Die im Jahre 1887 erfolgte Zollerhöhung auf agrarische Produkte war nicht ausschließlich durch die Lage der deutschen Landwirtschaft bedingt, sondern entsprang zum Teil der Auffassung Bismarks, daß er gegenüber Rußland und Österreich=Ungarn, wo die deutschen Tarifänderungen den Anlaß zu namhaften Erhöhungen der Zölle auf deutsche Industrieprodukte gegeben hatten, ein Kampfmittel in der Hand haben müsse. Die Anwendung dieses Kampf=mittels führte freilich zu Mißerfolgen, da beide Länder ihre bisherigen Maßnahmen nur verschärften und eine Verständigung nicht zustande kam. Ähnlich lagen die Verhältnisse in anderen Ländern. Hierzu kam weiter, daß die europäischen Staaten in den achtziger Jahren ein umfassendes Konventionaltarifsystem geschaffen hatten, das die Bedingungen des gegenseitigen Güteraustausches für längere Zeit festlegte. Deutschland hatte infolge seiner autonomen Handelspolitik an diesem Vertragsystem nur in ganz bescheidenem Umfange teilgenommen (Spanien, Italien, Griechenland); es regelte seine Handelsbeziehungen durch bloße Meistbegünstigungsverträge. Hierdurch be=hielt es für seine eigenen Maßnahmen freie Hand, während es gleichzeitig an den Vorteilen jener Tarifbindungen teil=nahm. Dieser für Deutschland günstige Zustand mußte aber im Jahre 1892 sein Ende erreichen, denn Frankreich, das

Mittelpunkt dieses Vertragsystems war, zeigte gleichfalls ausgesprochene Neigung zu autonomer Handelspolitik und war entschlossen, die am 2. Februar 1892 ablaufenden Verträge nicht zu erneuern. Dieser Tatsache gegenüber war die handelspolitische Situation unmittelbar nach Bismarcks Entlassung äußerst schwierig. Zwei Wege standen offen. Entweder konnte die Bismarcksche Ab= sperrungspolitik fortgeführt, d. h. eine weitere Erhöhung der deutschen Zölle vorgenommen werden, oder aber es konnte der Versuch gemacht werden, auf die Erneuerung des Vertragsystems hinzuwirken und durch eigene Be= teiligung auf seine künftige Gestaltung einen maßgebenden Einfluß auszuüben. Die Entscheidung fiel in dem letzteren Sinne.

Anläßlich eines im Sommer des Jahres 1890 in Schlesien veranstalteten Zusammentreffens Kaiser Wilhelms II. mit dem Kaiser von Österreich wurde im Hinblick auf das künftige handelspolitische Zusammenwirken beider Länder eine grundsätzliche Übereinstimmung erzielt. Die un= mittelbar darauf von Caprivi in Wien eingeleiteten Ver= handlungen führten nach Überwindung großer Schwierig= keiten im Mai 1891 zum Abschluß eines Handelsvertrages. Deutschland konzedierte die Herabsetzung des Zolls auf Weizen und Roggen von 5 Mark auf 3,50, Hafer von 4 auf 2,80 Mark und Gerste von 2,25 auf 2 Mark. Dazu traten deutscherseits Zollermäßigungen auch für die öster= reichisch=ungarische Ausfuhr wichtiger Rohstoffe und Halb= fabrikate, sowie das Anerbieten einer Veterinärkonvention. Österreich=Ungarn setzte seine Zölle auf Textilwaren um durchschnittlich 20 % herab und willigte außerdem in die Ermäßigung seiner Zölle für Eisenwaren, Maschinen, In= strumente, Glas, Tonwaren usw. ein. Auf ähnlicher Basis wurden mit der Schweiz, Italien und Belgien Verhandlungen

eingeleitet, die gleichfalls zum Abfchluß von Verträgen
führten. Sämtliche Verträge wurden dem Reichstag am
14. Dezember 1891 vorgelegt und von diefem nach heftiger
Oppofition der „Agrarier" am 17. Dezember ohne Kom=
miffionsberatung angenommen. Auch ein erheblicher Teil
der Konfervativen hatte für fie geftimmt. In der Folge
wurde das fo gefchaffene Vertragsgebiet erweitert durch
Verträge mit Rumänien und Serbien und fchließlich (1894)
— nachdem zuvor ein Zollkrieg überwunden war — mit
Rußland. Auch diefe Verträge fanden die Zuftimmung des
Reichstages; die Mehrheiten wurden jedoch ftändig kleiner.
Sämtliche Verträge hatten eine Gültigkeitsdauer bis zum
Jahre 1904, wurden jedoch fpäter bis zum Jahre 1906
verlängert.

Die Urteile über die Caprivifche Handelspolitik gingen
und gehen noch heute ftark auseinander. Es mag deshalb
auf ihre Urfachen und Folgewirkungen, foweit für deren
Beurteilung zuverläffige Unterlagen vorliegen, etwas näher
eingegangen werden. Dies rechtfertigt fich auch deshalb,
weil, wie weiter unten darzulegen fein wird, die deutfche
Handelspolitik feitdem an den damals aufgeftellten Grund=
fätzen feftgehalten hat.

Außer allem Zweifel fteht zunächft, daß bei dem Abfchluß
des öfterreichifch=ungarifchen Handelsvertrages (und fpäter
des ruffifchen) p o l i t i f c h e  G r ü n d e  m i t g e w i r k t
haben und infofern der Vorwurf Bismarcks, daß hier
„wirtfchaftliche Intereffen mit den Fragen der auswärtigen
Politik vermengt" worden feien, eine gewiffe Berechtigung
enthält, wenn aus folcher Vermengung überhaupt ein
Vorwurf abgeleitet werden kann[1]). Ebenfo zweifellos

---

[1]) Aus dem Munde Bismarcks mutete folcher Vorwurf der
Vermengung von „hoher" Politik und Handelspolitik übrigens

steht heute aber fest, daß politische Gründe damals selbst gegenüber Österreich=Ungarn und Rußland nicht in erster Linie wirksam gewesen sind, geschweige denn bei den übrigen Verträgen eine nennenswerte Rolle gespielt haben. In der Hauptsache drängten wirtschaftliche und soziale Gründe die deutsche Handelspolitik in die neue Richtung. Um dies zu illustrieren, sei das folgende hervorgehoben:

Mit dem Tarif von 1887 war in Deutschland im Gegen=satz zu den Folgewirkungen der Maßnahmen von 1879 und 1885 eine merkliche S t e i g e r u n g  d e r  G e t r e i d e=p r e i s e eingetreten. Diese erreichte im Jahre 1891 infolge ungünstiger Ernten in den Haupterzeugungs=ländern eine solche Höhe, daß mit gewissem Recht von Teuerungspreisen gesprochen werden konnte. Der Weizen=preis stieg in Berlin auf 224, der Roggenpreis auf 211 Mark. Ähnlich waren auch die Preise der übrigen Agrarprodukte in die Höhe gegangen. Angesichts solcher Sachlage wurde in Deutschland je länger desto mehr die Herabsetzung der Getreidezölle gefordert. Die Reichsregierung lehnte dies jedoch ab, weil sie solche Ermäßigung als Kompensations=objekt bei den von ihr beabsichtigten Vertragsverhand=lungen mit Agrarländern benutzen wollte. Lag in diesen agrarischen Notstandspreisen ein triftiger Grund für die deutsche Reichsregierung, in eine Herabsetzung der Getreide=zölle einzuwilligen, so sind damit keineswegs schon die Motive gekennzeichnet, die schließlich zu einer langfristigen B i n d u n g des Zolltarifs gegen das Äquivalent der

---

eigenartig an, denn er selbst hatte hierfür, gerade Österreich=Ungarn gegenüber, das Beispiel gegeben, als er (die Politik des Ministeriums Manteuffel fortsetzend) im Kampf um die Vormachtstellung im Deutschen Bunde die freihändlerische Richtung im Zollverein stärkte, um den Eintritt Österreich=Ungarns in den Zollverein un=möglich zu machen.

Herabfetzung ausländifcher Induftriezölle führten. Eine Behebung der Teuerung, die im wefentlichen internationale Urfachen hatte, wäre ja auch durch die z e i t w e i l i g e Herabfetzung der Getreidezölle möglich gewefen.

Der eigentliche Grund für die Caprivifche Handels= politik lag — abgefehen von den gewöhnlich überfchätzten politifchen Abfichten und Rückfichten — wefentlich tiefer.

Letzten Endes war nämlich die Caprivifche Handels= politik nichts anderes als die bewußt gezogene Konfe= quenz aus der Verfchiebung des deutfchen Wirtfchafts= lebens vom überwiegenden Agrar= zum überwiegenden Induftrieftaat. Nach damaliger Auffaffung kam es darauf an, die fchnell wachfende deutfche Induftrie vor den Folge= wirkungen der vielfach fchon eingetretenen und nach dem Jahre 1892 noch fchärfer zu erwartenden Abfperrungs= maßnahmen der als Ausfuhrgebiete hauptfächlich in Be= tracht kommenden Länder zu fchützen. Aus welchen Gründen aber man dies glaubte tun zu müffen, hat Caprivi in feiner Reichstagsrede vom 10. Dezember 1891 eingehend dargelegt: „Lohnende Arbeit wird, . . . . wenn diefe Verträge zur Perfektion kommen, gefunden werden. Wir werden fie finden durch den Export; wir müffen expor= tieren: entweder wir exportieren Waren oder wir expor= tieren Menfchen. Mit diefer fteigenden Bevölkerung ohne eine gleichmäßig zunehmende Induftrie find wir nicht in der Lage, weiter zu leben." Die ungewöhnlich hohen Aus= wandererziffern jener Zeit haben damals eine große Rolle gefpielt. Von 1872 bis 1878 war die Zahl der deutfchen Auswanderer ftändig gefunken: von 128 000 auf 25 000. Das Jahr 1879 aber bedeutete einen entfcheidenden Wende= punkt in auffteigender Richtung. Der jetzt eintretende Wanderverluft ift fo fchwerwiegend, daß er hier im ein= zelnen dargeftellt fei. Die Zahl der Auswanderer betrug:

| 1879: | 35 888 | 1886: | 83 225 |
|---|---|---|---|
| 1880: | 117 097 | 1887: | 104 787 |
| 1881: | 220 902 | 1888: | 103 951 |
| 1882: | 203 585 | 1889: | 96 070 |
| 1883: | 173 616 | 1890: | 97 103 |
| 1884: | 149 065 | 1891: | 120 089 |
| 1885: | 110 119 | | |

In der Zeit von 1872 bis 1879 hatte die Auswanderung sich im jährlichen Durchschnitt auf 54 081 gestellt, in den Jahren 1880 bis 1891 aber auf 131 623. Der relative Rückgang des Warenexports hatte demnach in der Tat in einer starken Zunahme des Menschenexports sein Korrelat gefunden. Es war deshalb die Befürchtung zu verstehen, daß diese ungünstige Entwicklung sich künftig noch stärker ausprägen würde, wenn es nicht gelang, der weiteren Zoll= erhöhung und willkürlichen Handhabung des Zolltarifs in jenen Staaten, auf deren Markt die deutsche Industrie an= gewiesen war, Einhalt zu tun.

Es ist nun aber anderseits nicht richtig, daß die in der Caprivischen Handelspolitik zum Ausdruck gekommene Industrieförderung in der Absicht geschehen sei, dies auf Kosten der Landwirtschaft zu tun, daß gewissermaßen die Absicht bestanden habe, das englische Beispiel zu befolgen und um des „Industrie= und Handelsstaates" willen die Landwirtschaft fallen zu lassen. Es ist gewiß nicht zu leug= nen, daß einer Anzahl von Mitgliedern der linken Parteien des Reichstages dies „Ideal" vorgeschwebt hat. Mancherlei doktrinär anmutende Reden aus jener Zeit über „inter= nationale Arbeitsteilung" rechtfertigen diese Annahme. Aber die große Mehrheit derjenigen, die die Handelsver= tragspolitik mitgemacht haben, war nichts weniger als „landwirtschaftsfeindlich" — am allerwenigsten die Reichs= regierung. Daß man das englische Beispiel n i ch t nach=

ahmen dürfe, daß Deutfchland aus den verfchiedenften
Gründen auf die Erhaltung einer leiftungsfähigen Land=
wirtfchaft angewiefen fei, war nicht zuletzt auch Caprivis
tiefeingewurzelte Überzeugung, der er oft genug Ausdruck
gegeben hat. Nach der damaligen Sachlage aber, vor
allem im Hinblick auf den hohen Stand der agrarifchen
Preife, glaubte man die Herabfetzung der induftriellen
Zölle des Auslandes und deren vertragliche Bindung für
längere Zeit mit einer Reduktion der Getreidezölle erkaufen
zu dürfen, ohne daß die deutfche Landwirtfchaft gefchädigt
würde. Dies um fo mehr, als ja der im Jahre 1887 einge=
führte Zoll von 5 Mark gar nicht in erfter Linie als Schutzzoll
gedacht war, fondern Kampfeszwecken gegenüber Rußland
dienen follte. Dies war von Bismarck ftets mit allem
Nachdruck betont worden. Jener Kampfzweck war nun
erreicht, folglich konnte der Zoll, wenn dem nicht dringende
Gründe des Preisftandes widerfprachen (das Gegenteil
fchien der Fall zu fein) wieder herabgefetzt werden. Hierbei
ift zu beachten, daß diefe Herabfetzung immer noch um
50 Pfennig über dem Satz von vor 1887 ftehen blieb.

Es fragt fich nun, inwieweit alle diefe Vorausfetzungen
durch die eingetretenen F o l g e w i r k u n g e n  d e r
C a p r i v i f c h e n  H a n d e l s p o l i t i k  gerechtfertigt
worden find. Daß die Wirkung der Handelsverträge für
die induftrielle Tätigkeit Deutfchlands und für deffen
Außenhandel ungemein günftig gewefen ift, wird heute von
kaum einer Seite bezweifelt, fo daß an diefer Stelle nicht
näher darauf eingegangen zu werden braucht. Nur die
zahlenmäßige Entwicklung des Außenhandels fei (zur Er=
gänzung der früheren Darlegungen) kurz angeführt.
Legen wir zunächft die erfte Periode der Verträge, die bis
zum 1. März 1906 dauerte, zugrunde. Ausgangspunkt fei
das Jahr 1894, in welchem (20. März) der ruffifche Vertrag

in Kraft trat. Aus= und Einfuhr stellen sich im Spezial=
handel für diese 12 Jahre wie folgt:

Tabelle 59.

Der deutsche Außenhandel während der
Caprivischen Handelsverträge.

| | Einfuhr in Mill. M. | Ausfuhr in Mill. M. | | Einfuhr in Mill. M. | Ausfuhr in Mill. M. |
|---|---|---|---|---|---|
| 1894 | 4285,5 | 3051,5 | 1900 | 6043,0 | 4752,6 |
| 1895 | 4246,1 | 3424,1 | 1901 | 5710,3 | 4512,6 |
| 1896 | 4558,0 | 3753,8 | 1902 | 5805,8 | 4812,8 |
| 1897 | 4864,6 | 3786,2 | 1903 | 6321,1 | 5130,3 |
| 1898 | 5439,7 | 4010,6 | 1904 | 6854,5 | 5315,6 |
| 1899 | 5783,6 | 4368,4 | 1905 | 7436,3 | 5841,8 |

Die Aufstellung ergibt eine Durchschnittseinfuhr pro
Jahr von 5612,3, eine Ausfuhr von 4396,7 Millionen
Mark. Die durchschnittliche jährliche Zunahme beläuft sich
bei der Einfuhr auf 262,5, bei der Ausfuhr auf 232,5 Mil=
lionen Mark: gegen die Periode 1872 bis 1890 eine sehr
erhebliche Steigerung. Es ist nun allerdings richtig, daß
die Tarifvertragsstaaten an dieser Entwicklung nicht stärker
beteiligt sind, als die übrigen Länder in ihrer Gesamtheit.
Der Anteil der Tarifstaaten betrug nämlich:

| | Einfuhr (Mill. M.) | Ausfuhr (Mill. M.) |
|---|---|---|
| 1894 | 1643,9 = 38 % | 1060,5 = 34 % |
| 1905 | 2684,4 = 36 % | 1923,5 = 33 % |

Dabei ist aber zu beachten, daß in den hier zum Vergleich
stehenden 12 Jahren der Außenhandel Deutsch=
lands mit den überseeischen Ländern sich
stärker zu entwickeln begann und das Gesamtbild sich da=
durch verschiebt. Diese Möglichkeit der Pflege eines er=

weiterten Marktes ist im übrigen mit bedingt gewesen durch die langfristig geregelten handelspolitischen Ver= hältnisse in den hauptsächlichsten Ländern Europas, die hier ein verhältnismäßig stetiges Geschäft sicherten und demgemäß Kraft und Kapital für weitere Expansions= tätigkeit freimachten. Endlich ist zu bedenken, daß es sich bei mehreren der Tarifvertragsländer um Volkswirt= schaften mit stark zunehmender Industrie handelt, denen gegenüber schon die Erhaltung der proportionalen Aus= fuhrsteigerung ein Erfolg ist. Jedenfalls kann es keinem Zweifel unterliegen, daß die Ausfuhrbeziehungen zu jenen Vertragsländern bei Fortbestand der handels= politischen Zustände, wie sie vor der Ära Caprivi bestanden, starken Erschütterungen unterworfen gewesen wären. Dies fällt um so mehr ins Gewicht, als es sich bei den Tarifver= tragsländern etwa um die Hälfte der gesamten Ausfuhr Deutschlands nach dem europäischen Ausland handelt.

Auf eine Analyse des deutschen Außenhandels kann nach den früheren Darlegungen an dieser Stelle verzichtet werden. Wohl aber möge die W i r k u n g d e r C a p r i = v i s c h e n H a n d e l s v e r t r ä g e a u f d i e k ö r n e r = b a u e n d e L a n d w i r t s c h a f t kurz beleuchtet werden. Im Jahre 1891 kostete der Weizen in Berlin 224 Mark, der Roggen 211 Mark per Tonne. Die Preise gingen in den nächsten Jahren sehr schnell herunter. Weizen stand im Jahre 1894 auf 136, Roggen auf 118 Mark (Berlin). Mithin innerhalb von 3 Jahren ein Preissturz von 88 bzw. 93 Mark. Es bedarf keines Wortes der Erklärung, daß die am Körnerbau interessierte Landwirtschaft hierdurch in eine schwere Krisis geriet. Es fragt sich nur, inwieweit diese Verhältnisse auf die Caprivische Handelsvertragspolitik zurückzuführen waren. Der Preissturz bewegte sich zwi= schen 88 und 93 Mark. Der Zoll war aber nur um 15 Mark herabgesetzt worden. Nehmen wir den Fall, die Handels= verträge wären damals auf der Basis des Tarifes von 1887, also mit 5 Mark Zoll abgeschlossen worden, so wäre ver= mutlich irgendwelche nennenswerte Opposition nicht er= folgt, denn die Gegner der Caprivischen Politik forderten vornehmlich die Beibehaltung des Tarifes von 1887. Der Preissturz wäre dann aber nicht minder krisenhaft gewesen, da er sich — vorausgesetzt, daß die Zölle volle Wirkung gehabt hätten — immer noch zwischen 73 und 88 Mark be= wegt hätte. Es ist deshalb unberechtigt, den großen Preis= sturz seit 1891 allein der Caprivischen Politik zuzuschreiben. Er war vielmehr in den allgemeinen Weltmarktpreisen begründet und wurde durch die Ermäßigung der deutschen Zölle nur etwa zu einem Sechstel herbeigeführt. Hätte man den Preis von 1891 festhalten wollen, so würde es dazu statt 35 Mark eines Zolles von 123 bzw. 128 Mark per Tonne bedurft haben! Weiter ist zu beachten, daß, wie schon bemerkt, die Preise von 1891 Teurungspreise waren, deren Aufrechterhaltung untunlich erschien. Mitte der achtziger Jahre hatten die Preise zeitweilig nicht viel höher gestanden als 1894.

Immerhin ist zuzugeben, daß die Lage der körnerbauen= den Landwirtschaft in jenen Jahren in der Tat äußerst kritisch war. Nicht richtig ist hingegen die Meinung, daß die Ermäßigung des Zolles um 15 Mark hierfür die vor= nehmste Ursache gewesen sei. Wohl aber können die Han= delsverträge mit jener Kalamität in dem Sinne in Ver= bindung gebracht werden, daß die B i n d u n g  d e s  T a = r i f s eine den Weltmarktpreisen folgende E r h ö h u n g d e s  Z o l l s — die, wie gezeigt, allerdings den Satz von 1887 mindestens hätte verdoppeln müssen, wenn ein voller Ausgleich hätte herbeigeführt werden sollen — verhinderte. D i e  B e d e u t u n g  d e r  C a p r i v i s c h e n  P o l i t i k

lag, dies muß immer wieder mit Schärfe
betont werden, nicht so sehr in der Höhe
der Zollsätze, sondern in deren **Bindung.**
Dies ergibt sich unter anderem auch aus der Weiterent=
wicklung der Brotgetreidepreise während der Gültigkeits=
dauer der Handelsverträge.

Tabelle 60.
Preise von Weizen und Roggen in Berlin
1894—1905 (in Mark per Tonne).

| Jahr | Weizen | Roggen | Jahr | Weizen | Roggen |
|------|--------|--------|------|--------|--------|
| 1894 | 136 | 118 | 1900 | 152 | 143 |
| 1895 | 143 | 120 | 1901 | 164 | 141 |
| 1896 | 156 | 119 | 1902 | 163 | 144 |
| 1897 | 174 | 130 | 1903 | 161 | 132 |
| 1898 | 186 | 146 | 1904 | 174 | 135 |
| 1899 | 155 | 146 | 1905 | 175 | 152 |

Für diese ganze Zeit hat derselbe Zoll bestanden, und
trotzdem ergab sich eine sehr unterschiedliche Preisent=
wicklung, die eben in den Weltmarktverhältnissen begründet
lag und teilweise Sätze erreichte, die zu Anfang der neun=
ziger Jahre auch von den Gegnern der Caprivischen Politik
als ausreichend erachtet wurden und die im Frühjahr 1898
sogar zu Erörterungen im Reichstag darüber führten, ob
der Zoll nicht zeitweise herabgesetzt werden müsse. Hier=
gegen wandte sich aber besonders scharf das Zentrum:
„Wir wollen unter der Herrschaft des $3^1/_2$=Mark=Zolles bei
steigender Konjunktur den Landwirten den Vorteil von den
hohen Preisen lassen, nachdem sie bei niedrigen Preisen den
Nachteil gehabt haben" (Lieber).
Im Grunde genommen ist deshalb die Situation der
deutschen Landwirtschaft, soweit sie am Körnerbau
interessiert war, während der Zeit der Caprivischen

Handelsverträge so zu beurteilen, daß **m i t  d e m  I n ⸗
k r a f t t r e t e n  d e r  V e r t r ä g e  z u f ä l l i g  e i n
i n t e r n a t i o n a l e r  P r e i s s t u r z** zusammenfiel, der
zu einer unverkennbaren Notlage führte, die zeitweilig eine
Erhöhung der Getreidezölle als dringend erwünscht er⸗
scheinen ließ, ohne daß diese infolge der Bindung des
Tarifs möglich gewesen wäre. Von Mitte der neunziger
Jahre ab änderte sich das Preisniveau auf dem Weltmarkt
und damit auch in Deutschland so sehr, daß von einer „Not⸗
lage" in dem früheren Sinne kaum mehr die Rede sein
konnte[1]). Hierbei ist freilich zu beachten, daß gegen Ende
des 19. Jahrhunderts aufs neue die schon in den sieb⸗
ziger Jahren stark erkennbar gewordene Preissteigerung
des landwirtschaftlich benutzten Bodens ganz ungewöhnlich
stark einsetzte und den neuen Besitzern von landwirtschaft⸗
lichen Gütern eine den gestiegenen Getreidepreisen ent⸗
sprechende Rentabilität vielfach vorenthielt.

Schließlich muß noch darauf hingewiesen werden, daß
die Getreidepreise nicht der allein ausschlaggebende Faktor
für die Landwirtschaft sind. Die kleineren und mittleren
landwirtschaftlichen Betriebe sind an den Getreidepreisen
unmittelbar weniger interessiert, mittelbar sogar vielfach
derart, daß ihnen an niedrigen Preisen gelegen sein
muß, da das Schwergewicht ihrer Produktion auf den Ge⸗
bieten der Viehzucht, der Milchwirtschaft, des Gemüse⸗
baus, der Geflügelzucht usw. liegt. Mit Rücksicht hierauf
hat die Caprivische Politik aber zweifellos eine günstige

---

[1]) Jede gegenteilige Auffassung müßte die Preise, die im
Jahre 1913 bestanden, als noch viel unerträglicher bezeichnen.
Ende September dieses Jahres kostete nämlich Roggen in Berlin
158 Mark. Das war ein Preis, der mit Rücksicht auf die gestiegenen
Produktionskosten faktisch unter den Preisen des Ausgangs der
Ära Caprivi stand!

Wirkung gehabt, denn die zunehmende Induftrialifierung des deutfchen Volks hat die Konfumenten der bäuerlichen Wirtfchaft nicht nur vermehrt, fondern auch kaufkräftiger gemacht. Der gutbezahlte Induftriearbeiter mit feinem ftarken Konfum an animalifchen Produkten darf geradezu als eine Stütze des bäuerlichen Betriebes angefprochen werden. Die Erhaltung und Kräftigung des landwirtfchaft= lichen Klein= und Mittelbetriebes hat fich in Deutfchland in engfter Wechfelwirkung mit der induftriellen Entwicklung vollzogen und wäre ohne diefe kaum möglich gewefen. Bei einer Gefamtwürdigung der Ära Caprivi darf folcher Zufammenhang nicht aus dem Auge verloren werden, denn das Verftändnis für jene vielumftrittene handelspolitifche Epoche ift erft dann gegeben, wenn diefer Zufammenhang zwifchen Induftrie und Landwirtfchaft in richtige Be= leuchtung gerückt wird.

Alles in allem wird man das Urteil dahin zufammen= faffen dürfen, daß d i e  C a p r i v i f c h e n  H a n d e l s = v e r t r ä g e  i n  e r ft e r  L i n i e  f ü r  J n d u ft r i e  u n d  H a n d e l  v o n  f r u c h t b r i n g e n d e r  B e d e u t u n g geworden find, indem fie gewiffermaßen die Grundlage fchufen, auf der die innerlich notwendig gewordene Ent= wicklung Deutfchlands zum überwiegenden Induftrieftaat fich beharrlich und folgerichtig vollziehen konnte. Daneben aber haben fie mittelbar die bäuerliche Wirtfchaft gekräftigt, d. h. deren Abfatzgebiet und Produktionsfphäre erweitert. Für die körnerbauende Landwirtfchaft hingegen bedeuteten fie zunächft eine Verfchärfung des durch internationale Marktverhältniffe bedingten Preisfturzes und damit eine fchwer empfundene Krifis. Diefe Wirkung war jedoch nur vorübergehend, da das Anziehen der Weltmarktpreife von Mitte der neunziger Jahre ab eine ausgefprochene Befferung der Lage herbeiführte. Ob freilich die fpäter

erzielten Preise im Einklang standen mit den erhöhten
Boden= und sonstigen Produktionskosten, darf bezweifelt
werden. Wenn es im übrigen als erwünscht erachtet wird,
daß im Gegensatz zu den Industrieerzeugnissen die Preis=
bewegung des Getreides möglichst gleichmäßig verläuft —
ein Problem, das hier nicht zu erörtern ist —, so wird
dies Ziel durch einen langfristigen Tarif=
vertrag mit festen Sätzen überhaupt nicht
zu erreichen sein. Es könnte dies nur geschehen
entweder durch einen autonomen Tarif, der den Schwan=
kungen der Preise entsprechend ständig geändert würde,
oder aber durch eine gleitende Skala, die sich auto=
matisch dem Schutzbedürfnis anpaßte. Ersteres ist heute
mit Rücksicht auf das Ausland, dem damit beständig Anlaß
zu Repressivmaßnahmen gegeben würde, kaum möglich.
Ob die gleitende Skala dem System der Tarifverträge,
an dem die künftige Handelspolitik prinzipiell sicherlich
festhalten wird, einzugliedern ist, oder ob tiefgreifende
Änderungen der Getreidepreise weiter zu riskieren sind,
wird Gegenstand eingehendster Erörterung bei künftiger
Regelung der deutschen Handelspolitik sein.

Erwähnt werden mag in diesem Zusammenhang noch,
daß unter Caprivi eine ganze Anzahl von anderen die
Landwirtschaft fördernden Maßnahmen zur Durchführung
gekommen oder doch begonnen worden sind. Um nur die
wichtigsten anzudeuten: die Aufhebung des Identitätsnach=
weises, aus der sich das heutige Einfuhrscheinwesen ent=
wickelte, die Abänderung des Unterstützungswohnsitzgesetzes,
das Weingesetz von 1892, das Reichsviehseuchengesetz von
1894, die Schaffung von Landwirtschaftskammern in
Preußen (1894), die Rentengutsgesetzgebung (1891), die
Staatszuschüsse zur Förderung des Meliorationswesens und
der Kleinbahnen, der Beginn der großen Reform der direkten

Besteuerung durch M i q u e l , die auf die Verschuldung des Grundbesitzes weitestgehende Rücksicht nahm und eine Steuerentlastung des platten Landes um 28¹⁄₂ Millionen Mark mit sich brachte.

## B. Die neueste deutsche Handelspolitik.

Im März des Jahres 1894 schied Caprivi aus dem Amt. Sein Nachfolger wurde F ü r st H o h e n l o h e , der mit seinem Amt wieder die seit 1892 losgelöste preußische Ministerpräsidentenschaft vereinigte. Hohenlohe hat sich niemals in direkten Gegensatz zu der Handelspolitik seines Vorgängers gestellt, immerhin betonte er von vornherein sehr scharf, daß er „die Fürsorge für die Landwirtschaft für die dringendste Aufgabe der inneren Politik in den kom= menden Jahren" halte, „nachdem die Maßnahmen der letztvergangenen Zeit ausschließlich Handel und Industrie zugute gekommen" seien. Dementsprechend begann er in seiner wirtschaftspolitischen Gesetzgebung mit einer Reihe von landwirtschaftsfreundlichen Maßnahmen: die Erneue= rung der Ausfuhrprämien für Zucker, die Erhöhung der Zollsätze auf solche Artikel, die in den Vertragstarifen nicht gebunden waren, die Verstärkung der in Zollkriegen zur Verfügung stehenden Kampfmittel, die Einberufung einer internationalen Münzkonferenz zur Regelung der Wäh= rungsfrage (Doppelwährung), Verbot des Getreidetermin= handels, das Margarinegesetz, das Zuckersteuergesetz von 1896, die Abänderungen der Branntweinbesteuerung, die Beschränkung der Zollkredite für Getreideeinfuhrgeschäfte, die Beseitigung zahlreicher Getreidetransitlager an der Ost= grenze (1896) usw. Hingegen lehnte Hohenlohe und mit ihm die überwältigende Mehrheit des Reichstages den

sog. „Antrag Kanitz" betreffend die staatliche Monopoli=
sierung der Getreideeinfuhr ab.

Neue Tarifverträge sind unter Hohenlohe nicht abge=
schlossen worden. Die unter ihm zustande gekommenen
Verträge beschränkten sich auf die Gewährung der Meist=
begünstigung.

Alle diese „kleinen Mittel" traten aber zurück hinter
dem Bestreben, die künftige Erneuerung der Caprivischen
Verträge nicht „als bloße Abschriften der jetzt bestehenden
Verträge" hinzunehmen. Es ist an dieser Stelle nicht
möglich, auf die wechselreiche Geschichte dieser Vorbe=
reitungszeit einzugehen, die ihren Ausgangspunkt nimmt
von der berühmten Hildesheimer Rede M i q u e l s mit
der Parole der „Sammlung" im Sinne einer N e u =
b e l e b u n g  d e r  B i s m a r c k s c h e n  S o l i d a r i t ä t
d e r  p r o t e k t i o n i s t i s c h e n  J n t e r e s s e n  v o n
L a n d w i r t s c h a f t  u n d  J n d u s t r i e  und schließlich
— unter dem Reichskanzler v. B ü l o w , der im Herbst
1900 Nachfolger Hohenlohes geworden war — in der
Nacht des 13. Dezember im Reichstag zur Annahme des
Zolltarifs von 1902 führte. Wir müssen uns darauf be=
schränken, den jetzt hergestellten Zustand demjenigen der
Ära Caprivi gegenüberzustellen.

Der neue Tarif unterscheidet sich von seinem Vorgänger
zunächst einmal dadurch, daß er auf der ganzen Linie eine
Erhöhung der Sätze bringt, ohne allerdings ein sog. „lücken=
loser Tarif" zu sein. Bei der Aufstellung der 946 Positionen
ist man den Wünschen der Jnteressenten in weitgehendem
Maße entgegengekommen. Hierbei ist freilich weniger die
Absicht leitend gewesen, den Tarif auch wirklich anzu=
wenden, als vielmehr das Bestreben, bei künftigen Ver=
handlungen ein Rüstzeug in der Hand zu haben. Die
Regierung hat denn auch alle auf einen Doppeltarif ge=

richteten Wünsche abgelehnt, da sie sich auf eine untere Grenze für die von ihr zu gewährenden Konzessionen nicht festlegen wollte. Nur bei den vier Hauptgetreidearten hat sie in Minimalzölle eingewilligt. Im Tarif ist für Weizen ein Zoll von 7,50 Mark, für Roggen, Gerste und Hafer ein solcher von 7 Mark vorgesehen. Das Zolltarifgesetz sagt nun, daß diese Zollsätze durch vertragsmäßige Abmachungen

bei Roggen nicht unter 5 Mark,
    „  Weizen und Spelz nicht unter 5,50 Mark,
    „  Malzgerste nicht unter 4 Mark,
    „  Hafer nicht unter 5 Mark

für einen Doppelzentner herabgesetzt werden sollen. Faktisch bedeutet dies mit Rücksicht auf die gegenüber den Nichttarifländern bestehende Meistbegünstigungsklausel, daß der hier angegebene Satz schlechtweg zur Anwendung kommt. Es ist somit der Satz von 1887 wieder hergestellt worden, bei Weizen sogar 50 Pfennig darüber hinaus= gegangen. Auch die meisten der anderen agrarischen Posi= tionen (einschließlich wichtiger Futtermittel) sind namhaft erhöht oder neu eingeführt worden, so vor allem die Zölle für Pferde, Vieh und tierische Produkte. Ermäßigt wurden die Sätze für Futtergerste.

Eine wichtige Änderung erfuhr ferner d a s  S y s t e m d e r  E i n f u h r s c h e i n e. Im Jahre 1879 war gleich= zeitig mit dem Zolltarif der Identitätsnachweis eingeführt worden, d. h. es konnte ausländisches Getreide zollfrei nach Deutschland eingeführt werden, wenn nachgewiesen wurde, daß e i n  g l e i c h e s  Q u a n t u m  a u s l ä n d i s c h e n G e t r e i d e s  v o n  d e m s e l b e n  I m p o r t e u r  u n d a u s  d e m s e l b e n  T r a n s i t l a g e r  z u r  A u s f u h r gelangte. Es geschah dies im Interesse der Durchfuhr= möglichkeit fremden Getreides. Nachdem dieser Identitäts= nachweis im Jahre 1882 zugunsten des Müllereigewerbes durchbrochen war, wurde er durch Gesetz vom 1. Mai 1894 allgemein aufgehoben: „Bei der Ausfuhr von Weizen, Roggen, Hafer, Hülsenfrüchten, Gerste, Raps und Rübsaat aus dem freien Verkehr des Zollinlandes werden, wenn die ausgeführte Menge wenigstens 500 Kilogramm beträgt, auf Antrag des Warenführers Bescheinigungen (Einfuhr= scheine) erteilt, welche den Inhaber berechtigen, innerhalb einer vom Bundesrat auf längstens 6 Monate zu bemessen= den Frist eine dem Zollwert der Einfuhrscheine entspre= chende Menge der n ä m l i ch e n W a r e n g a t t u n g ohne Zollentrichtung einzuführen." Der Bundesrat wurde außerdem ermächtigt, die Anrechnung der Scheine zum Nennwert auch bei Begleichung der Zölle für andere Waren als Getreide zuzulassen. Hiervon machte der Bundesrat alsbald Gebrauch, indem er vom vierten Monat nach dem Datum der Einfuhrscheine ab die Anrechnung auf Kaffee, Petroleum, Reis usw. genehmigte. Im Anschluß an den Tarif von 1902 ist diese Angelegenheit nun so geregelt worden, daß die bei der Ausfuhr von Getreide erteilten Einfuhrscheine zur zollfreien Einfuhr jeder beliebigen Getreidegattung verwendet werden können und ferner zur Verzollung von Kaffee und Petroleum schlechtweg an= gerechnet werden. Außerdem ist Buchweizen neu auf= genommen worden. Durch eine spätere Verfügung des Bundesrats wurde die Anrechnung für Kaffee und Petro= leum bis auf weiteres aufgehoben.

F ü r d i e I n d u s t r i e b e d e u t e t e d e r n e u e Z o l l t a r i f gleichfalls eine Erhöhung der Zölle auf der ganzen Linie, und zwar vom primitivsten Halbfabrikat bis zum Fertigprodukt, nicht selten sogar einschließlich wichtiger Rohstoffe. Außerdem zeigen die neuen Industrie= zölle eine viel tiefergehende Differenzierung als diejenigen des früheren Tarifs. —

Die Gegner des neuen Tarifs hatten ihre Stellung=
nahme unter anderem damit begründet, daß auf ſeiner
Baſis die Erneuerung der Capriviſchen Verträge nicht
möglich ſein werde. Dies Ziel aber hatte die Reichsregie=
rung mit den Vertragsfreunden, deren Zahl inzwiſchen
erheblich zugenommen hatte, als unbedingt erſtrebens=
wert bezeichnet. Sie hat ſich in der Erwartung, daß der
neue Zolltarif ein geeignetes Inſtrument zur Verwirk=
lichung ſolcher Pläne ſei, auch nicht getäuſcht. Trotz großer
Schwierigkeiten gelang es, ſämtliche Verträge zu erneuern.
Es geſchah dies in der Form von Zuſatzverträgen, unter
Beibehaltung von Form und Inhalt der bisherigen Ver=
träge mit Ausnahme der Tarifſätze. Neu iſt unter anderem
die Aufnahme einer Vereinbarung in den Verträgen mit
Öſterreich=Ungarn, Italien, Belgien, der Schweiz und
Serbien, daß zur Klärung ſtrittiger Tariffragen eine
ſchiedsgerichtliche Entſcheidung vorgeſehen wurde. Dieſes
Schiedsgericht wird für jeden Streitfall beſonders gebildet,
und zwar durch drei Schiedsrichter, deren zwei die be=
teiligten Länder ſtellen, während der dritte (als Obmann)
ein Angehöriger eines befreundeten Staates iſt, der von
beiden Kontrahenten gewählt wird.

In der, den neuen Verträgen ſeitens der Regierung
beigegebenen Denkſchrift war ausdrücklich zugegeben, „daß
bei dem Abſchluß in erſter Linie das Beſtreben maßgebend
geweſen ſei, d e n   f ü r   d i e   L a n d w i r t ſ c h a f t   i n
A u s ſ i c h t   g e n o m m e n e n   h ö h e r e n   S c h u t z tun=
lichſt aufrecht zu erhalten“. Hierdurch ſei es unmöglich
gemacht worden, für die gewerbliche Ausfuhr diejenigen
Zugeſtändniſſe zu erhalten, „auf die wir andernfalls viel=
leicht hätten rechnen können“. Das entſprach den Tatſachen.
Die Vertragsſtaaten hatten nicht nur die Minimalhöhe für
Getreide akzeptiert, ſondern auch die im Tarif vorgeſehenen

sonstigen landwirtschaftlichen Zölle im wesentlichen an=
genommen. Diese Zugeständnisse waren aber nur gegen
schwere Opfer erreicht worden. Die meisten der Kontrahen=
ten (Rußland, Österreich=Ungarn, die Schweiz, Rumänien)
hatten sich für die Verhandlungen gleichfalls mit ansehn=
lichen Tariferhöhungen „vorbereitet", die nun zum größten
Teil von Deutschland hingenommen werden mußten. Die
künftige Ausfuhr von deutschen Fabrikaten und Halb=
fabrikaten in die Vertragsländer war dadurch außerordent=
lich erschwert, so daß der erhöhte Schutz der Landwirtschaft
tatsächlich auf Kosten der an der Ausfuhr interessierten In=
dustrie vorgenommen wurde. Man hoffte allerdings, durch
die gleichzeitig erfolgte Erhöhung der eigenen Industrie=
zölle ein Äquivalent zu schaffen, das ausgleichend wirkte.
Immerhin war mit einer Erschwerung des Verkehrs
zwischen den Vertragsländern auf jeden Fall zu rechnen,
so sehr sich im übrigen die Wirkung solcher „Rückversiche=
rung" zunächst der zuverlässigen Beurteilung entzog.
   Die neuen Verträge wurden im Reichstag sämtlich
angenommen. Es stimmte auch ein erheblicher Teil der=
jenigen Abgeordneten für sie, die erbitterte Gegner des
Tarifs gewesen waren. Es geschah dies mit der Begründung,
daß ein noch so schlechter Vertragszustand einem vertrags=
losen Zustand unter allen Umständen vorzuziehen sei. Die
Verträge traten am 1. März 1906 in Kraft und gelten bis
zum 31. Dezember 1917. Sie laufen von da ab mit ein=
jähriger Kündigungsfrist für unbestimmte Zeit weiter.
Nur in dem Vertrage mit Österreich=Ungarn wurde mit
Rücksicht auf den 1915 zu erneuernden Ausgleich zwischen
beiden Ländern der 31. Dezember dieses Jahres als
möglicher Endtermin vorgesehen.
   Bevor jetzt in eine grundsätzliche Würdigung dieses
neuen Vertragswerkes eingetreten wird, seien noch die

handelspolitischen Beziehungen Deutsch=
lands zu den übrigen Ländern kurz dargestellt.
Aus Raumgründen muß dabei die Beschränkung auf den
gegenwärtig geltenden Zustand erfolgen.

Weitere Tarifverträge sind seitdem zustande gekommen
mit Bulgarien (1905), Portugal (1910), Schweden (1911),
Japan (1911), so daß zurzeit insgesamt mit den folgenden
Ländern Tarifverträge in Kraft sind bzw. bis zum Aus=
bruch des Krieges in Kraft waren: Belgien, Bulgarien,
Griechenland, Italien, Japan, Österreich=Ungarn, Portugal,
Rumänien, Rußland, Schweden, Schweiz und Serbien. Die
übrigen der vom Deutschen Reich abgeschlossenen Verträge
sind Meistbegünstigungsverträge ohne oder mit ganz ver=
einzelten Tarifverbindungen (nebenbei sei erwähnt, daß
auch die Tarifverträge sämtlich die Meistbegünstigungs=
klausel enthalten). Solche Meistbegünstigungsverträge be=
stehen mit fast allen Staaten der Erde; in den Ländern
China und Siam handelt es sich dabei um die einseitige
Meistbegünstigung für Deutschland, während dieses selbst
nur den autonomen Tarif gewährt. Im Verkehr mit
den anderen Staaten aber gilt beiderseitige Meistbegün=
stigung. Einige orientalische Staaten (Türkei, Ägypten,
Marokko, Zanzibar) gewähren Deutschland außerdem ein=
seitige Tarifbegünstigungen. Keine Abmachungen bestehen
mit Brasilien, Kuba und Kongostaat. Einigermaßen
verwickelt liegen die handelspolitischen Verhältnisse
zwischen Deutschland und den Vereinigten Staaten. An
dieser Stelle muß die Bemerkung genügen, daß Deutschland
seinen Vertragstarif und die Vereinigten Staaten ihren
Minimaltarif gewähren. Mit England und seinen Kolonien
bestand bis zum Kriege das Meistbegünstigungsverhältnis
(seit dem 1. August 1898 als ständig erneuertes „Provi=
sorium"). Ausgenommen ist Kanada, mit dem seit der

Beendigung des Zollkrieges (1910) ein Abkommen besteht, demzufolge Kanada seinen Generaltarif anwendet, und Deutschland für 24 Positionen seines autonomen Tarifes die Zollsätze anwendet, die den Erzeugnissen des meist= begünstigten Landes gewährt werden.

Versuchen wir nunmehr, in eine prinzipielle Würdi= gung dieses neuesten Abschnittes deutscher Handelspolitik einzutreten. Hierbei ist zunächst darauf hinzuweisen, daß der Grundgedanke der Ära Caprivi auch jetzt festgehalten worden ist: die Vertragspolitik mit gebunde= nen Tarifen. Was damals zu stürmischen Protesten führte und selbst von Bismarck ein „Sprung ins Dunkle" genannt wurde, war inzwischen hinsichtlich seiner Zweck= mäßigkeit so allgemein anerkannt worden, daß Widerspruch gegen das Prinzip sich kaum noch geltend machte. Regie= rung und Reichstagsmehrheit haben in keinem Stadium der Vorbereitungsmaßnahmen einen Zweifel darüber aufkommen lassen, daß die Fortführung der Tarifvertrags= politik dringend geboten sei, und eben deshalb Minimal= sätze des autonomen Tarifs, die dies von vornherein unmöglich machten, schlechterdings nicht annehmbar seien. Es ist unverkennbar, daß solche Auffassung eine Recht= fertigung des prinzipiell bedeutsamsten Ausgangspunktes der Caprivischen Handelspolitik bedeutet. Und diese Meinung hat sich erhalten bis auf den heutigen Tag, sie scheint — bei allen Bedenken im einzelnen — je länger desto mehr die Herrschaft zu gewinnen und wird sich in der einen oder anderen Form wohl auch nach dem Kriege durchsetzen.

Ist somit die neueste deutsche handelspolitische Ära in ihrer bedeutsamsten Ausdrucksform nichts anderes als die unmittelbare und erfolgreiche Fortführung der Ca=

privischen Politik, so ergibt sich im Hinblick auf die den Verträgen zugrunde liegenden Zollsätze allerdings ein tiefgreifender Unterschied. D a s   g a n z e   Z o l l n i v e a u   d e s   V e r k e h r s unter den Vertragsstaaten und damit zwischen Deutschland und fast allen anderen Staaten der Erde (mit Ausnahme des aktiven Verkehrs mit England und den wenigen anderen Freihandelsländern) h a t   s i c h   e r h ö h t. Daß daraus an sich schon zahlreiche Schwierigkeiten für den internationalen Verkehr entstanden, liegt auf der Hand. Immerhin kommt dies erst in zweiter Linie in Frage. Wichtiger ist, welche i m   e i n z e l n e n   d i e   R ü c k w i r k u n g   j e n e r   Z o l l e r h ö h u n g e n   a u f   d a s   d e u t s c h e   u n d   i n   w e i t e r e r   F o l g e   a u f   d a s   i n t e r n a t i o n a l e   W i r t s c h a f t s l e b e n schlechtweg gewesen ist. An anderer Stelle ist dies bereits ausführlich dargelegt und gezeigt worden, daß, soweit die Landwirtschaft in Betracht kommt, der Körnerbau in der in Frage stehenden Zeit eine g a n z   u n g e w ö h n l i c h   g ü n s t i g e   E n t w i c k l u n g   g e n o m m e n   h a t. Hier begnügen wir uns unter Hinweis auf die früheren Darlegungen mit einem Überblick über die P r e i s e n t w i c k l u n g unter den neuen Zöllen. Diese hat in der Zeit von 1906 bis 1913 in Berlin den folgenden Gang genommen.

T a b e l l e   61.
P r e i s e   f ü r   R o g g e n   u n d   W e i z e n   i n   B e r l i n
1906—1913 (in Mark per Tonne).

| Jahr | Weizen | Roggen | Jahr | Weizen | Roggen |
|------|--------|--------|------|--------|--------|
| 1906 | 179,6  | 160,6  | 1910 | 211,5  | 152,3  |
| 1907 | 206,3  | 193,2  | 1911 | 204,0  | 168,3  |
| 1908 | 211,2  | 186,5  | 1912 | 217,0  | 185,8  |
| 1909 | 233,9  | 176,5  | 1913 | 198,9  | 164,3  |

Vergleichen wir hiermit die Preistabelle 60 auf S. 181, so springt der Unterschied in die Augen, selbst wenn von dem Ausnahmejahr 1909 abgesehen wird. Es fragt sich nun, welchen Einfluß die neuen Zölle auf diese Preis= entwicklung gehabt haben. Die Antwort ist einfach genug. Wie unter den Caprivischen Zöllen der Preissturz nur zu einem Bruchteil auf die Herabminderung der Zölle zurück= zuführen war, so ist — wenn schon nicht annähernd in dem Maße — auch die seit 1906 eingetretene Erhöhung der Preise nur zum Teil durch die Hinaufsetzung der Zölle bedingt. Dies zeigt der folgende Vergleich.

Tabelle 62.
Preisbildung und Zölle für Weizen und Roggen 1905—1913.

| Jahr | Weizen | | | | Roggen | | | |
|---|---|---|---|---|---|---|---|---|
| | Tatsächlicher Preis per Tonne | Der nach Abzug d. Zollerhöhung von 20 M. ver= bleibende Preis | Differenz des tatsächlichen Preises gegen 1905 | Differenz des Preises ohne Zollerhöhung gegen 1905 | Tatsächlicher Preis per Tonne | Der nach Abzug d. Zollerhöhung von 15 M. ver= bleibende Preis | Differenz des tatsächlichen Preises gegen 1905 | Differenz des Preises ohne Zollerhöhung gegen 1905 |
| 1905 | 175 | — | — | — | 152 | — | — | — |
| 1906 | 179 | 159 | 4 | —16 | 160 | 145 | 8 | —7 |
| 1907 | 206 | 186 | 31 | 11 | 193 | 178 | 41 | 26 |
| 1908 | 211 | 191 | 36 | 16 | 186 | 171 | 34 | 19 |
| 1909 | 234 | 214 | 59 | 39 | 176 | 161 | 24 | 9 |
| 1910 | 211 | 191 | 36 | 16 | 152 | 137 | — | —15 |
| 1911 | 204 | 184 | 29 | 9 | 168 | 153 | 16 | 1 |
| 1912 | 217 | 197 | 42 | 22 | 185 | 170 | 33 | 18 |
| 1913 | 199 | 179 | 24 | 4 | 164 | 149 | 12 | —3 |

Die Zahlen ergeben zunächst, daß auch in den letzten Jahren die Schwankungen der Preise sehr groß gewesen sind, so daß ein stark variabler Zoll erforderlich gewesen wäre, wenn sie hätten vermieden werden sollen. Im übrigen hätten sich auch ohne die Erhöhung des Zolles beim Weizen Preissteigerungen von 9 bis 39, beim Roggen von 1 bis 26 Mark per Tonne ergeben. Freilich würde der Weizen im Jahre 1906 um 16 Mark hinter dem Preis von 1905 zurückgeblieben sein, der Roggen im gleichen Jahr um 7 Mark, im Jahre 1910 um 15 Mark. Hierbei wird vorausgesetzt, daß der Zoll jeweils voll zum Ausdruck gekommen ist. Dank dem Einfuhrscheinsystem ist dies im großen und ganzen tatsächlich geschehen, wie aus der folgenden Tabelle hervorgeht:

Tabelle 63.

Weizenpreise in England und Berlin
1900—1912.

| Jahr | Preis des Weizens per Tonne in | | Deutscher Zoll M. | Preis= differenz M. |
|---|---|---|---|---|
| | England M. | Berlin M. | | |
| 1900 | 133 | 152 | 35 | 19 |
| 1901 | 132 | 164 | 35 | 32 |
| 1902 | 141 | 163 | 35 | 22 |
| 1903 | 135 | 161 | 35 | 26 |
| 1904 | 144 | 174 | 35 | 30 |
| 1905 | 149 | 175 | 35 | 26 |
| 1906 | 143 | 179 | bis 1. III. 35 seitdem 55 | 36 |
| 1907 | 155 | 206 | 55 | 51 |
| 1908 | 160 | 211 | 55 | 51 |
| 1909 | 186 | 234 | 55 | 48 |
| 1910 | 157 | 211 | 55 | 52 |
| 1911 | 155 | 204 | 55 | 49 |
| 1912 | 172 | 217 | 55 | 45 |

Im Durchschnitt der Jahre 1906 bis 1912 (neue Regelung der Einfuhrscheine) ergibt sich eine Preisdifferenz von 49,3 Mark, also etwa in der Höhe des Börsenwertes der Einfuhrscheine per 1000 Kilogramm.

Wenn es nun richtig ist, daß angesichts der gestiegenen

Produktionskosten der Weizen vor dem Kriege einen Preis
von etwa 195 Mark, der Roggen von 175 Mark haben
mußte, um eine hinreichende Rentabilität des Getreide=
baues in Deutschland zu sichern, so läßt sich nicht ver=
kennen, daß ohne die Zollerhöhung dieser Preisstand beim
Roggen mit Ausnahme des Jahres 1907, beim Weizen mit
Ausnahme der Jahre 1909 und 1912 nicht erreicht worden
wäre. Insonderheit würden die Roggenpreise
in den Jahren 1910, 1911 und 1913 eine Ent=
wicklung genommen haben, die mit den
Produktionskosten nicht in Einklang zu
bringen gewesen wäre. Es rechtfertigt sich deshalb die
Auffassung, daß die Erhöhung der Zölle für den Getreide=
bau eine Maßnahme war, die in etlichen der Vergleichs=
jahre zwar völlig überflüssig gewesen wäre, durchschnittlich
jedoch jene Preisentwicklung sicherte, die — wie die Dinge
nun einmal liegen — in Deutschland zur Erhaltung des
Getreidebaus notwendig ist. Dabei ist im Auge zu behalten,
daß ein Getreidezoll, der für 12 Jahre festgelegt werden
soll, nicht nach den möglichen höchsten Preisen normiert
werden kann, sondern den starken Preisschwankungen gerecht
werden muß. Solange deshalb an dem festen Zoll festge=
halten wird, sind ungewöhnlich hohe Preise bei steigenden
Weltmarktpreisen nicht zu umgehen, wenn auch bei nied=
rigen Weltmarktpreisen ein dem deutschen Getreidebau
die Rentabilität sicherndes Preisniveau erhalten werden
soll. Es läßt sich nicht verkennen, daß damit der übrigen
Bevölkerung, insonderheit der Industrie, Opfer auferlegt
werden, die im Konkurrenzkampf auf dem Weltmarkt ihre
Wirkung tun. Soll aber der Getreidebau in Deutschland
erhalten bleiben, so läßt sich dies nicht vermeiden. Doch
auch von hier aus drängt sich die Frage auf, ob diese Opfer
nicht dadurch der Minimalgrenze näher gerückt werden

können, daß, innerhalb des Systems der Han=
delsverträge, eine gleitende Skala für Getreidezölle
festgesetzt würde, die zwar auskömmliche Preise sicherte,
ungewöhnlich hohe Preise aber verhinderte.

Wenden wir uns jetzt noch kurz den anderen Getreide=
arten, Hafer und Gerste, zu. Die Mehreinfuhr von Hafer
spielt, wie wir sahen, keine nennenswerte Rolle, während
Gerste heute bereits zu 46 % aus dem Ausland bezogen wird.
Von den in Deutschland im Jahre 1912 netto bezogenen
29,7 Millionen Doppelzentnern waren nur 2,1 Millionen
Doppelzentner Malzgerste, die mit 4 Mark verzollt wird,
während „andere Gerste", Futtergerste, den Satz von
1,30 Mark bezahlt. Der deutschen Viehzucht ist dadurch im
genannten Jahre eine Erhöhung der Produktionskosten um
35,8 Millionen Mark auferlegt worden, sofern davon aus=
gegangen wird, daß auch dieser Zoll vom Inland getragen
wird, was aber nur teilweise der Fall ist. Die Preisent=
wicklung für Gerste und Hafer hat seit 1902 die folgende
Entwicklung genommen.

Tabelle 64. Preise für Gerste und Hafer 1902—1913.

| Jahr | Gerste per Tonne in Mark (Breslau) | | | Hafer (Berlin) |
|---|---|---|---|---|
| | Braugerste | Futtergerste | Differenz | |
| 1902 | | 127,5 | — | 150,3 |
| 1903 | | 128,3 | — | 136,6 |
| 1904 | | 130,5 | — | 133,7 |
| 1905 | | 140,8 | — | 142,7 |
| 1906 | 154,1 | 134,1 | 20,0 | 160,3 |
| 1907 | 166,7 | 143,8 | 22,9 | 181,4 |
| 1908 | 167,4 | 148,6 | 18,8 | 163,7 |
| 1909 | 167,6 | 143,8 | 23,8 | 170,0 |
| 1910 | 144,4 | 131,1 | 13,3 | 153,1 |
| 1911 | 165,9 | 138,3 | 27,2 | 168,3 |
| 1912 | 179,8 | 164,4 | 15,4 | 189,7 |
| 1913 | 155,7 | 144,0 | 11,0 | 162,2 |

Je länger desto mehr wurde vor dem Kriege die For=
derung laut, daß der Zoll auf Futtergerste im Interesse der
Diehzucht völlig aufgehoben werde. Darauf kann an dieser
Stelle nicht eingegangen werden. Don nicht unerheblichen
Folgen ist auch die Erhöhung des Haferzolles begleitet gewesen
(von 2,80 auf 5 Mark), da hierdurch die fast dauernde Über=
flügelung der Haferpreise über den Roggenpreis herbeige=
führt wurde. Dies hat einmal zu einer Dergrößerug der
Anbaufläche geführt (allerdings haben die günstigen Aus=
fuhrbedingungen für Roggen diese Entwicklung verlang=
samt), und zum anderen ist dadurch gleichfalls ein wich=
tiges Dieh= und spezifisches Pferdefutter verteuert worden.

Die Zollerhöhungen des Tarifs von 1902
beschränkten sich, wie bemerkt, nicht auf das Getreide, son=
dern umfaßten auch andere agrarische Produkte. Die
wichtigsten sind die folgenden: für Pferde wurde im
früheren Tarif 20 Mark für das Stück erhoben. Der neue
Tarif hat die Differenzierung nach dem Werte eingeführt.

| | |
|---|---|
| Bis 1000 Mark Wert . . . . . . | 90 Mark |
| Don 1000 bis 2500 Mark Wert . . . | 180 „ |
| Über 2500 Mark Wert . . . . . . | 360 „ |

Für Pferde im Werte bis zu 300 Mark und mit weniger
als 1,40 Meter Stockmaß wird 30 Mark Zoll bezahlt. Alles
in allem ein kräftiges Anziehen der Zollsätze. Für Rind=
vieh galt früher gleichfalls die Stückverzollung. Bullen
(Stiere) und Kühe 9 Mark, Jungvieh 6 Mark. Der neue Tarif
legt das Lebendgewicht zugrunde, und zwar mit 18 Mark
pro Doppelzentner. Derselbe Satz gilt jetzt für Schweine.
Für Gänse wird 24 Mark, für Hühner 6 Mark pro Doppel=
zentner bezahlt. Der erhöhte Zoll für frisches oder ge=
frorenes Fleisch beträgt 45 Mark, für einfach zubereitetes
Fleisch 60 Mark, für Fleisch zum Tafelgenuß 120 Mark, für
Speck 36 Mark, für Schweineschmalz 12,50 Mark, für Talg

2,50 Mark, für Butter und Käse 30 Mark pro Doppel=
zentner. Ein Zoll auf Milch wird n i ch t erhoben; ein
Antrag, ihn einzuführen, wurde abgelehnt.

Unsere früheren Ausführungen über den Stand der deut=
schen Viehzucht und die Darlegungen über den Außenhandel
in Vieh haben gezeigt, daß die deutsche Viehzucht sich un=
gemein günstig entwickelt hat. Es darf auch ohne weiteres
angenommen werden, daß dies in dem Maße nicht der Fall
gewesen wäre, wenn nichtdeutsches Vieh leichteren Zutritt
zum deutschen Markt gehabt hätte. Ob das gleiche Resultat
zu erzielen gewesen wäre, wenn zwar die Viehzölle weniger
erhöht, die Futtermittelzölle aber ganz beseitigt worden
wären, kann einwandfrei nicht festgestellt werden, ist aber
mehr als zweifelhaft. Im übrigen sei auf die früheren Dar=
legungen verwiesen und als deren allgemeines Resultat hier
wiederholt, daß der Schutzzoll auf Vieh die beabsichtigte Wir=
kung erzielt hat. Die deutsche Viehzucht hat eine erfreuliche
Aufwärtsentwicklung genommen, die Abhängigkeit vom Aus=
land ist direkt geringer geworden. Indirekt ist sie jedoch durch
den vermehrten Bezug von Futtermitteln erheblich gestiegen.

Untersucht sei aber auch hier die Frage, welche P r e i s=
s t e i g e r u n g mit dem Schutz der Viehzucht verbunden ge=
wesen ist. In Berlin kostete pro Doppelzentner Schlacht=
gewicht:

Tabelle 65. Berliner Preise für Vieh 1902—1913
(Schlachtgewicht pro Doppelzentner).

| | 1902 | 1904 | 1906 | 1908 | 1910 | 1911 | 1912 | 1913 |
|---|---|---|---|---|---|---|---|---|
| Rindvieh . | 121,4 | 131,5 | 147,7 | 139,0 | 145,0 | 153,7 | 166,2 | 172,5 |
| Schweine . | 122,8 | 102,0 | 137,0 | 120,1 | 131,9[1] | 114,2 | 147,4 | 146,3 |
| Kälber . . | 134,8 | 144,3 | 168,5 | 162,5 | 187,9 | 183,3 | 198,5 | 213,2 |
| Hammel . . | 120,8 | 127,2 | 151,7 | 140,7 | 148,2 | 151,0 | 166,1 | 182,3 |

[1] Veränderte Anschreibung, in Wirklichkeit höher.

Die Tabelle ist lehrreich genug. Sie zeigt zunächst, daß auch die Viehpreise starken Schwankungen unterworfen sind. Zum anderen lehrt sie, daß die Viehpreise wesentlich schneller gestiegen sind als die Getreidepreise. Der Schutz der deutschen Viehzucht hat der Gesamtbevölkerung er= hebliche Opfer auferlegt, wobei freilich zu beachten ist, daß die Preise auch in anderen Ländern ge= stiegen sind. Im übrigen war bis zum Kriege die Hoffnung berechtigt, daß die Landwirtschaft in absehbarer Zeit ihren Viehbestand noch weiter gesteigert hätte. An der Befriedigung des gesamten Inlandsbedarfs fehlten ihr sowieso nur noch etwa 6 %. Viehzölle haben insofern eine andere Wirkung als Getreidezölle, weil das infolge des Schutzes mit Sicherheit zu erwartende höhere Angebot den Preisen sinkende Tendenz gibt, während die Vermehrung des Getreideanbaus sich in engen Grenzen hält, und auch die Ertragssteigerung günstigstenfalls mit der Zunahme des Bedarfs gleichen Schritt hält. Daß indessen — auch ohne den Krieg — die Viehpreise wieder auf ihr früheres Niveau zurückgegangen wären, ist unwahrscheinlich. Auf die Höhe des von den Konsumenten zu zahlenden Fleisch preises wirkt übrigens die Absatzorganisation entschei= dend ein. Man kann die Beobachtung machen, daß zwar steigende Viehpreise dem Konsumenten sofort fühlbar wer= den, daß sinkende Preise aber viel langsamer und fast nie= mals ganz im Kleinverkauf zur Wirkung kommen. Hier liegt für die innere Wirtschaftspolitik ein wichtiges Problem.

Der Krieg hat die Lage der deutschen Viehwirtschaft von Grund auf geändert, um nicht zu sagen erschüttert. Darauf sei jedoch zunächst nicht eingegangen.

Die Wirkung der neuesten Handelspolitik auf die In= dustrie ist in den früheren Untersuchungen mit aller

Deutlichkeit ſichtbar geworden. Wir können uns hier des=
halb auf einige Andeutungen beſchränken. Die Gegner der
ſchutzzöllneriſchen Schwenkung nach Ablauf der Capri=
viſchen Handelsverträge begründeten ihre Stellung damit,
daß einerſeits das Ausland zu Gegenmaßnahmen greifen
werde, und daß zum anderen durch die Verteuerung der
Lebenshaltung mit ihren lohnſteigenden Wirkungen die
Stellung der deutſchen Induſtrie auf dem Weltmarkt er=
ſchwert und vielfach ſogar unhaltbar werden werde. Ein
Teil der urſprünglichen Gegner der landwirtſchaftlichen
Zölle gab dieſe Gegnerſchaft allerdings auf, als auch die
Induſtriezölle auf der ganzen Linie erhöht wurden. In=
ſonderheit war die Schwerinduſtrie durch Steigerung der
Zölle auf Rohprodukte und Halbfabrikate zufriedengeſtellt
worden und konſtatierte durch den Mund ihrer berufenen
Vertreter den billigerweiſe erfolgten Ausgleich zwiſchen
den Intereſſen von Induſtrie und Landwirtſchaft. Die
tatſächliche Entwicklung hat im großen und ganzen den
Optimiſten recht gegeben. Der Nachweis iſt in den Un=
terſuchungen über die Entwicklung des deutſchen Außen=
handels erbracht worden. Abgeſehen von gewiſſen Rück=
ſchlägen, die das Kriſenjahr 1908 brachte, hat der Außen=
handel ſich gegenüber der Ära Caprivi kräftig weiter=
entwickelt und ſeit dem Jahre 1910 eine ſchnelle Aufwärts=
bewegung erlebt, die ſchließlich zum Rekordjahr 1913
führte. Sicherlich ſind auch an der von uns wiederholt
konſtatierten Tatſache, daß gerade die Ausfuhr in euro=
päiſche Länder ſo bedeutſam iſt, die Handelsverträge ſtark
mitbeteiligt. Unter dieſem Geſichtswinkel tritt die ſeit
Caprivi befolgte Handelspolitik erſt in die richtige Be=
leuchtung.

Im übrigen zeigt die Entwicklung des deutſchen Außen=
handels im letzten Jahrzehnt, daß für die Ausfuhr die lang=

jährige Bindung der Tarife, wie sie durch die Vertragspolitik bedingt ist, wichtiger ist, als es die Tarife selbst sind. Es ist allerdings zu bedenken, daß in die Zeit seit 1906 zwei ungewöhnlich günstige Weltkonjunkturen fielen. Im Jahre 1908 haben die erhöhten Auslandszölle, die mit der Erhöhung der deutschen parallel gingen, sofort ihre Wirkung getan. Auch das Nachlassen der Konjunktur in der ersten Hälfte des Jahres 1914 führte zu ähnlichen Erscheinungen. Anderseits ist zu bedenken, daß gerade in Zeiten rückläufiger Konjunkturen der zollgeschützte (und damit kartellfähige) innere Markt im ganzen größere Widerstandsfähigkeit zeigt als der ungeschützte, wofür England das beste Beispiel ist. Es sei aber ausdrücklich darauf hingewiesen, daß es sich um recht strittige Probleme handelt, deren eingehende Behandlung mehr Raum erfordert, als er hier zur Verfügung steht.

Im ganzen genommen kann sich jedoch an dem günstigen Urteil über die Wirkung der neuesten deutschen Handelspolitik auf den deutschen Außenhandel nichts ändern. Möge, wie es vielfach geschieht, von dessen Aufwärtsentwicklung nun behauptet werden, daß sie „trotz der neueren Handelspolitik" erfolgt sei, oder — wie wir anzunehmen geneigt sind — sie als deren Folge sich eingestellt habe: das Resultat steht jedenfalls fest.

Zugegeben ist allerdings, daß der neue Tarif im einzelnen empfindliche Hemmungen der Ausfuhr mit sich gebracht hat und es auf der ganzen Linie gewaltiger Anstrengungen bedurft hat, um die Anpassung an die neuen Verhältnisse durchzusetzen. Die Rationalisierung der Betriebe hat sozusagen bis zum „Präzisionsapparat" fortgeführt werden müssen.

## C. Handels= und wirtſchaftspolitiſche Probleme der Zukunft.

Das Jahr 1917 wäre unter normalen Verhältniſſen ein handelspolitiſches Kometenjahr erſter Ordnung geweſen, denn um dieſe Zeit liefen die alten Verträge ab und mußte es ſich entſcheiden, ob ihre Erneuerung möglich ſei. Der Krieg hat alle Vorbereitung auf die große handelspolitiſche Aktion jäh unterbrochen. Es wird aber die Zeit kommen, in der die Neuregelung der handelspolitiſchen Beziehungen wieder im Mittelpunkt wirtſchaftspolitiſcher Intereſſen ſteht. Schon bei den Friedensverhandlungen wird es ge= rade in dieſer Beziehung ſchwierige Auseinanderſetzungen geben, denn für Deutſchlands künftige Entwicklung iſt die Möglichkeit der Betätigung auf dem Weltmarkt von grund= legender Bedeutung. Dann werden auch die vielen handels= politiſchen Fragen aufs neue erörtert und vielleicht der Löſung entgegengeführt werden, die in den handels= politiſchen Kontroverſen der letzten Jahre eine ſo große Rolle ſpielten. Erinnert ſei an die Probleme der Meiſt= begünſtigung, des Veredelungsverkehrs, der Vorzugs= behandlung kolonialer Produkte, des Schiffahrtsverkehrs, der Rechtsſtellung des Kaufmanns in fremden Ländern, der Zollbündniſſe u. dgl. Eine Unſumme von Aufgaben harrt der künftigen Handelspolitik, und viel Zeit wird ver= gehen, bis die handelspolitiſchen Grundlagen für die Welt= verkehrsgeſellſchaft aufs neue ſo gelegt ſind, daß der Ver= kehr zwiſchen den Einzelwirtſchaften der Erde wieder die alten Bahnen zieht.

Die prinzipiellen Auseinanderſetzungen über die künftige deutſche Handels= und Wirtſchaftspolitik haben ſchon heute begonnen. Im Rahmen dieſes Büchleins iſt ein Ein=

gehen darauf nicht möglich. Nur eins sei, weil zum un=
mittelbaren Thema gehörig, zum Schlusse dieses Teiles und
damit des ganzen Büchleins etwas ausführlicher erörtert.
Mit Vorliebe wird seit den Augusttagen des Jahres 1914
die Auffassung vertreten, daß die sogenannte Weltwirtschaft
der Vergangenheit angehöre und künftig der mehr oder
weniger „geschlossene Handelsstaat" in den Vordergrund
treten werde. Es gibt keinen größeren Irrtum als diesen.
Eines ist freilich zuzugeben: der große Lehrmeister Krieg hat
deutlich gezeigt, daß Lebensfrage für jede Volkswirtschaft
die Entwicklung der nationalen Produktivkräfte ist, sowohl
in der Landwirtschaft als auch in der gewerblichen Tätigkeit.
Hätte Deutschland in den letzten Jahrzehnten diesen Ge=
sichtspunkt in seiner inneren und äußeren Wirtschafts=
politik nicht mit aller Energie betont und trotz mancher
Widerstände auch durchgesetzt, so würde es heute längst ge=
nötigt sein, die Waffen vor seinen Feinden zu strecken und
das vae victis über sich ergehen zu lassen. Dies gilt, wie
bemerkt, nicht nur für die Landwirtschaft, sondern gerade
auch für die Industrie. Gewiß ist es richtig, daß Deutsch=
land der heimischen Landwirtschaft die Vereitelung der
englischen Aushungerungspläne verdankt. Das russische
Beispiel zeigt jedoch, daß die Kriegführung nicht allein von
dem genügenden Vorrat an Nahrungsmitteln abhängt,
sondern daß sie ebensosehr auf eine hohe industrielle
Leistungsfähigkeit angewiesen ist, die letzten Endes der
militärischen Macht die Mittel zur Verfügung stellt, um den
Feind mit den Waffen in der Hand zu besiegen, „Mittel"
im doppelten Sinne: einmal im Hinblick auf die kriegs=
technische Ausrüstung, zum anderen mit Rücksicht auf die
Kriegsfinanzen. Wie stünde es um unsere Kriegsanleihen,
wenn wir heute noch der Ackerbaustaat aus der Mitte des
vorigen Jahrhunderts wären!

Also, niemand wird daran zweifeln, daß für die künftige Stellung Deutschlands in erster Linie die Entwicklung der nationalen Produktivkräfte entscheidend ist. Mit dem gleichen Recht wird aber sofort hinzugefügt werden müssen, daß alle heute so üppig wuchernden Ideen vom „ge= schlossenen Handelsstaat" ohne viele Worte abgelehnt wer= den können. Das deutsche Wirtschaftsleben wird nach dem Krieg in derselben Weise, vielleicht sogar noch mehr, auf den Weltmarkt angewiesen sein, als es vor dem Kriege schon der Fall war. Dies sei mit einigen Worten dargelegt. Die Rückwirkung des Krieges auf das Wirtschaftsleben Deutschlands erhält ihr charakteristisches Gepräge durch die Absperrung Deutschlands vom Weltmarkt und von den weltwirtschaftlichen Beziehungen schlechtweg. Die Folgen äußern sich so, daß nahezu die gesamte deutsche Volks= wirtschaft aus dem Zustande der freien Verkehrswirtschaft in Bedarfsdeckungswirtschaft übergeleitet werden mußte. Produktion und Konsumtion sind sozialisiert worden, regelndes Prinzip ist nicht mehr individualistisches Ge= winnstreben, sondern der systematisch in die Tat umgesetzte Wille, mit den im Lande vorhandenen Vorräten bis zum Friedensschluß auszukommen und alle Produktivkräfte dementsprechend nutzbar zu machen. Die Not treibt zu Maßnahmen, die vor einem Jahre noch als der krasseste Auswuchs eines utopischen Sozialismus gebrandmarkt worden wären.

Bekanntlich sind vor dem Kriege viele Schriften er= schienen, in denen auf die schwierige Lage der deutschen Volkswirtschaft während eines Krieges aufmerksam ge= macht wurde. Zahlreiche Autoren haben vor allem darauf hingewiesen, daß eine etwaige Abschneidung der A u s f u h r katastrophale Folgewirkungen haben werde. Diese trüben Prophezeiungen sind glücklicherweise nicht in Erfüllung gegangen. Das Heer der Arbeitslosen, von dem man damals sprach, ist nicht vorhanden; es herrscht im Gegenteil fast überall ausgesprochener Mangel an Arbeitern. Dies hängt, wie bekannt, damit zusammen, daß der weitaus größte Teil der gewerblichen Tätigkeit in den Dienst von Kriegslieferungen gestellt worden ist. Das Verhältnis zwischen kriegswirtschaftlicher und volkswirt= schaftlicher bzw. weltwirtschaftlicher Betätigung hat sich, je länger desto mehr, zugunsten der ersteren verschoben. Der oberflächlich Betrachtende kommt dadurch leicht zu der Auffassung, daß der Krieg sozusagen eine ungeahnte Konjunktur bedeute, und infolgedessen zu irgend welchen Sorgen gar kein Anlaß vorläge. Der Kundige, der das Wesen des heutigen wirtschaftlichen Prozesses in Deutsch= land erkennt, läßt sich dadurch nicht irreführen, weil er weiß, daß im Hintergrunde die Milliarden der Kriegs= anleihen stehen, mittels deren im wesentlichen das gewerb= liche Leben in Deutschland aufrechterhalten wird. Und diese Milliarden sind auch der Ersatz für die notgedrungen ausgebliebenen Milliarden für industrielle Bestellungen des Auslandes. Rein kriegspolitisch und kriegswirtschaftlich betrachtet, ist so in Deutschland ein Zustand geschaffen worden, der, objektiv genügende Vorräte von Rohstoffen und Nahrungsmitteln vorausgesetzt, für das Durchhalten des Krieges die denkbar günstigsten Voraussetzungen schafft, solange es gelingt, neue Kriegsanleihen aufzubringen. Da hierfür, wie bekannt, die Vorbedingungen günstig sind, braucht vom Standpunkt der Kriegführung die Sorge in der Tat nicht allzugroß zu sein.

Anders ist das Bild, das sich unter dem Gesichtswinkel volkswirtschaftlicher Betrachtung zeigt. Es gilt die alte Wahr= heit auch heute noch, daß diejenige Volkswirtschaft einen Krieg am leichtesten überwindet, die während des Krieges

das normale Wirtſchaftsleben am weiteſten aufrechterhalten
konnte. Je länger und je intenſiver eine Volkswirtſchaft aus
Staatsaufträgen lebt, um ſo ſchwerer wird ſie in dem Augen=
blick getroffen, da dieſe wegfallen. Die Situation wird noch
ſchwieriger, wenn mit dem Wegfallen der Staatsaufträge
mangels völlig ausreichender Kriegsentſchädigung parallel
geht die Notwendigkeit, zur Verzinſung und Amortiſation
der Kriegsanleihen neue Steuern auszuſchreiben. Die
deutſche Volkswirtſchaft wird deshalb mit Beginn des
Friedens vor die ſchwerwiegendſten Aufgaben geſtellt
werden, die theoretiſch und praktiſch überhaupt denkbar
ſind. Selbſtverſtändlich wird deren Löſung durch die Art
des Friedens, den Deutſchland ſchließt, erheblich beeinflußt.
Doch ſelbſt wenn der Krieg mit einem entſcheidenden Siege
Deutſchlands auf allen Fronten endet und die Möglichkeit
beſteht, daraus ſämtliche Folgerungen zu ziehen, die für
nötig gehalten werden, dürfen die Schwierigkeiten nicht
unterſchätzt werden.

Es iſt zwar anzunehmen, daß nach beendigtem Kriege
innerhalb der deutſchen Volkswirtſchaft eine ſtarke Nach=
frage auf allen Gebieten menſchlicher Bedarfsgeſtaltung
einſetzen wird, da allein ſchon der Erſatz des Verbrauchten
zur Neuauffüllung der Warenlager zwingt. Dazu kommt,
daß die Bautätigkeit ſofort lebhaft einſetzen wird und
hierdurch zahlreiche Gewerbezweige günſtig beeinflußt
werden. Außerdem iſt zu erwarten, daß die Aufträge
der Heeresverwaltung in gewiſſem Umfange noch für
lange Zeit beſtehen bleiben. Es darf deshalb nach menſch=
lichem Ermeſſen damit gerechnet werden, daß Deutſch=
land nach dem Kriege eine günſtige Konjunktur erlebt,
für deren Intenſität nicht ohne Bedeutung iſt, daß auch
die Landwirtſchaft zu umfaſſenden Neuanſchaffungen und
Ergänzungen der Produktivmittel wird greifen müſſen.

Mit ziemlicher Sicherheit steht im H a n d e l und in der
S e e s c h i f f a h r t eine Hochkonjunktur in Aussicht, da
die Zufuhren vom Auslande sofort nach beendigtem Kriege
in großem Umfange nötig sind.

Die Ausnutzung dieser günstigen Lage wird nun nicht
nur durch eine mit Sicherheit zu erwartende Kapital=
teuerung, sondern auch durch andere Verhältnisse beeinflußt
werden. Es ist beispielsweise heute noch nicht zu übersehen,
ob künftig in Industrie und Landwirtschaft eine genügende
Arbeiterzahl zur Verfügung steht und wie infolge des Ver=
hältnisses von Angebot und Nachfrage auf dem Arbeits=
markt sowie auf Grund der allgemeinen Kosten der Lebens=
haltung die Lohnverhältnisse sich gestalten werden. Daß
gerade hier schwerwiegende Probleme im Entstehen be=
griffen sind — man denke an das vermutliche Ausbleiben
der landwirtschaftlichen Wanderarbeiter — ist sicher. In=
dessen ist zu erwarten, daß das organisatorische Talent der
deutschen Industrie darüber schließlich hinwegkommen wird.
Vor allem darf angenommen werden, daß innerhalb der
Technik — dies ist deren wichtigste Aufgabe in der nächsten
Zeit — die E m a n z i p a t i o n  v o n  d e r  m e n s c h=
l i c h e n  A r b e i t s k r a f t von neuem Fortschritte macht.

Ist somit nach dem Kriege aus volkswirtschaftlichen
Ursachen für die deutsche Industrie eine lebhafte Beschäf=
tigung zu erwarten, so wäre es völlig verfehlt, wenn an=
genommen würde, daß dadurch auch nur für kürzere Zeit
die Industrie einen ihre Gesamtleistungsfähigkeit aus=
füllenden Wirkungskreis erhalten könnte. Davon kann gar
keine Rede sein, sondern es muß unbedingt damit gerechnet
werden, daß sich schon sehr bald die Exportinteressen auf
das dringendste fühlbar machen. Dies um so mehr, als,
volkswirtschaftlich betrachtet, s c h o n  i m  I n t e r e s s e
u n s e r e r  Z a h l u n g s b i l a n z  e i n e  A u s f u h r

nötig ist, um für die auch zur Deckung des bloßen Inlandsbedarfs benötigten Roh= materialien Gegenwerte zu schaffen, die nicht in Geld bestehen. Daß solcherweise über= dies die einzige Möglichkeit gegeben ist, die Rückbil= dung der Devisenkurse zu erreichen, sei nebenbei erwähnt.

Ein Blick in den Außenhandel des Deutschen Reiches bis zum Kriegsausbruch, wie er im zweiten Abschnitt dieses Buches dargestellt ist, bestätigt das Gesagte ohne weiteres. Der deutsche Außenhandel hat im letzten Friedensjahre 20 Milliarden Mark überschritten. 10 Mil= liarden Mark entfielen davon auf die Ausfuhr. Hiervon waren 63 % Fertigwaren. Es ist ganz selbstverständlich, daß hinter diesen Zahlen eine gewaltige industrielle Tätigkeit steht, die durch die Befriedigung bloßen Inlandsbedarfs dauernd nicht ersetzt werden kann, ganz abgesehen davon, daß zahlreiche Industriezweige sich in bezug auf die Richtung ihrer Produktion bestimmten Auslandsbedürfnissen völlig angepaßt haben und, wie bemerkt, das starke Einfuhr= bedürfnis Deutschlands sowieso zu aktiven Auslands= beziehungen drängt. Gelänge es nicht, den früheren Anteil am Welthandel in absehbarer Zeit zurückzu= erobern, so wäre, nach anfänglicher Konjunktur, mit Be= stimmtheit ein schwerer krisenhafter Zustand des deut= schen Wirtschaftslebens zu erwarten. Deshalb kommt alles darauf an, daß beizeiten die Voraussetzungen für die neue weltwirtschaftliche Betätigung Deutschlands ge= schaffen werden.

Man darf sich nun aber keinem Zweifel darüber hin= geben, daß künftig bei der Bearbeitung des Weltmarkts auf weiten Gebieten mit erheblich größeren Schwierigkeiten gerechnet werden muß, als sie vor dem Kriege schon be=

standen. Mit gewissem Recht kann behauptet werden, daß der jetzige Krieg ausgesprochen merkantilen Charakter hat. Die Nachwirkungen dürften sich deshalb gerade auf merkantilem Gebiet noch lange zeigen. Es wird das Be= streben unserer heutigen Feinde sein, sich nach dem Krieg wirtschaftlich von Deutschland möglichst unabhängig zu machen und darüber hinaus mit allen zur Verfügung stehenden Mitteln Deutschland zu verhindern, seine frü= heren Absatzgebiete aufs neue in Pflege zu nehmen. Ich brauche an dieser Stelle nicht auf alles das einzugehen, was von unseren Gegnern, und auch von den Neutralen, schon während des Krieges versucht wird, um die künftige Ent= wicklung so zu leiten. Darüber ist oft genug berichtet worden. Allerdings wird nichts so heiß gegessen wie es gekocht ist. Trotzdem wäre es falsch, wenn allen einschlägigen Be= strebungen der Gegner von vornherein jede Bedeutung abgesprochen würde. Es könnte sich auch bitter rächen, wenn etwa die Anstrengungen der Nordamerikaner, Deutschland aus Süd= und Mittelamerika zu verdrängen, völlig ignoriert würden. Gewiß ist es richtig, daß bei allen diesen Bestrebungen es sich bisher in der Hauptsache um große Worte handelte, denen verhältnismäßig geringe Taten gefolgt sind. Aber doch lehrt die eingehende Be= obachtung, daß diesmal nicht bloß Worte hinter der sog. panamerikanischen Bewegung stehen, sondern Deutsch= land Ursache hat, jene Bestrebungen zu beobachten und durch entsprechende Vorbereitungsmaßnahmen zu durch= kreuzen[1]).

---

[1]) Näheres über die kriegswirtschaftlichen Maßnahmen der Gegner und Neutralen in der Sammlung „Kriegswirtschaftliche Untersuchungen aus dem Institut für Seeverkehr und Weltwirt= schaft an der Universität Kiel", herausgegeben von B e r n h a r d H a r m s. Verlag von Gustav Fischer in Jena.

Wollen wir die Schwierigkeiten, die ſich für Deutſchland nach beendigtem Krieg auf dem Weltmarkt vermutlich ergeben werden, klar erfaſſen, ſo iſt es nötig, daß wir uns an die Darlegungen über die territoriale Differenzierung des deutſchen Außenhandels erinnern (S. 113 ff.), aus der die wichtige Tatſache hervorging, daß Deutſchland bis zum Ausbruch des Krieges mit mehr als ³/₄ ſeiner Ausfuhr auf europäiſche Länder angewieſen war. Unter dieſen Ländern ſpielten, abgeſehen von Öſterreich=Ungarn, die Hauptrolle unſere jetzigen Gegner, nämlich Rußland, England und Frankreich, die im Jahre 1913 mit mehr als 3 Milliarden Mark an unſerer Ausfuhr beteiligt waren. Dazu kamen noch Belgien und Italien mit annähernd einer weiteren Milliarde. Es leuchtet ohne weiteres ein, daß es nicht ganz leicht ſein wird, dieſe Ausfuhr in ihrem früheren Umfange in kürzerer Zeit wiederherzuſtellen. Wir müſſen im Gegen= teil, am wenigſten vielleicht in Rußland, um ſo mehr aber in England und Frankreich, damit rechnen, daß uns die denkbar größten Schwierigkeiten in den Weg gelegt werden. Dabei iſt nicht zu vergeſſen, daß mit einer gewiſſen Wahr= ſcheinlichkeit in England die einſtweilen aus finanziellen und kriegswirtſchaftlichen Gründen ſchon eingeleitete Rück= kehr zur Zollpolitik nach dem Kriege Fortſchritte machen wird. Gewiß kann keine Rede davon ſein, daß die Han= delsbeziehungen zwiſchen den kriegführenden Ländern etwa gar nicht wieder zu nennenswertem Umfange aus= gebildet werden könnten. Es wird im Gegenteil damit gerechnet werden dürfen — ſchon deshalb, weil Deutſch= land für das Ausland auch als K ä u f e r von halbfertigen und ganzfertigen Waren eine bedeutſame Rolle ſpielt, und ſogar der Bezug von Rohmaterialien eine nicht unbedingt gegebene Richtung hat — daß ſofort nach beendigtem Kriege die Fäden ſich wieder anſpinnen und alsbald ein

neues Netz von hin und her laufenden wirtschaftlichen Be=
ziehungen entsteht. Die objektive Möglichkeit hierfür wird
Deutschland sich durch die Friedensverträge sichern und die
subjektiven Voraussetzungen werden gleichfalls nicht aus=
bleiben. Aber es wird nach Lage der Dinge lange dauern,
bis die vor dem Kriege vorhanden gewesene Intensität der
Beziehungen wieder erreicht ist. An dem Willen, dies
überhaupt zu verhindern, fehlt es auf gegnerischer Seite
jedenfalls nicht, und es muß, wie schon bemerkt, damit ge=
rechnet werden, daß dieser Wille sich zum Teil auch praktisch
durchsetzt. Vor Illusionen sollten wir uns in dieser Bezie=
hung mindestens ebenso hüten wie vor gar zu pessimistischer
Auffassung. Deshalb gilt es, sich beizeiten auf jenes andere
Ergebnis unserer Untersuchung zu besinnen (S. 114), daß
die deutsche Einfuhr aus überseeischen
Ländern seit 1889 von 20,5 auf 45,2 % der gesam=
ten deutschen Einfuhr gestiegen ist, daß
anderseits der Anteil der deutschen Aus=
fuhr, der auf nichteuropäische Länder entfällt, sich seit
1889 fast nicht verändert hat. Wir müssen versuchen, unsere
Ausfuhr in überseeische Gebiete entsprechend unserem von
dort her gestiegenen Bezuge zu vermehren, um so einen
Ausgleich zu schaffen für das, was uns nach menschlichem
Ermessen in etlichen der wichtigsten europäischen Länder
zunächst verloren geht.

In diesem Zusammenhang sei auf eine Ideenver=
bindung hingewiesen, die heute eine große Rolle spielt und
vielfach über alle Befürchtungen hinwegtröstet: ich meine
die zollpolitische Annäherung an Österreich=Ungarn. Über
die Möglichkeit und die Tragweite der Durchführung dieses
Projekts kann heute ein endgültiges Urteil noch nicht ab=
gegeben werden, weil es bisher an den nötigen Vorunter=
suchungen überwiegend fehlt und man sich hüten muß, eine

so schwerwiegende Frage bloß gefühlsmäßig zu be=
trachten, wie es heute nicht selten geschieht. Auf eines
kann aber schon heute das Augenmerk gerichtet werden:
Einer vollständigen Zollunion stehen die österreichisch=
ungarischen Industrieinteressen entgegen; eine bloße zoll=
politische Vorzugsbehandlung aber bietet der deutschen
Ausfuhrindustrie keinen Ersatz für Verluste in anderen euro=
päischen Ländern, weil Deutschland den weitaus größten
Teil der in Österreich=Ungarn aus dem Auslande bezogenen
Industrieerzeugnisse sowieso schon liefert! Nehmen wir
an, daß, was unwahrscheinlich ist, die Kaufkraft Österreich=
Ungarns nach dem Kriege die frühere Stärke wiedererhält,
so würden unter Berücksichtigung der Einfuhr, die aus
zwingenden Gründen auch künftig aus dem nichtdeutschen
Ausland nach Österreich=Ungarn gelangen muß, für etwa
200 Millionen Mark m e h r deutscher Waren dorthin
exportiert werden können, als es bisher geschehen ist. Das
ist für absehbare Zeit die günstigste Rechnung, die aufge=
macht werden kann. Es erhellt ohne weiteres, daß die
deutsche Ausfuhrindustrie darin das Heil nicht erblicken
darf. S e l b s t v e r s t ä n d l i c h  i s t  m i t  s o l c h e r  B e =
r e c h n u n g  n i c h t  e t w a  d i e  g a n z e  F r a g e  e r =
l e d i g t ,  d e n n  e s  k ö n n e n  n a t i o n a l p o l i t i s c h e ,
w e l t p o l i t i s c h e  u n d  a n d e r e  G r ü n d e  s e h r
w o h l  d e n  Z o l l a n s c h l u ß  a n  Ö s t e r r e i c h = U n g a r n
n a h e l e g e n . Dabei mag allgemein bemerkt werden,
daß das ganze Problem überhaupt ein überwiegend
politisches Gesicht hat und wirtschaftliche Momente erst
sekundär in Betracht kommen. Im Rahmen der Unter=
suchungen, die uns hier beschäftigt haben, spielt die Frage
der zollpolitischen Annäherung Deutschlands und Öster=
reich=Ungarns für lange Zeit eine ungemein bescheidene
Rolle.

Auch eine andere Kombination[1]), die sich heute in der Form des einst von F r i e d r i ch L i ft geprägten Schlagwortes „von Helgoland bis Bagdad" kundtut, ver= dient aus der Sphäre des Gefühlsmäßigen, in die poli= tischer Übereifer sie hineingezogen hat, auf den harten Boden nüchterner Erwägung zurückgeführt zu werden. Dann ergibt sich, daß hier überwiegend Zukunftsklänge anschlagen, die zwar nicht unterschätzt werden dürfen, deren u n m i t t e l b a r e Bedeutung jedoch zumeist zu hoch be= wertet wird. An der Einfuhr der Türkei war Deutschland im Jahre 1910/11 mit 86 Millionen Mark beteiligt, gleich 9,13 % der Gesamteinfuhr. Es stand damit an vierter Stelle. Den ersten Platz nahm England ein: 186 Millionen Mark = 20 %, den zweiten Frankreich: 168 Millionen Mark = 18 %, den dritten Österreich=Ungarn: 86$\frac{1}{2}$ Mil= lionen Mark = 9,21 %. Insgesamt handelt es sich hier um kleine Ziffern. Selbst wenn es gelänge, England und Frankreich künftig ganz auszuschalten, was selbstverständlich nicht zu erwarten ist, wäre im Rahmen der heutigen Ver= hältnisse der Gewinn nicht überwältigend. Anderseits ist es vermutlich richtig, daß das deutsche Wirtschaftsleben vom nahen Orient k ü n f t i g viel Großes erwarten darf. Hierfür müssen aber zunächst mancherlei Voraus= setzungen geschaffen werden, die vor allem Zeit erfor= dern. Vor zu großen Hoffnungen auf a l s b a l d i g e bedeutsame Befruchtung des deutschen Außenhandels durch die Türkei kann deshalb n i c h t d r i n g e n d g e n u g g e w a r n t w e r d e n. Ebenso eindringlich ist freilich zu fordern, daß die wirtschaftliche Erschließung der Türkei unmittelbar nach dem Kriege, der ihr nach

---

[1]) Ich folge hier wörtlich den Ausführungen eines Vortrages, den ich am 21. September 1915 im „Kriegsausschuß der deutschen Industrie" in Berlin gehalten habe.

menſchlichem Ermeſſen zu vergrößerter politiſcher Macht
und zum Neuaufbau ihres ſozialen, rechtlichen und wirt=
ſchaftlichen Lebens verhelfen wird, von Deutſchland plan=
mäßig und großzügig betrieben wird, um ſo der Aus=
dehnung g e g e n ſ e i t i g e r Wirtſchaftsbeziehungen zwiſchen
Deutſchland und der Türkei den Boden zu ebnen. Im
übrigen, dies ſei auch hier betont, wird für das Verhältnis
zwiſchen beiden Ländern für lange Zeit nicht in erſter
Linie der wirtſchaftliche, ſondern der p o l i t i ſ ch e Ge=
ſichtspunkt maßgebend ſein.

Dieſe Ausführungen mußten gemacht werden, um keinen
Zweifel darüber aufkommen zu laſſen, daß Deutſchland
nach dieſem Kriege im Intereſſe der durch eiſerne Not=
wendigkeit bedingten Wiederanknüpfung und Pflege ſeines
Außenhandels zu w e l t w i r t ſ c h a f t l i c h e r Expanſion
getrieben werden wird, wie ſie vor dem Kriege kaum
von den kühnſten Verfechtern des Welthandels für nötig
erachtet wurde. Inwieweit die Friedensverträge hierfür
die Vorausſetzungen ſchaffen, wird entſcheidend ſein für
das Urteil über die Größe des Erfolges der deutſchen
Waffen und — nicht zuletzt — über die Klugheit der
deutſchen Diplomatie.